广东省自然科学基金创新团队项目
"全球价值链的广东制造：国际竞争力与战略转型"（项目编号：S2013030012737)
国家社会科学基金重大项目：
"'一带一路'战略与中国参与全球经济治理问题研究"（项目编号：15ZDA018)

21世纪海上丝绸之路协同创新中心智库丛书
广东国际战略研究院"全球价值链"系列

Quanqiu Jiazhilianxia
Guangdong LED Chanye:
Chanyelian Zhili yu Guoji Jingzhengli

全球价值链下广东LED产业：产业链治理与国际竞争力

李青 胡仁杰 李文玉 著

中国财经出版传媒集团
经济科学出版社
Economic Science Press

图书在版编目（CIP）数据

全球价值链下广东 LED 产业：产业链治理与国际竞争力/李青，胡仁杰，李文玉著 . —北京：经济科学出版社，2017. 12

（21 世纪海上丝绸之路协同创新中心智库丛书 . 广东国际战略研究院"全球价值链"系列）

ISBN 978 – 7 – 5141 – 7659 – 9

Ⅰ. ①全… Ⅱ. ①李… ②胡… ③李… Ⅲ. ①发光二极管 – 电子工业 – 产业链 – 研究 – 广东 ②发光二极管 – 电子工业 – 国际竞争力 – 研究 – 广东 Ⅳ. ①F426.63

中国版本图书馆 CIP 数据核字（2016）第 311334 号

责任编辑：王冬玲 张 燕
责任校对：刘 昕
责任印制：邱 天

全球价值链下广东 LED 产业：产业链治理与国际竞争力
李 青 胡仁杰 李文玉 著
经济科学出版社出版、发行 新华书店经销
社址：北京市海淀区阜成路甲 28 号 邮编：100142
总编部电话：010 – 88191217 发行部电话：010 – 88191522
网址：www. esp. com. cn
电子邮箱：esp@ esp. com. cn
天猫网店：经济科学出版社旗舰店
网址：http://jjkxcbs. tmall. com
北京密兴印刷有限公司印装
710 × 1000 16 开 15. 25 印张 250000 字
2017 年 12 月第 1 版 2017 年 12 月第 1 次印刷
ISBN 978 – 7 – 5141 – 7659 – 9 定价：48. 00 元
（图书出现印装问题，本社负责调换。电话：010 – 88191510）
（版权所有 侵权必究 举报电话：010 – 88191586
电子邮箱：dbts@ esp. com. cn）

总　序

　　广东在经济改革开放后"先行一步"发展，已成为"中国制造"的大省和全球重要的制造产业基地，以任何方式衡量，广东制造业都无疑是中国经济增长最重要的组成部分。但从全球竞争的视角来看，广东制造虽已融入世界制造业体系，但仍处于全球价值链的中低端。如何调整广东制造业结构、加速产业向高端化转型？实现从"制造大省"到"制造强省"的迈进，是一项亟待研究的重要课题。尤其是继《中国制造2025》发展规划出台，广东省全面对接并提出《广东省智能制造发展规划（2015～2025）》，所有迹象均指明，在全球价值链中培育与抢占具有国际产业竞争力的战略制高点，是广东制造业优势再造的头号工程。

　　改革开放30多年来，广东制造取得了长足的发展。特别是半导体照明（LED）和新型电子信息两大新兴产业以及传统支柱产业中的纺织服装业，在新常态下均成为广东参与"一带一路"倡议推进经济成长的重要动力，是形成先进制造业与现代服务业"双轮驱动"的产业发展格局的关键引擎。然而，近年来情况发生了显著的变化，广东制造业在劳动力、土地等资源禀赋方面成本逐年攀升，曾经带动行业发展的传统竞争优势正在不断被侵蚀，制造产业转型升级变得迫在眉睫。因此，本丛书开始着手系统的研究，包含了广东省半导体照明、高端新型电子信息和纺织服装三大行业，对有关重构高层次分工的国际化发展、产业链治理等问题展开研究。本丛书填补了有关广东省重要制造业行业研究的匮乏，从战略的高度重新审视了产业发展及未来趋势，为新兴产业发展和传统产业转型的研究提供了思路和经验分析总结，并为开启新的方向奠定了基础。

　　本丛书是广东省自然科学基金创新团队项目"全球价值链的广东制造：

1

国际竞争力与战略转型"（项目编号：S2013030015737）、国家社会科学基金项目："'一带一路'战略与中国参与全球经济治理问题研究"（项目编号：15ZDA018）的成果之一，并在广东国际战略研究院、21 世纪海上丝绸之路协同创新中心支持下，顺利完成智库建设。其中第一本著作《全球价值链下广东 LED 产业：产业链治理与国际竞争力》由李青、胡仁杰、李文玉著，主要关注广东 LED 产业链治理与国际竞争力，并对广东省 LED 产业发展趋势进行研判。第二本著作《全球价值链下的广东高端电子产业：价值链重构与产业转型》由袁静、曾楚宏著，本书从全球价值链的角度，特别关注了广东高端电子信息产业实现转型升级的演化路径和生态环境。第三本著作《全球价值链背景下的广东服装业转型升级》，由胡晓红、阳林著，着重阐释广东服装业创新发展问题，为广东服装企业的全球化发展、战略转型以及政府政策制度变革提供了方向和指引。

这套丛书从筹划到正式出版历时近两年，该丛书的出版是研究团队共同努力的结果，也得到了广东外语外贸大学和有关部门领导的大力支持。感谢中山大学长江学者李新春教授给予的指导与支持。感谢经济科学出版社在本丛书出版过程中的支持和帮助；感谢国家自然科学基金项目、国家社会科学基金、广东省自然科学基金等的资助；感谢参与编撰的所有作者，正是他们的辛苦付出和鼎力支持成就了这套丛书。

隋广军

2017 年 10 月

前　　言

历经 20 余年跌宕起伏的广东 LED 产业，现已成为中国最重要的生产基地和贸易中心。作为广东省三大战略性新兴产业之一，该产业对加快本省经济发展起到关键带动作用，并且还在跳跃式增长。到目前为止，它是中国 LED 产业"走出去"的主要看板，尤其是"一带一路"倡议助力的持续推动，未来无疑将成为广东省重点发展产业的重要组成部分。显然，面对经济新常态，发展有关 LED 产业的增长和成长的系统性知识，对从业者和管理学学者都是至关重要的。

迄今为止，有关广东地区 LED 产业的研究较少，多关注国家层面。随着科技部和广东省政府的政策支持，为本省 LED 企业提供了较为安全、有利的环境，该产业表现出较强的内生成长性及良好的国际市场前景，但仍有少部分的企业在转型升级与扩张中生存艰难。因而，对提升国际竞争力的重视，关注广东 LED 产业链治理是应对瞬息万变环境变化的重要课题。本书即是对这一研究问题的抛砖引玉之作，希望通过我们力所能及的贡献激起各界人士对这一主题深入、系统的研究。

本书回顾了 LED 产业发展历程与国内外现状，并从品牌影响力与创新能力、产业集群以及并购几个方面进行分析。本书的其他章节报告了政府和中介机构在广东 LED 产业发展中的角色，针对较具代表性的广东 LED 企业研究其产业链行为和国际竞争力，进而综合性分析广东 LED 产业未来发展趋势，提出促进广东 LED 产业发展的政策建议。

本书由广东国际战略研究院与广东省半导体照明产业联合创新中心联合完成，是一个集聚大家智慧的集体研究成果，感谢曾楚宏、眭世荣、闫旭、钟祖昌、陈琛、张健、谢文浩、王佳琳、钱馨蓓参与了本书的撰写。本书的撰写得到广东省自然科学基金创新团队项目"全球价值链的广东制造：国际竞争力与战略转型"（项目编号：S2013030015737）、国家自然科学基金项目"'一带一路'建设与中国制造：战略转型与价值链提升"（项目编号：

1

715730058）、国家社会科学基金重大项目"'一带一路'战略与中国参与全球经济治理问题研究"（项目编号：15ZDA018）、2016 年度广州市哲学社会科学发展"十三五"规划课题"广州中小企业发展环境分析与对策研究"（项目编号：2016GZGJ06）、中国博士后科学基金："中国与'一带一路'国家政经关系：错位、匹配及对策"（项目编号：2015M572284）、广东国际战略研究院教育部战略基地重大课题："'一带一路'建设在东南亚基础设施投资的现状与风险管控研究"（项目编号：17ZDA07）等课题的支持，在此一并表示感谢。感谢广东外语外贸大学广东国际战略研究院、21 世纪海上丝绸之路协同创新中心、广东半导体照明产业联合创新中心的专家教授，以及参与编撰的所有作者，感谢经济科学出版社给予的支持，正是他们的辛苦付出和鼎力支持，使本书能够最终呈现在读者面前。

此外，本书在撰写过程中参考了借鉴了国内外众多研究同行的思想、观点和论著，他们的真知灼见使我们受益良多，虽然书中列出了有关参考文献，但唯恐挂一漏万，特在此谨致谢忱！

本书各章的数据来源如下：第 1 章数据主要来源于 GSC Research、2014 广东省 LED 产业区域竞争力指数研究报告、2014 广东省 LED 产业发展战略研究报告；第 2 章数据来源于中国工业统计年鉴 2013～2014、GSC Research、2014 广东省 LED 产业区域竞争力指数研究报告、2014 广东省 LED 产业发展战略研究报告；第 3 章数据来源于广东省半导体照明产业联合创新中心、GSC Research、2014 广东省 LED 产业区域竞争力指数研究报告、2014 广东省 LED 产业发展战略研究报告；第 4 章数据来源于广东省统计年鉴 2014、广东省 LED 产业协会；第 5 章数据来源于 GSC Research、2014 广东省 LED 产业区域竞争力指数研究报告、2014 广东省 LED 产业发展战略研究报告；第 6 章数据来源于 GSC Research、2014 广东省 LED 产业区域竞争力指数研究报告、2014 广东省 LED 产业发展战略研究报告、中国行业研究网；第 7 章数据来源于广东省 LED 产业协会；第 8 章数据来源于广东省半导体照明产业联合创新中心；第 8 章为原创案例，数据来源于企业年报和企业调研；第 9 章数据来源于广东省半导体照明产业联合创新中心。

作　者

2017 年 10 月于广州黄婆洞

目　　录

第1章 LED 产业发展概述

1.1 LED 产业的界定

LED（light emitting diode）即"发光二极管"，是将电转化成光的半导体照明器件。作为全球最受瞩目的新一代光源，LED 因高亮度、高效能、高稳定性、快速响应、无毒、可回收再利用等优点，被称为是 21 世纪最具发展前景的绿色照明光源。

LED 光源的突出优点表现在节能环保方面，其发光效率是传统白炽灯的10 倍，节能灯的 2 倍以上，且寿命是白炽灯的 100 倍，节能灯的 10 倍。据统计，目前照明占全球电力消耗比重达 19%，用电量达 4 万亿度，如全部换成LED 仅需 1.2 万亿度，节约 70% 的用电量，大力发展 LED 产业成为解决当前全球性能源危机的一个重要手段。在此背景下，世界各国纷纷出台半导体照明发展的战略计划及相关鼓励政策，并逐渐禁用白炽灯。随着节能环保需求的日益增长，LED 产业发展前景备受青睐。近年来，LED 上游外延、芯片项目的大规模投入，造成 LED 芯片成本不断下降，大规模通用照明开始逐渐替代传统照明。预计未来几年，LED 产业将进入黄金增长期。

LED 的应用范围十分广泛，如表 1-1 所示。紫外光 LED 主要用于检测、生物、农业、医学等领域，红外光 LED 主要用于控制、通信等领域，可见光LED 主要用于指示、显示、背光源、照明等领域。对于可见光 LED，其应用范围主要由 LED 芯片发光强度和发光效率决定。发光强度越大，发光效率越高，运用范围就越广泛。

表1-1   LED 的应用

分类		应用
紫外光 LED （370～420nm）		验钞机、生物、农业、杀菌消毒等
可见光 LED （450～780nm）	一般亮度 LED	交通信号灯、全彩显示屏、背光源（手机按键、手机屏幕、笔记本液晶显示器、液晶电视）、汽车车灯、路灯、隧道灯、景观照明、室内照明、光学存取系统等
	高亮度 LED 超高亮度 LED	
红外光 LED （850～1550nm）	短波长 850～950nm	遥控器、安全监控等
	长波长 1300～1550nm	光通讯等

资料来源：GSC Research。

　　LED 产业属于高科技、环保节能产业，市场潜力巨大，具备可持续发展性，是国内众多省市有意培养和发展的新兴产业之一。

1.2 LED 产业发展历程

　　LED 的历史可以追溯到 20 世纪初。1907 年，英国 Marconi 实验室的科学家 H. J. Round 首次报道了 Sic LED。20 世纪 20 年代中期，俄罗斯人 O. W. Lossev 也独立制作了第一个 Sic LED，虽然在俄罗斯、德国和英国的科技期刊上进行了报道，但是在随后的几十年中一直被忽视而没有实用化。1955 年，Radio Corporation of American 的 Rubin Braunstein 报道了 GaAs 和其他半导体合金可以发射红外线的现象。1961 年，美国 Texas Instruments 公司的 Bob Biard 和 Gary Pittman 发现在 GaAs 上施加电流可以发射红外线，并申请了红外 LED 的专利。这种红外 LED 被迅速应用于传感与光电领域。1962 年，美国 GE 的 Nick Holonyak Jr 发明了第一个实用的可见光 LED，Nick 为此被称作"LED 之父"。1972 年，M. George Craford 发明了第一个黄光 LED，亮度是红光的 10 倍。在 70 年代，LED 主要应用于指示灯、数字和文字显示领域。80 年代早期，LED 出现重大技术突破，开发除了 ALGaAs

红光 LED，光效达到 10lm/w，第一代高亮度 LED 诞生。这一技术进步使得 LED 可以用于室外信息发布。90 年代初，美国 Hewlett-Packard（惠普）公司的 C. P. Kuo 和日本 Toshiba（东芝）公司的 H. Sugawara 等采用 AlGaLnP 发展高亮度红光 LED。1989 年，日本科学家 H. Amano 通过低能量电子束激活的方式实现空穴掺杂，取得 GaN 基 LED 最为关键的基础技术的突破。1992 年，日本 Nichia（日亚）公司的中村修二发明热退火激活技术实现空穴掺杂，分别在 1994 年和 1995 年成功制备第一个高亮度的蓝光和绿光 LED，并且实现商业化生产，成为 LED 产业的一个里程碑。1996 年，中村修二又提出利用蓝光 LED 激光钇铝石榴石荧光粉实现白光 LED。1997 年，Nichia 开始推出商业化白光 LED。从此，LED 开始进入飞速发展的时代。

　　LED 最初用于仪器仪表的指示灯和数字显示管，后来扩展到交通信号灯、汽车车内照明和指示灯（如尾灯、转向灯、倒车灯、刹车灯）、手机键盘和显示屏等小尺寸屏幕的背光源。这些应用对亮度和色彩丰富度的要求不高，而对防震和牢固性的要求较高，因此成为 LED 较早应用的领域。随着发光效率和性能的持续提升，LED 正在向中大尺寸屏幕（如笔记本电脑显示器、大尺寸液晶显示器、液晶电视）背光源渗透，全彩显示屏、景观照明、汽车灯和普通照明（包括室外照明和室内照明）等领域也得到快速发展。

1.3　LED 产业链概述

　　LED 产业链按上、中、下游划分，共 5 个部分，即上游（衬底→外延→芯片）→中游（封装）→下游（应用）（注，因 LED 芯片交易量大，计量单位为 K，1K = 1000 颗芯片，1KK = 100 万颗芯片）（见图 1 - 1）。

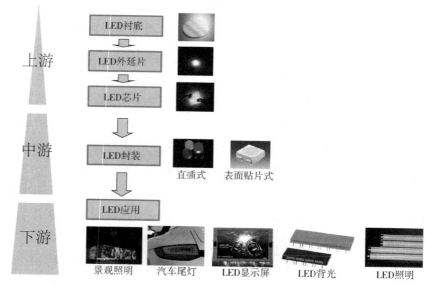

图 1-1 LED 产业链概况

资料来源：GSC Research。

1.3.1 LED 产业链上游

LED 产业链上游，即传统意义上的 LED 芯片生产环节，包括衬底、外延、芯片。LED 衬底是用来生长 LED 外延片的基板材料，包括砷化镓（红黄）、蓝宝石（蓝绿光）等。不同的衬底对应不同的 LED 发光波长，由于蓝绿光是目前市场的主流和未来的发展方向，因此蓝宝石基板是目前 LED 上游的主流衬底材料。LED 外延生长是将发光材料在 LED 衬底材料上生长成特定的单晶薄膜。LED 外延片已可发光，但需根据下游封装及应用需求，进一步进行正负极加工，并分割成为很多细小的 LED 芯片。LED 近期的主要应用领域（背光、景观照明等），以及未来大规模替代传统照明，均需白色的发光波长，主要通过蓝光 LED 芯片结合黄色荧光粉发出白光。因此，目前市场主流为蓝光 LED 芯片，对应蓝光 MOCVD 机台及蓝宝石衬底（见图 1-2）。

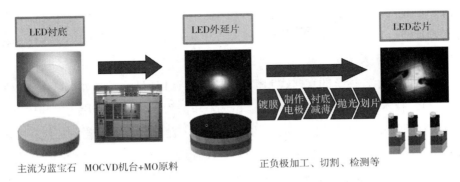

图 1 - 2　LED 产业链上游流程

资料来源：CSC Research。

1.3.2　LED 产业链中游

　　LED 封装，即 LED 产业链中游，是根据下游应用市场需求，对 LED 芯片进行进一步加工，实现输入电信号、保护芯片正常工作、输出可见光的功能。LED 封装技术主要分为传统的直插式 LED（Lamp）和表面贴片式 LED（SMD）（见图 1 - 3）。

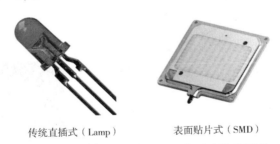

传统直插式（Lamp）　　　　　表面贴片式（SMD）

图 1 - 3　传统的直插式 LED 和表面贴片式 LED

资料来源：GSC Research。

　　直插 LED（Lamp）：是 LED 封装的早期形式，它的封装采用灌封的形式，先在 LED 成型模腔内注入环氧树脂，然后插入 LED 支架，并放入烘箱对环氧树脂固化，工艺简单、成本低。

　　表面贴装式（SMD）：贴片 LED 是新型的 LED 封装，采用了更轻的 PCB 板和反射层材料，改进后去掉了直插 LED 较重的碳钢材料引脚，使显示反射层需要填充的环氧树脂更少，具有体积小、散射角大、发光均匀性好、可靠性高等优点。同时，其具备更高的亮度、更大的亮度提升潜力以及适合规模化生产，是未来发展的主流。

市场应用上，传统的直插式 LED 主要应用于 LED 显示屏（如港区大楼内的欢迎牌），技术含量低、利润空间低、市场竞争激烈。而表面贴片式封装比直插式封装在下游市场应用端拥有更大的市场需求，表面贴片式封装主要应用于大尺寸液晶面板背光、LED 照明方面，属于目前最大也是增长最快的市场。

表面贴片式封装的市场主流应用和发展方向是白光 LED。白光 LED 可以通过两种封装方式实现（见图 1-4）：（1）RGB（红、绿、蓝）三色 LED 芯片混合封装；（2）蓝光 LED 芯片封装黄色荧光粉。RGB 封装因为工艺复杂、成本高，仅用于部分高端领域，如 LED 背光中的高端产品。蓝光 LED 芯片封装黄色荧光粉是目前市场的主流应用产品。

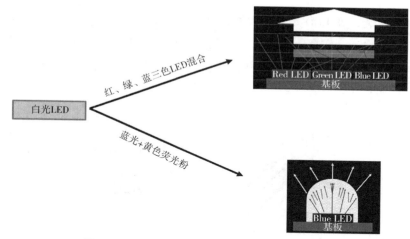

图 1-4 两种封装方式下白光 LED 的实现模式

资料来源：GSC Research。

1.3.3 LED 产业链下游

LED 下游应用主要包括 LED 背光、手机、交通指示灯/显示屏、LED 照明、汽车产业等（见图 1-5）。

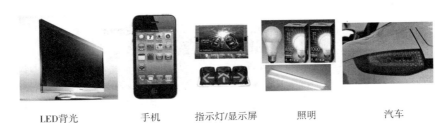

LED背光　　　手机　　　指示灯/显示屏　　　照明　　　汽车

图 1-5　LED 产业链下游的主要产品

资料来源：GSC Research。

LED 背光：是指采用 LED 作为液晶显示屏（LCD）的背光源。液晶面板作为图像显示单元，本身不发光，需加入背光源才能显示影像。传统上，液晶面板的背光源为冷阴极管（CCFL），有着包括使用寿命短（老化后亮度大幅降低）、尺寸难以缩小（影响液晶显示器厚度）、屏幕亮度不均匀、耗电量大。LED 背光由于其高亮度、低功耗（相比 CCFL，可降低液晶电视功耗达50%）、高寿命的特点，近年来逐渐取代 CCFL。LED 背光可分为侧入式和直下式。

侧入式 LED 背光是将 LED 晶粒（LED 灯条）配置在屏幕边缘，从屏幕边缘发射的光透过导光板输送到液晶面板，从而显示画面。直下式 LED 背光则是将 LED 晶粒均匀地配置在液晶面板的后方作为发光源，使背光可以均匀地传达到整个液晶面板以显示画面。

侧入式与直下式各有优点，侧入式可以将液晶电视做得更薄，但光透过导光板，同样亮度需要更多 LED 晶粒，屏幕色彩也不如直下式鲜艳（见图 1-6）。

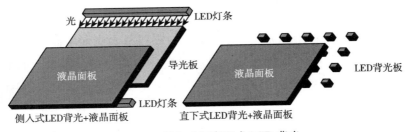

光　　　LED灯条
液晶面板　　　导光板　　　液晶面板　　　LED背光板
LED灯条
侧入式LED背光+液晶面板　　　直下式LED背光+液晶面板

图 1-6　侧入式和直下式 LED 背光

资料来源：GSC Research。

1.4 LED 主要应用领域

LED 照明产品发展初期，受限于技术水平，LED 光源效率仅与白炽灯相似（20lm/w 以下），因而只能用作指示性用途的、对光源效率要求较低的辅助性光源。但随着 LED 技术的发展，LED 光源效率正在不断提高。LED 照明产品光源光效的提高将 LED 照明的应用范围从辅助性照明扩大到家居照明、户外照明、车用照明（尤其是前照灯应用）等领域。图 1－7 阐述了不断提升的光源效率促进 LED 产业由背光时代迈向了照明时代。

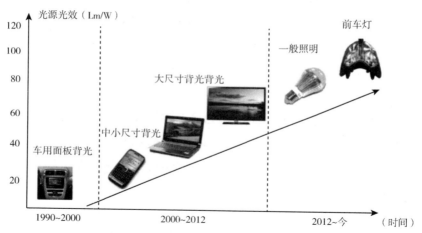

图 1－7　光源效率提升促进 LED 产业由背光时代迈向照明时代

资料来源：广发证券研发中心。

综合来看，目前 LED 主要有以下四大应用领域：背光源和电源指示灯、交通信号灯、电子显示屏以及照明市场。未来 LED 会走向更高功率的应用，各种应用会更加专业化和精细化。其中，医疗照明、植物照明、特种照明等这些新兴应用前景看好。表 1－2 列出了 LED 照明在各应用领域中的优势。

表 1 - 2　　　　　　　　　　　**LED 照明在各应用领域的优势**

应用领域	优　　势
农业	1. 育苗时遇到阴雨天光照不足，应用 LED 光源制成的补光灯比普通灯节能； 2. LED 光可控性强，可以通过调节光波有针对性地诱虫、灭虫
医疗	1. 显色性强，增加了人体血液与其他组织、脏器的色差，使手术视野更清晰； 2. 无红外、紫外辐射，可有效避免手术创面失水和感染； 3. 可通过照度系统调节工作面照度，使光线更加舒适，减少医生的视觉疲劳
展示	1. 光的指向性强，可以按要求突出显示商品； 2. LED 灯不含紫外光，不对艺术品或对紫外敏感物品造成伤害
汽车	1. LED 光源没有灯丝、灯泡或密封气体的结构，具有极高的抗震性能； 2. LED 灯通电后具有极快的响应速度，适用于刹车灯； 3. LED 灯产生的辐射热量很低，灯腔中温度变化很小，前照灯常用的耐热金属材料可以被取代。不仅材料成得以降低，而且避免了防锈防腐等不环保的工艺
特种照明	LED 光源抗震性、耐受性、密封性好，且热辐射低、体积小、便于携带，可广泛应用于防爆、野外作业、矿山、军事行动等特殊工作场所或恶劣工作环境之中

资料来源：GSC Research。

第2章 全球 LED 产业发展现状与趋势

2.1 全球 LED 市场发展回顾

2.1.1 全球 LED 照明产业规模

近年来，随着环境保护和节能减排观念日益深入人心，LED 的渗透率不断扩大，全球 LED 市场规模稳定上升。2014 年，全球照明市场规模为 1452.8 亿美元，其中 LED 照明市场为 435 亿美元，LED 在全球照明市场的渗透率为 29.9%。预计到 2020 年，全球 LED 照明市场将以年均 20.36% 的增速增长，远高于全球照明市场年均 6.07% 增速（见图 2-1）。

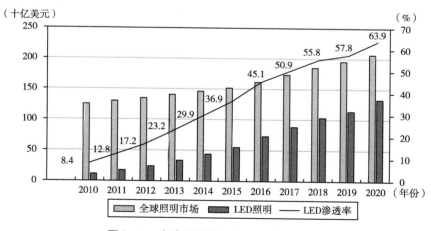

图 2-1 全球照明市场和 LED 照明市场

资料来源：GSC Research。

从不同区域来看，日本和欧盟走在光源替换的前沿，而北美市场已成为新的增长主力。目前，中国包括广东已经有不少 LED 企业调整出口重心，着力进军北美。综合来看，北美地区是全球 LED 照明灯饰较大的单一进口地区，占比全球照明市场规模的比例约 21%。未来的北美市场将呈现高速增长态势，预计年复合增长率达 20%。受益于国内外禁白方案的持续发酵以及低碳经济和绿色城市规划的出台，照明产品替换潮提前到来的同时，节能环保产品也成为绿色建筑的首选。预计未来 2~3 年，全球 LED 照明渗透率有望实现从 15%~60% 的跨越。图 2 - 2 为 2012~2015 年对全球国家与地区 LED 照明渗透率（按量）情况的预测[①]。

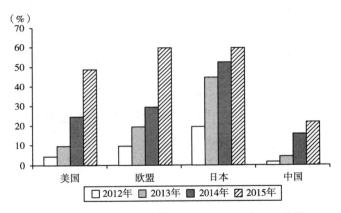

图 2 - 2　主要国家/地区 LED 照明渗透率情况（按量）

资料来源：GSC Research。

2.1.2　中国 LED 产业发展规模

从国内 LED 产业规模来看，2014 年我国半导体照明产业规模稳步扩张，照明应用表现突出。2014 年我国半导体照明产业规模稳步扩张，照明应用表现突出。据 GSC 产业运行监测中心测算，2014 年中国 LED 行业总产值达

---

① 资料来源：招商证券。

5940 亿元①，较 2013 年的 4357 亿元同比增长 36.3%。我国已经成为世界上最重要、发展最快的 LED 市场，制造能力和出口量均居全球首位。预计未来 2~3 年，我国 LED 行业总产值有望突破万亿级规模。图 2-3 为 2009~2016 年对我国 LED 行业总产值的预测。

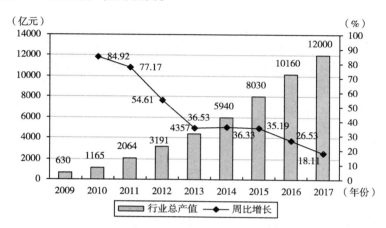

图 2-3 2009~2017 年中国 LED 行业总产值预测

资料来源：GSC 产业运行监测中心。

技术方面，2013 年，我国半导体照明产业关键技术与国际水平差距进一步缩小，功率型白光 LED 产业化光效达 140 lm/W（2012 年为 120 lm/W 左右）；具有自主知识产权的功率型硅基 LED 芯片产业化光效达到 130 lm/W；国产 48 片 -56 片生产型 MOVCD 设备开始投入生产试用。我国已成为全球 LED 封装和应用产品重要的生产和出口基地。

上游环节：外延芯片产值达到 105 亿元，同比增幅达 31.30%，2013 年 LED 芯片价格变化趋于平缓，年末价格较年初价格下降不到 20%。外延芯片作为整个 LED 产业链中技术要求最高，投资额度最大的环节，受到各地方政府的青睐。例如，1998 年中国 LED 芯片企业数量只有 3 家，截至 2008 年年底，中国 LED 芯片企业数量达到了 43 家，平均每年增加的数量约为 4 个。LED 芯片企业数量急剧增长背后的原动力主要是 MOCVD 方面，自 2009 年开

---

① 本报告中的 LED 产值是以 LED 制造为主体，附加专用装备制造、配件材料、生产服务领域。其中，生产性服务仅限于与 LED 制造紧密相关的服务类别，包括批发零售、物流、金融等。

始的资本市场的大规模投入和地方政府开始巨额 MOCVD 补贴。截至 2013 年 12 月底，国内本土企业 MOCVD 总数达到 842 台①，较 2012 年新增约 121 台，主要由资金充裕的上市公司实施，新增加的 MOCVD 设备中已有国产 MOCVD 的身影（见图 2 - 4、表 2 - 1、表 2 - 2）。

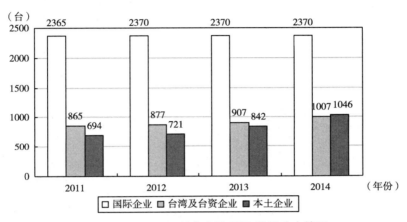

图 2 - 4　2011～2014 年 MOCVD 数量分布情况

资料来源：GSC Research。

表 2 - 1　　　　2010 年以来中国各个地方政府的 MOCVD 补贴政策对比

城市	MOCVD 补贴金额	MOCVD 补贴资金拨付原则	约束条例
扬州	红黄光 MOCVD 补贴资金 800 万元人民币/台； 蓝绿光 MOCVD 补贴资金 1000 万元人民币/台	补贴资金分三次拨付： 1. 设备到厂后拨付 40%； 2. 设备正常投产后拨付 30%； 3. 批量生产并实现销售后再拨付 30%	1. 对一次性购置 LED 外延片生产用全新 MOCVD 设备 5 台以上（含 5 台）的新增或扩建投资项目给予资金补贴。 2. 所购置的 MOCVD 达到国际先进水平（蓝绿光 MOCVD31 片机及以上，红黄光 MOCVD 38 片机及以上）。 3. 在设备折旧期内，若企业迁离扬州，或将设备转让给第三方，扬州将拥有设备净值的全部产权。 4. 扬州计划对 2011 年 7 月以后签订的项目取消补贴优惠

---

① 数据来源：GSC 监测中心。

城市	MOCVD 补贴金额	MOCVD 补贴资金拨付原则	约束条例
江门	红黄光 MOCVD38 片机及以上补贴资金 800 万元人民币/台；蓝绿光 MOCVD31 片到 44 片机补贴资金 1000 万元人民币/台；蓝绿光 MOCVD45 片到 55 片机补贴 1100 万元人民币/台；蓝绿光 MOCVD55 片机及以上补贴 1200 万元人民币/台	补贴资金原则上分三次拨付：1. 设备到厂验收合格后 10 个工作日内拨付 40%；2. 设备试产成功后 10 个工作日内拨付 30%；设备正式投入生产并实现销售后 10 个工作日内再拨付 30%	1. 受惠企业应保证按照投资合同约定的投资强度及进度完成项目投资和建设，否则不能享受优惠，已享受的优惠应如数退回。2. MOCVD 补贴项目立项后，所在园区应对项目情况进行全程跟踪、监督和检查。在 10 年内，如受惠企业迁离所在园区，或将设备转让、赠与、租赁给第三方并搬离所在园区的，受惠企业应向所在园区退回全部的设备补贴
成都双流县	蓝绿光 MOCVD 补贴资金 1000 万元人民币/台	补贴拨付：MOCVD 设备订购合约签订时先行拨付部分补助金，总额不大于公司已经投资到位的固定资产（土地除外）实际投资总金额；设备在供货商处所完成验收后并且完成包装运送准备时，拨付 MOCVD 设备 90%；设备试产成功后再拨付 10%	1. 对一次性购置 LED 外延片生产用全新 MOCVD 设备（规格：蓝绿光 MOCVD31 片机及以上）5 台以上（含 5 台）的新增或扩建投资项目给予资金补贴。2. MOCVD 资金补贴有效范围：补助设备机台上限为 50 台 MOCVD，最高补贴金额不超过 5 亿元人民币。3. 对已享受补贴的固定资产，10 年内不得转让或者出租，否则我县有权追回企业已享受的补贴。4. 单个项目扶持总额不超过企业实际投入的 50%。5. 扶持资金不能用于项目注册
芜湖	红黄光 MOCVD 补贴 800 万元人民币/台蓝绿光 MOCVD 补贴 1000 万元人民币/台		红黄光 MOCVD，限 38 片机及以上蓝绿光 MOCVD，限 31 片机及以上
杭州	相关企业购买 MOCVD 设备时，可享受设备采购价的 40% 的地方财政补贴		
武汉	和其他地区一样的高额采购补贴，即给予 MOCVD 每台 800 万元至 1000 万元人民币的采购补贴		

城市	MOCVD 补贴金额	MOCVD 补贴资金 拨付原则	约束条例
九江	红黄光 MOCVD 补贴 800 万元人民币/台蓝绿光 MOCVD 补贴 1000 元人民币/台		参照国家有关 LED 发展政策和区域扶持政策，开发区可以考虑给予购置不低于 5 台 MOCVD（蓝绿光 MOCVD31 片机及以上，红黄光 MOCVD 38 片机及以上），蓝绿光 MOCVD 补贴资金可达 1000 万元/台，红黄光 MOCVD 补贴资金可达 800 万元/台
惠州	蓝绿光 MOCVD 补贴资金 800 万元人民币/台红黄光 MOCVD 补贴资金 500 万元人民币/台对实现 MOCVD 设备国产化的，补贴标准提高 50%		一次性购置 LED 外延片生产用全新 MOCVD 设备（规格：蓝绿光 MOCVD31 片机及以上，红黄光 MOCVD 38 片机及以上）3 台以上（含 3 台）的新增或扩建投资项目由高新区财政给予资金补贴
厦门火炬开发区	单台设备（以 2 英寸 54 片为基数折算）补助金额 500 万元	随项目公司付款进度分期支付	补助上限为 200 台

表 2 – 2　　　　　　　　　**2014 年 LED 上游芯片上市企业情况**

序号	公司	营业收入（亿元）	同比增长（%）	归属于上市公司股东的净利润（万元）	同比增长（%）
1	三安光电	45.80	22.71	146232.76	41.45
2	士兰微	18.70	14.17	16434.41	42.58
3	乾照光电	4.26	-11.08	5590.15	-47.00
4	华灿光电	7.06	123.30	9090.62	1155.01
5	德豪润达	41.55	32.74	1395.10	112.22

资料来源：GSC Research。

　　中游环节：整体增长较为平稳，国内 LED 封装厂商崛起趋势明显。2013年，LED 封装产业规模达到 414 亿元，同比增长 29.40%。受中国 LED 商业照明市场需求快速增长的影响，以聚飞光电、鸿利光电、瑞丰光电等为代表的中国照明器件封装厂商业绩继续飘红，优质芯片国产化极大程度上改善了中国 LED 照明封装产业的竞争地位（具体情况见表 2 – 3）。

表 2 - 3　　　　　　　　2014 年 LED 中游封装上市企业情况

序号	公司	营业收入（亿元）	同比增长（%）	归属于上市公司股东的净利润（万元）	同比增长（%）
1	聚飞光电	9.91	31.43	17890.71	36.64
2	国星光电	15.43	33.07	14475.96	28.13
3	鸿利光电	10.18	38.38	9090.98	48.93
4	瑞丰光电	9.68	32.97	2383.38	-57.89
5	万润科技	5.23	19.91	4040.49	-9.10
6	雷曼光电	4.05	15.58	2577.13	47.85

资料来源：GSC Research。

　　下游环节：2013 年，我国半导体照明应用领域的整体规模达到 2376 亿元，虽然也受到价格不断降低的影响，但仍然是半导体照明产业链增长最快的环节，整体增长率达到 35.00%。未来伴着 LED 灯具的价格下降、技术提升、认知度增加等多方面因素的影响，LED 照明市场将呈现稳步上升的趋势（具体情况见表 2 - 4）。

表 2 - 4　　　　　　　　2014 年 LED 下游应用上市企业情况

序号	公司	营业收入（亿元）	同比增长（%）	归属于上市公司股东的净利润（万元）	同比增长（%）
1	勤上光电	9.06	-20.58	1228.78	-88.18
2	利亚德	11.80	51.64	16132.07	101.08
3	奥拓电子	3.67	31.00	6731.24	44.60
4	洲明科技	9.73	23.38	6085.89	84.58
5	联建光电	9.70	65.66	13397.35	723.60
6	雪莱特光电	4.42	12.70	1725.92	7.00
7	长方照明	9.21	13.32	5067.31	84.36

资料来源：GSC Research。

2.1.3　国内 LED 产业发展的整体特点

　　2013 年以来，LED 照明终端市场需求进入快速提升通道，照明企业普遍产能利用率接近饱和，同时带动了中上游芯片、封装环节的产能利用率快速提升。综合来看，2014 年国内 LED 产业发展呈现出以下几个特点。

（1）宏观政策环境向好，LED 照明市场回暖

2013 年 11 月 11 日，党的十八届三中全会胜利召开，会议提出深化科技体制改革，明确了鼓励原始创新、建立产学研协同创新机制、强化企业在技术创新中主体地位、加强知识产权运用和保护、整合科技规划和资源等内容，为我国半导体照明战略新兴产业的可持续发展指明了前进的方向。2013 年，山西、安徽、浙江等多地酝酿公共照明 LED 节能改造工作的深入推进。同年年底，由科技部高新司、发改委环资司、财政部经建司主办的"半导体照明节能减排推进会"在京召开，会议肯定和强调了推广 LED 产品和发展半导体照明产业在推动节能减排、促进经济结构转型升级方面的重要意义，并在征求各方对节能减排工作意见的基础上，研究和部署下一阶段的半导体照明应用推广工作。另外，暂停一年多的新股发行正式重新启动，半导体照明相关企业艾比森、木林森、金莱特和晶方半导体成为首批 IPO 过会的 LED 企业。

（2）技术水平不断进步，创新空间巨大

随着我国 LED 产业的发展，特别是近年我国技术创新的强力推动，我国已经成为 LED 最大的生产、出口和应用大国。企业规模、产品品质、技术水平以及核心专利等取得了较大的提升与突破。例如，2013 年，我国半导体照明产业关键技术与国际水平差距进一步缩小，功率型白光 LED 产业化光效达140 lm/W（2012 年为 120 lm/W 左右）；具有自主知识产权的功率型硅基 LED芯片产业化光效达到 130 lm/W；国产 48 片 - 56 片生产型 MOVCD 设备开始投入生产试用。我国已成为全球 LED 封装和应用产品重要的生产和出口基地。2013 年我国芯片的国产化率达到 75%[①]（见图 2 - 5），在中小功率应用方面已经具有较强的竞争优势，但是在路灯等大功率照明应用方面还是以进口芯片为主。随着技术的发展，MOCVD 逐步实现国产化、芯片制造技术不断提升。可以预见，2014 年，LED 上中游产品成本将会不断下降，最终 LED 产品价格将会降到一个合理水平，让企业和消费者获得双赢。

[①]　数据来源：CSA Research。

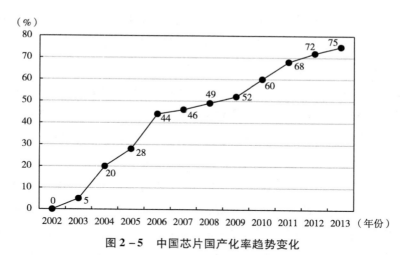

图 2-5　中国芯片国产化率趋势变化

资料来源：GSC Research。

（3）产业链竞争激烈，LED 企业并购整合加速

目前，中国 LED 产业发展正逐渐迈入成熟阶段。在这渐趋"成熟"的过程中，"并购"成为 2014 年 LED 行业的一个重要关键词。在"并购"过程中，具有技术创新能力、产品品质领先的企业会在整合并购中脱颖而出，市场集中度将会提高。综合来看，LED 行业整合并购有以下三个特点：一是纵向并购案较多；二是渠道布局与行业整合并行；三是跨国并购明显增多（见图 2-6）。

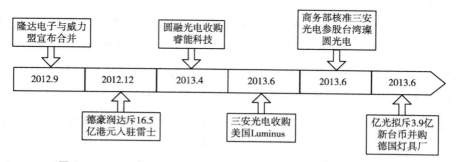

图 2-6　2012 年 9 月至 2013 年 6 月 LED 行业重要并购整合案例

资料来源：GSC Research。

随着行业进入稳步发展阶段，市场回归理性，一批行业龙头企业陆续登陆资本市场，在资本市场的带动下进行重组与整合，行业上市企业凭借资本、

规模、技术和品牌优势对产业格局进行重新调整。

（4）企业谋求渠道转型，电商渠道表现突出

2013 年，LED 通用照明市场增长迅速，但仍以工程渠道为主。伴随着电子商务风生水起，越来越多 LED 照明企业积极投身到电子商务大流中，不少原本以出口为主的 LED 企业，积极开拓各种形式的线上交易，试图将电子商务作为其敲开国内市场的"金钥匙"。对于现阶段的中小型 LED 照明应用企业来说，让 LED 灯具快速进入传统照明灯具的经销渠道非常困难，而且前期资金投入也非常大。相对于传统营销渠道来讲，电商渠道借助其短、平、快的运作模式，利用其价格优势更快走入家居照明市场。例如，2013 年"双十一"，新成立的洲明翰源品牌在"双十一"开始仅一个小时内，产品销售额就突破 300 万元；欧普照明以天猫官方旗舰店单店销量 5700 万元傲居榜首，名列建材类目第一名。其中一款欧普 LED 卧室吸顶灯就卖了 400 多万元。

相对于传统渠道，电商渠道没有区域性限制，受众群体广；中间流通环节缩减，易实现扁平化管理，这种渠道模式对于没有占据传统渠道优势的照明企业来说，是非常受欢迎的。当前，电商愈发成为新兴 LED 照明企业发展自有品牌的重要且必要渠道之一。

2.2　主要国家和地区发展概要

从全球来看，半导体照明产业已形成以北美、亚洲、欧洲三大区域为主导的三足鼎立的产业分布与竞争格局，这些地区的厂商利用技术优势占据高附加值产品的生产，垄断着高端产品市场。

2.2.1　第一品牌梯队——美国、欧盟、日本

在半导体照明市场，全球 LED 的主导厂商主要分布在美国、欧盟以及日本三大地区。主要的品牌代表为日本的日亚化学（Nichia）和丰田合成（Toyoda Gosei）、美国的 CREE 以及 Philips Lumileds 和欧洲的欧司朗（Osram）五大厂商，这些厂商无一例外都在上游拥有强大的技术实力和产能，掌握着

全球 LED 50% 以上的核心专利，对技术垄断的同时也是影响 LED 产品和市场导向的核心力量。由于欧、美、日地区照明产业发展较早，这些企业凭借其雄厚的资金实力和先进的技术水平，在原创专利、品牌影响力以及产业链垂直整合上具有得天独厚的优势。例如，飞利浦的倒装技术、欧司朗的薄膜氮化镓技术，以及科锐的碳化硅倒梯形垂直结构技术等自成一派。据预测，未来几大巨头至少会瓜分 30% 的照明市场份额，特别是高端照明市场。

2.2.2 第二品牌梯队——韩国、中国台湾

紧跟在欧美日第一梯队后面的当韩国以及中国台湾地区的 LED 产业，这个阵营的厂家拥有消费类电子完整产业链，其产品关注点主要集中在消费类电子产品背光 LED，其技术与欧美日美企业有一定的差距，目前正处于高速成长期。韩国 LED 生产企业主要有三星、LG、Seoul Semiconductor、NiNex、AUK、LumiMicro、LUXPIA 等公司。其中以三星、LG 和首尔半导体公司技术实力较强。台湾地区的 LED 在全球市场份额中也占据相当重要的位置，台湾地区 LED 产业是典型的下游切入模式，即通过 20 多年下游封装领域的经验积累，逐步延伸拓展到上游的外延片及芯片领域。目前上游已有多家较有实力的外延片厂商，其中比较有代表性的是晶元、璨圆、广镓等品牌。

2.2.3 第三大品牌梯队——中国大陆

经过多年的发展，中国已经成长为世界第二大经济体。庞大的经济总量和社会固定资产投资为 LED 产业的市场需求提供了强大动力。在此背景下，中国 LED 产业涌现出一批优秀的民族企业品牌：包括上游的天龙光电、三安、德豪润达、士兰微等；中游的乾照、国星、瑞丰；以及下游的勤上、洲明、惠州雷士、TCL、元晖光电等企业。综观全球 LED 产业格局，中国是全球最大的 LED 照明市场之一，同时也是全球最大的 LED 照明产品生产基地。未来以中国大陆 LED 品牌阵营为主的三级梯队将以迅雷不及掩耳之势影响着全球 LED 产业品牌格局。全球 LED 产业格局分布如表 2-5 所示。

表 2 - 5　　　　　　　　　　　全球 LED 产业格局分布

全球布局	主要企业	产业优势
日本	Nichia Toyoda Gosei	LED 封装全球产量第二大、产值第一大生产区；垄断高端蓝、绿光 Led 市场；Toyoda Gosei 蓝、绿光 Led 产量全球最大
欧洲	Osram	独有的芯片平面设计，为欧洲最大高亮度 LED 厂商，生产销售以欧洲的汽车业为主，生产基地在马来西亚
美国	Cree Lumileds	SiC 衬底生长的 GaN 外延片和芯片、紫外光外延片和芯片、白光功率型 LED 方面国际领先
中国台湾	光磊、晶电、亿光、光宝、宏齐、东贝等	外延片和芯片产能全球最大，LED 封装产量全球第一，产值全球第二
韩国	Seoul 半导体、三星、LG 等	手机等终端产品带动 LED 产业突围
中国大陆	三安光电、杭州士兰明芯、山东华光、国星光电、鸿利光电、厦门华联、深圳联创健和、惠州雷士	初步形成了 GaN 基 LED 外延生产、LED 芯片制备、LED 封装和应用的较完整的工业体系和相应的研究体系

资料来源：GSC Research。

2.3　中国 LED 产业发展回顾

2.3.1　中国 LED 产业整体发展情况

近年来，中国各地政府均在全力推动 LED 产业的发展，而其成效也相当的显著，再加上台资和其他外资相继进驻中国市场，短短的几年内，中国在 LED 上、中、下游已经形成庞大的产业链，产业集群效应也很快涌现：珠三角地区（广东），长三角地区（上海、江苏、浙江），北方环渤海地区（北京、大连），中西部（武汉、西安），海西地区（福建、江西），其中又以珠三角和长三角的产业格局集中化程度最高。整体来说，中国 LED 整体产业链十分完整，产业综合优势相当明显。另外根据中国禁止白炽灯生产与销售时间表，在 2012 年已经发布了停止生产、销售 100 瓦以上的白炽灯的禁令，2014 年 10 月将禁止进口和销售 60 瓦以上普通照明白炽灯，未来 2016 年即将禁止 15 瓦以上普通照明白炽灯的进口与销售。白炽灯被淘汰，留下的市场与空间必然将为半导体照明带来巨大的发展潜力，我国的 LED 产业在最近这几年里必然将得到飞速的发展。

从龙头企业来看，根据 GSC 产业运行检测中心的统计，截至 2013 年，中国 LED 上市企业共有 52 家①。其中，共有 49 家在中国大陆上市，有 3 家在港、澳、台地区上市，总部分布于全国 13 个省份（特区、直辖市、自治区），分布在上游外延芯片、中游封装、下游应用和配套设备、材料、配件这 4 块产业链中。其中，广东省是 LED 大省，其上市企业超过全国上市 LED 企业的一半，共有 28 家，占比约为 53%（见图 2 - 7）。

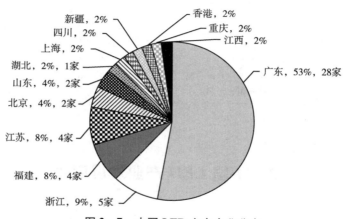

图 2 - 7　中国 LED 上市企业分布

资料来源：GSC Research。

从产业总量上来看，我国 LED 产业发展势头正强，根据 GSC 产业运行监测中心初步测算，2013 年中国 LED 行业总产值达 4357 亿元②，较 2012 年的 3191 亿元同比增长 36.53%。其中，LED 上游外延芯片、中游封装、下游应用产值分别为 105 亿元、414 亿元、2376 亿元，同比分别增长 31.30%、29.40%、35.00%。我国已经成为世界上最重要的、发展最快的 LED 市场，制造能力和出口量均居全球首位（见图 2 - 8）。

---

①　国内 52 家 LED 上市企业，其中包括外延芯片、封装、游应用以及相关的配套设备、材料、配件。
②　本报告中的 LED 产值是以 LED 制造为主体，附加专用装备制造、配件材料、生产服务领域。其中，生产性服务仅限于与 LED 制造紧密相关的服务类别，包括批发零售、物流、金融等。

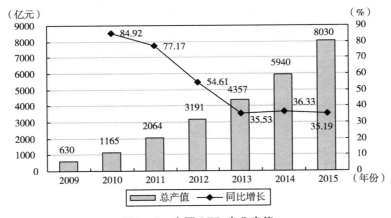

图 2 – 8　中国 LED 产业产值

资料来源：GSC Research。

上游环节：外延芯片产值达到 105 亿元，同比增幅达 31.30%，2013 年 LED 芯片价格变化趋于平缓，年末价格较年初价格下降不到 20%。外延芯片作为整个 LED 产业链中技术要求最高，投资额度最大的环节，受到各地方政府的青睐。例如，1998 年中国 LED 芯片企业数量只有 3 家，截至 2008 年年底，中国 LED 芯片企业数量达到了 43 家，平均每年增加的数量约为 4 个。LED 芯片企业数量急剧增长背后的原动力主要是 MOCVD 方面，自 2009 年开始的资本市场的大规模投入和地方政府开始巨额 MOCVD 补贴。截至 2013 年 12 月底，国内本土企业 MOCVD 总数达到 842 台，较 2012 年新增约 121 台，主要由资金充裕的上市公司实施，新增加的 MOCVD 设备中已有国产 MOCVD 的身影。

中游环节：整体增长较为平稳，国内 LED 封装厂商崛起趋势明显。2013年，LED 封装产业规模达到 414 亿元，同比增长 29.40%。受中国 LED 商业照明市场需求快速增长的影响，以聚飞光电、鸿利光电、瑞丰光电等为代表的中国照明器件封装厂商业绩继续飘红，优质芯片国产化极大程度上改善了中国 LED 照明封装产业的竞争地位。

下游环节：2013 年，我国半导体照明应用领域的整体规模达到 2376 亿元，虽然也受到价格不断降低的影响，但仍然是半导体照明产业链增长最快的环节，整体增长率达到 35.00%。未来伴着 LED 灯具的价格下降、技术提升、认知度增加等多方面因素的影响，LED 照明市场将呈现稳步上升的趋势。

2.3.2 中国本土主要 LED 聚集地比较分析

依照上述对五大 LED 聚集区域的定义，各地区的 LED 产业发展各具特色，既有各自的长处，也有各自的短处。从长远来看，一些区域正慢慢形成互补的关系，共同发展壮大整个中国的 LED 产业链（见表 2 - 6）。

表 2 - 6 大陆主要经济区 LED 产业比较

比较项目	珠三角	长三角	环渤海	海西	中西部
特色	贴近下游厂商，以消费电子为导向	环境优良，劳动力富集，因此区域内建立了众多外延芯片制造和封装企业	具有研发与人才的优势，因此大力发展研发行企业，开发高端产品	紧挨台湾，与台湾经济交往密切，适宜承接 LED 产业自台湾向大陆转移	成本较低廉，尚未形成显著产业特色
规模	☆☆☆☆☆	☆☆☆☆	☆☆☆	☆☆☆	☆☆
科研实力	☆☆☆☆	☆☆☆☆	☆☆☆☆	☆☆☆	☆☆☆
产业链完整程度	☆☆☆☆☆	☆☆☆☆	☆☆☆☆	☆☆☆	☆☆☆
优势	中国最大的 LED 封装及应用基地，拥有深圳、东莞、两个国家半导体照明产业基地	大陆第二大 LED 封装基地，最大投资开发区，产业链条齐备，拥有上海、扬州、宁波、杭州四大国家半导体照明产业基地。飞利浦照明、GE、CREE 几大国际巨头在大陆的总部所在	中国 LED 产业研发最为集中的地方，高校科研单位云集，在设备研发方面位首屈一指，有大连、石家庄、天津三个国家级半导体照明产业基地	以上游芯片制造实力较强，具有优越的对台对接地域优势，拥有厦门、南昌两大国家半导体照明产业基地	随着 LED 产业的逐渐转移，大陆 LED 产业在中西部地区将会形成两湖一徽和西三角两个新的产业群聚。发展潜力大，拥有武汉、西安两个国家级半导体照明产业基地
劣势	上游及材料领域需加强	成本高，后续发展潜力不如其他地区	下游封装应用企业及整体规模尚不足	在企业规模及下游 LED 照明领域还有待进一步完善	产业基础相对薄弱规模待提升

资料来源：GSC Research。

（1）珠三角

珠三角地区是中国最大的 LED 封装基地，其中约占全国封装产值的50%，同时是下游应用厂商的最大聚集地，而且也是中国最大的产品出口海外的门户。珠三角拥有深圳、东莞两个国家级半导体照明产业基地。企业有德豪润达、世纪晶源、奥伦德、中镓半导体等外延芯片企业，还有佛山照明、雷士照明、国星光电、东莞勤上等封装或应用型企业。另外广东在全国率先发起 LED 路灯照明示范工程建设，首创 LED 产品质量评价标杆体系并运用于LED 照明工程。获得国家首个"半导体照明综合标准化示范区"，并计划在 5年内完成 130 余项地方标准，5 项国家标准。截至目前，全省已安装 LED 室内照明产品超过 200 万盏、LED 路灯 120 万盏，应用路段近 3 万公里，总体节能超过 55%。LED 照明产品应用已逐步由公共照明领域扩展到社会生活的各领域。

（2）长三角

长三角地区是全国第二大 LED 封装基地，最大投资开发区，环境优良，劳动力富集，因此区域内建立了众多外延芯片制造和封装企业，产业链条齐备，规模较大。拥有上海、扬州、宁波、杭州四大国家半导体照明产业基地。代表企业有扬州华夏、上海蓝光、上海蓝宝、上海大晨、杭州士兰等。长三角的核心城市上海也是飞利浦照明、GE、CREE 几大国际巨头在大陆的总部所在。不过长三角地区成本趋高，后续 LED 产业发展潜力不如其他地区。

（3）环渤海

环渤海地区是中国 LED 产业研发最为集中的地方，具有研发与人才的优势，因此大力发展研发企业，开发高端产品，高校科研单位云集，在设备研发方面首屈一指，有大连、石家庄、天津三个国家级半导体照明产业基地，主要企业单位是中科院、清华大中国电子所、大连路美、大连九久、河北同辉等。不过环渤海地区的下游封装应用企业及整体规模尚不足。

（4）中西部

随着中西部地区对 LED 产业的重视以及 LED 产业制造成本的上升，部分LED 产业会逐渐由东部沿海地区向中西部地区转移，大陆 LED 产业在中西部地区将会形成两湖和西三角两个新的产业群聚。尽管目前尚未形成显著产业特色，但由于成本较低廉，政府决心大，市场也尚未发掘，未来发展潜力大，拥有武汉、西安两个国家级半导体照明产业基地。

（5）海西

海西地区（海峡西岸经济区）连接长三角和珠三角两大中国大陆沿海最发达的经济区，紧挨台湾地区，具有优越的对台对接地域优势，与台湾经济交往密切，适宜承接 LED 产业自台湾向大陆转移。海西有厦门、福州、南昌等多个"十城万盏"试点城市，对于推行 LED 道路照明力度大，福建两岸照明节能科技有限公司借助台湾的技术力量，承接了众多市政道路 LED 路灯改造工程，取得了较好的经济和社会效益。

海西拥有厦门、南昌两大国家级半导体照明产业基地。在 LED 芯片领域，有技术水平在国内领先的三安光电、乾照光电以及厦门联创、晶能光电、南昌欣磊等芯片龙头企业；在应用领域，有冠捷显示、友达光电、京东方等 LED 背光源应用企业，以及通士达照明、立达信、阳光、信达光电等照明应用企业。尽管如此，海西地区在企业规模及下游 LED 照明领域还有待进一步完善。

2.3.3　中国主要 LED 产业区域照明产业概况

（1）上海地区

2010 年世博会是 LED 发展历史以来最大的 LED 灯光秀，在 2010 年世博会的举办地点——上海的 LED 产业也非常丰富。除了 LED 创新平台非常优秀之外，另外还拥有很多具有自主知识产权的高端产品，如在 $LiAlO_2$ 晶体生长、ZnO 晶体生长方面，实现了许多关键技术突破。目前上海产业化基地，已形成以张江高科技园区为主要技术的发展核心，包括：嘉定、松江、杨浦、普陀、漕河泾等区域为 LED 半导体照明产业群。

作为整个中国的经济与商业中心，上海吸引许多知名的 LED 照明厂商在此设立研发中心或实验室，如 GE 通用照明的传统照明与 LED 实验室及飞利浦投注的大笔研发资金等。这让上海在 LED 产业有别于其他地区厂商的生产、制造等模式，而更注重在新的技术研发上，不论是芯片、封装或灯具成品的技术都能快速地与国际接轨。芯片部分以上海蓝光最具代表性，LED 路灯厂商则有上海三思，灯具周边则有上海晶丰明源、华润矽威，以及鸣志自控等厂商，其产品开发能力备受市场肯定。

（2）浙江地区

2006 年起，浙江的 LED 产业开始有大批的厂商进入，截至目前，其规模不分大小的 LED 照明厂商接近千家，但基本上可以区分为 LED 材料、LED 控制及集成电路设计、LED 封装、LED 应用、相配套的模具加工和塑壳生产，并以自成一格的形式存在 LED 产业体系中。

在 LED 封装的部分，包括：中宙、杭科、升谱等多家产业能力技术不错的骨干厂商。照明应用方面则有阳光照明、宁波燎原照明、浙江生辉照明、浙江聚光科技等兼具实力与市场占有的厂商。2013 年为推动省内节能工作，加大先进高效节能技术、产品推广力度，政府制定了《浙江省节能技术（产品）推广导向目录（2013 年）》，其中包含省内 37 家 LED 企业共计 52 款 LED 产品，LED 产品数量占节能照明产品目录的近 70%，为推动当地应用市场起到了极大的作用。

（3）江苏地区

就该区域整体发展态势来看，2010 年之前，封装厂商众多，其中不乏一些台资的封装大厂，如：苏州亿光厂、光宝电子，但仅有 LED 封装产品的生产，并没有真正的研发能力；较具有代表性的陆资厂商为稳润光电。2010 年之后其产业上游实力逐渐增强，台资厂商两大晶圆厂：璨圆所投资在扬州的璨扬光电和晶元光电投资在常州的晶品光电，以及由新光源科技开发与中科院半导体所共同投资成立国有控股扬州中科半导体公司、上海蓝宝光电所挹注的隆耀光电等厂商，机台在 2013 年前后已相继到位，且实现大批量投产。

过去的 MO 源最主要来自 Akzo Nobel、Dow Chemical、SAFC、Sumitomo 等厂商手中，也是中国 LED 供应链中较为薄弱的一环。不过，南大光电是必须要提及的一家厂商，因为南大是现今为止中国目前唯一 MO Source 自主供货商，不仅能为中国 LED 产业提供自主的 MO Source 材料，还进一步外销至中国台湾地区、韩国、美国及日本等国际市场。现国内市场基本占到 60%，未来将视需求而制定扩大产能，其目标为年产能 30 万吨。

（4）江西地区

经过几年的发展，江西拥有南昌国家半导体照明工程产业化基地，在 LED 技术和产业化方面取得了长足的进步。江西晶能与联创光电等为 LED 外延片与芯片主要制造厂商。不过，该地区的产业配套能力不强，与其他国家半导体照明基地相比有一定的差距，无法有效的形成同类厂商的群聚效应，地区综合竞争优势还未形成。

在整体的产业链中，以上游外延材料研发、中游芯片制造方面有较强实力，但在 LED 应用产品特别是 LED 照明光源、灯具等方面的技术力量和规模还相当薄弱，尚未形成大规模应用的产业化生产的能力，属于中低的应用产品，附加值较低，高端产品相对较少。

（5）广东地区

这几年不断精进发展之下，许多厂商已具有某种程度规模，并能发展各家产品的优势与特色，已经在中国 LED 照明产业链中占有一席之地。从广东 LED 半导体照明整体的供应链来看，不论是中上游的外延芯片，或者是下游封装及灯具应用等诸多方面都有厂商分布，尤其是在封装技术与终端照明等应用，甚至在 LED 外延片 MOCVD 的关键设备也都会有成果展现，不论是规模或技术在中国都已经具有指标性。

封装的部分，例如，佛山国星光电、广州鸿利光电、深圳瑞丰光电等一批知名厂商，整体封装的产能已经达到全中国的 65% ~ 70% 的占比。灯具应用也凭借着江门、佛山灯饰之都等地域性优势，再加上勤上、雅江、佛山、雷士等照明厂商，广东已跃身为中国最为发达的 LED 照明产业供应链。而在设备机台方面，由中科院半导体研究所和广东工研院合作研发的 LED 外延片关键设备，也非常有机会在 2011 年年底实现量产计划。

中国政府在该地区 LED 照明政策方面的支持力度也逐渐加大，促进 LED 产业发展及应用示范等规定相继出台，筹建国家半导体光电产品检测重点实验室、启动 LED 博览交易中心项目等，协助该地区的 LED 产业成为国际化的绿色光源采购平台。

（6）福建地区

目前，LED 产业链已经初步形成，从外延片、芯片制造、成品封装到产品应用领域及检测设备等，涌现出一批规模较大、具有部分自主财产权的厂商，基本形成了以厦门国家半导体照明工程产业化基地为核心，福州、厦门、泉州、漳州等地为辐射发展区域。其中，最值得关注的就是中国最大的芯片生产制造厂商厦门三安与厦门乾照等，其中三安电子已是中国最大的芯片、外延片生产厂商和超高亮度发光二极管外延及芯片产业化基地，总产量占全国的 50% 以上。在 LED 封装领域，厦门华联电子在中国的封装水平处于领先的地位；照明应用方面，则有厦门通士达与美国 GE 公司合资国有控股公司，以专业的角度发展 LED 节能灯、荧光粉、LED 照明灯具，以及 LED 新光源产品的研究。

该地政府对于 LED 产业的支持也非常明确，2011～2015 年预计将编列 LED 产业专项补助资金，用于深入推展 LED 照明产业发展。甚至在中国半导体照明工程的全力推动下，厦门已发展成为 LED 外延片产业化基地，计划将厦门、泉州、漳州等地打造成为中国 LED 产业发展的主要聚集地之一。

2.3.4　大陆主要经济区 LED 产业扶持政策比较

这里选取大陆五大经济区 LED 产业的典型城市关于 LED 产业发展的政策加以分析，以此来比较大陆五大经济区 LED 产业扶持政策的异同。其中，珠三角地区选取深圳，长三角地区选取扬州，环渤海地区选取大连，海西地区选取福建，中西部地区选取重庆。

（1）深圳

深圳是目前中国大陆 LED 产值最大的城市，得益于庞大的下游封装和应用群聚，深圳在 2013 年产值达到 1035 亿元人民币，已大大地超出了原本的计划目标。而其"十二五"LED 产值目标是达到 1300 亿元，从现在高达 40% 的增长率看来突破这一数值也是指日可待。

深圳 LED 产业的发展可概括为"深圳模式"：深圳及其周边有丰富的终端产品配套及交易市场，其政策模式着重在全产业链发展的软环境支撑，并促进应用发展。通过良好的配套和交易环境，吸引众多 LED 封装和应用企业在深圳布局，集制造和交易于一体。

贷款贴息方面，半导体照明企业进行技术改造，可以享受每年最高 600 万元技术改造贷款贴息和最高 500 万元无息借款资助。

财政补贴方面，在深圳投资衬底材料、外延片、芯片及相关制造设备等半导体照明产业链薄弱或缺失环节的项目，投资额超过 1 亿元的，享受市政府重大项目待遇，并予以最高 300 万元资助；对于参与政府投资项目 LED 示范工程的企业，深圳市财政也将根据灯具的价格给予 10% 的补助，并贴息 3 年。对承担企业投资项目 LED 应用示范工程的企业，市财政按照经核定的 LED 灯具价格的 30% 给予补贴，补贴资金专项用于合同能源管理有关支出。单项工程灯具总额在 5000 万元以上的，财政补贴最高不超过 1000 万元。深圳将每年安排 300 万元专项资金用于资助半导体照明企业参加境外半导体照明专业展会，以及在深圳举办"中国国际半导体照明展览会暨论坛（CHINASSL）"。

土地使用方面，LED 产业园区的企业免收土地出让金、市政配套费和土地开发费。

人才吸引方面，高级技术和管理人才在深圳购买商品房，购买一套商品住宅的房款可以抵扣个人所得税税额。

深圳市公共机构节能工作方面包括：以合同能源管理方式为主、政府投资为辅两种模式完成节能改造任务；全面推广 LED 照明灯具；加强节水、节油、节气管理；完成能耗监管平台建设，试行分类、分项、分户计量；推进绿色机关建设。此外，深圳在市政道路、高速路、隧道、公共广场、公共地下空间等应用领域，建设若干半导体照明示范工程。

（2）扬州

税收方面允许 LED 企业按当年实际发生技术开发费用的 150% 抵扣当年应纳税所得额。项目所需国产设备的 40% 可以从企业技术改造项目设备购置年比上一年新增的企业所得税中抵免。

对 LED 生产线项目，固定资产投资贷款，给予 1% 贷款利息补贴。土地使用方面对企业的项目用地需求，市县（市）国土部门在农用地转用年度计划和工业用地年度出让计划上给予重点倾斜和优先安排，对投资规模达到省规定指标的，积极向上争取省点供项目用地计划。对企业的项目用地采取招标拍卖挂牌方式出让，地价可执行省政府工业用地最低价标准在人才培养方面，鼓励企业引进高级技术，管理人才，其引进人才实际发放的工资额在计算应纳税所得额时可据实扣除。企业引进人才家属根据本人意愿，由所在地劳动部门负责安置就业，子女由所在地教育部门负责安排就近入学，免收借读费。

值得一提的是，在中国大陆的各个发展 LED 产业的地区中，扬州的支持力度较为领先。较早就编制了扬州 LED 产业规划，制定了完善的扶持政策。而早在 2009 年，扬州就正式出台《扬州市 LED 外延片生产用 MOCVD 设备购置补助资金管理实施细则》，此举首开大陆 MOCVD 补贴先河，也在大陆 LED 产业中掀起涟漪。扬州以重金吸引厂商布局和提升产业规模的举措在很短时间内收到成效，三安光电和德豪润达等厂商闻风而至，MOCVD 订购数直线上升。该举虽有造成地区产业发展不平等竞争之嫌，其后也被大陆其他几个地区加以仿效。此外扬州也实行对龙头企业本地政府工程释单，确保企业经营初期的市场及营收。

（3）大连

财政补贴方面，投资项目的资金和技术持有方来自中国境外，按实际到位资金的 0.6% 换算成人民币给予奖励；投资项目的资金和技术持有方来自中国境内和大连市辖区外地区，实际到位资金在 2500 万元人民币以下的（含2500 万元人民币）按 0.5% 予以奖励；超过 2500 万元人民币以上部分，0.6% 进行奖励。投资项目的资金和技术持有方来自大连市辖区内的（不包括开发区），按实际到位资金的 0.4% 奖励。对公共技术与服务平台项目按投资额的 50% 给予资助，每年最高资助额可达 100 万元。

土地使用方面，新办光电子企业孵化器项目投入使用后，入驻的光电子企业经营面积占到总面积（按建筑面积计算）的 70% 以上并符合开发区科技企业孵化器认定的其他条件的，从认定年度起，第一年按总建筑面积 0.8/平方米/天的标准给予租金补贴；第二、第三、第四年分别按 0.6 元/平方米/天、0.4 元/平方米/天、0.2 元/平方米/天的标准给予补贴。

人才培养方面，鼓励光电子技术领域高级专业人才到核心区工作，设立研发机构。高级人才到核心区工作按开发区吸引高级人才来区工作的相关规定享受优惠政策。留学归国人员、博士后研究人员、特殊贡献人才年纳税收入在 10 万～20 万元之间的，给予 1.5 万元奖励，20 万元以上的给予 3 万元奖励。

此外大连市还实施"双十双百"工程，即应用 LED 照明灯具 10 万盏，突破 LED 核心专利 10 项；培育 LED 骨干企业 100 家，实现新增绿色产值 100 亿元。

（4）重庆

税收方面，除国家所得税"两免三减半"优惠以外，高新技术企业可享受第 6～8 年地方所得税减半优惠；先进制造业企业增资扩产第 1～3 年，享受增量部分地方所得税减半。

贷款贴息方面，高新技术企业固定资产投资贷款利息，可按不高于基准利率计算的贷款年利息的 25% 给予补贴，贴息期自贷款年度起不超过两年。

财政补贴方面，LED 企业增资扩产在 500 万元以上的，第 1～3 年，按该企业的企业所得税的增量部分的区级收入的 50% 给予奖励。

土地使用方面，LED 企业免交首次土地出让契税和城市建设配套费；年税收贡献达到 5 万元/亩（出口型企业年出口额达到 20 万美元/亩）的企业，土地使用税自企业投产后 3 年内减半。

人才吸引方面，对院士、博士等人才提供住房、安家费等补助，最高可享受 60 万元补助。

（5）厦门

厦门设立市级 LED 产业集群发展专项资金。专项资金主要用于 LED 产业公共技术平台的搭建、企业技术改造、新产品开发、LED 和太阳能光伏应用示范工程补助、高级技术和管理人才的奖励。资金规模 1.4 亿元，从 2009～2015 年每年 2000 万元。此外达到高新技术条件的 LED 企业减按 15% 的税率征收企业所得税及"二免三减半"优惠。

项目综合评分达到要求的企业，给予相应的贴息，最高以贴息标准利率的 100% 为标准返还企业，但最高不超过 500 万元。

在全市和对口支援地区建立部分 LED 产品应用示范基地；政府采购中优先采用本市 LED 产品，市域内建设和改造工程项目在经专家认定综合性价比合理的前提下，优先选用；在火炬翔安开发区设立 LED 产业园区，鼓励企业入园。有关优惠政策由火炬开发区制定。

提供一定的资金支持鼓励相关研究机构、中介机构、龙头企业加强与台湾同行加强联系，制定行业、产品标准和规范，力争在行业中取得领先地位。

土地使用方面，一次性支付土地出让金的可优惠 10%，一次性支付有困难的，可于 2 年内分期付款。

人才吸引方面，符合条件的留学人员企业，可获得 10 万元无偿资助创业资金。留学人员及引进人才除享受有关政策外，在购房、子女入学等方面享受本市居民生活待遇；加入外国籍并已办理厦门市《引进海外专家证明书》的留学人员及其家属，可办理有效期 1~5 年的外国人居留证及相同期限的多次返回签证。

厦门 LED 产业充分发挥海峡西岸独特的对台优势和原有的产业基础，先行先试，已成为两岸光电产业交流合作的前沿平台。

自 2009 年，厦门光电协会先后三次联合国家相关部委、台湾光电协进会于每年六月举办的"台北光电周"期间在台共同举办"海峡两岸光电展""海峡两岸光电产业合作洽谈会"以及组织大陆光电产业基地及企业赴台参展、参观及园区推介，有力地促进两岸 LED 产业全面对接，推动建立两岸产业优势互补的合作机制。

作为两岸产业合作排头兵，厦门也先行先试建设大陆首个"国家级对台科技合作与交流基地"，不断优化产业发展环境，承接台湾产业的新一轮转移。台湾的友达光电、冠捷显示、宸鸿科技、晶元光电、东元集团、亿光电子等光电龙头企业都已先后入驻厦门；2010 年 6 月，台湾亿光电子与冠捷科技及晶元光电，联合在福州市设立亿冠晶（福建）光电有限公司，总投资金额为 8 亿元；2010 年年底，台湾鼎元光电最大生产基地已在福州开工建设，其研发中心也将由台湾迁往福州。

2011 年 6 月初，由海峡两岸强强联合，中国电子信息产业集团、冠捷科技集团、晶元光电等四家全球领先的光电企业共同投资的开发晶照明（厦门）有限公司（简称"开发晶"）在厦门火炬高新区奠基。"开发晶"节能环保项目是厦门火炬高新区着力打造千亿元光电产业集群的又一力作。

"强强联合"是厦门 LED 产业取得的又一重要成果，不仅有利于提高厦门 LED 产业集中度和综合配套能力，进一步延伸和壮大厦门 LED 产业链，也势必对巩固和完善厦门作为"国家级半导体照明产业基地"和全国唯一的"光电显示产业集群试点"基地产生积极重要作用。

此外，厦门 LED 基地积极承接两岸半导体照明合作试点示范工程项目，联合两岸半导体照明优势企业，计划在厦门火炬高新区翔安产业园新建 LED 示范路灯 1000 盏左右。

未来，厦门 LED 基地将以品牌、创新研发、渠道经营为主，进行机制和体制创新，不断提高产业自主创新水平；支持龙头生产企业开展 EMC 商业模式运营，发挥龙头企业的聚集和辐射作用；并从经营节能光源升级为大力发展附加值较高的灯具和灯饰产品，进一步发展壮大厦门 LED 基地产业链和产业集群。

第3章 广东省 LED 产业运行监测

广东 LED 产业始于 20 世纪 90 年代初期。经过十几年的发展，已经成为国内 LED 产业规模最大、企业数量最集中的地区，是全国 LED 的重要生产基地和贸易中心。近年来，在科技部和广东省政府的正确领导和大力支持下，广东在规划布局、资金投入、技术攻关、推广应用等方面进行了一系列部署，推动了 LED 产业迅速发展壮大。广东 LED 产业逐步形成"产业规模稳步增长，产业集群优势明显，技术研发得到重视，标准体系逐步形成，市场推广成燎原之势"等突出特征。目前广东 LED 产业已经在封装工艺及制造技术、MOCVD 系统的研发和制造、新产品开发能力及标准光组件、产品标准制定、专利技术、产业规模六个方面领跑全国，成为全省战略性新兴产业发展的排头兵。

3.1 发 展 现 状

3.1.1 产业发展规模

2014 年以来，世界主要经济体复苏回稳，LED 外贸形势向好，照明市场需求稳步增强，东南亚、非洲、中东、印度以及俄罗斯等新兴市场需求规模迅速崛起。伴随着各国"禁白"政策的实施、对 LED 照明产品性能的高度认可及国家层面的推广应用、消费者节能环保意识的不断增强、LED 产品技术的提升和价格的下降等，全球范围内 LED 照明需求规模快速增长，为广东省

LED 产业带来了持续的增长空间。各级政府积极引导、落实了一系列于行业发展有利的优惠政策，LED 企业努力部署、加大研发投入、不断扩产、积极开拓国际市场，在多方的共同努力下，2014 年广东省 LED 产业取得了较好的成绩，产业规模持续扩大，行业景气度高位运行，出口势头强劲，技术研发创新水平不断提升。

广东 LED 产业发展迅速，经历了从无到有，从少到多的华丽蜕变，2009 年产值 390 亿元，2010 年翻番，2011 年再翻番，2012 年突破 2000 亿元大关，三年实现了两次"千亿级"跨越，在全省八大战略性新兴产业中，产值排名第二、增速第一。2014 年产值达 3460.06 亿元，年均增长 23.09%，这显示出广东 LED 产业具有较强的内生成长性和良好的市场前景，并在全球 LED 产业分工格局中发挥越来越重要的作用（见图 3 - 1）。

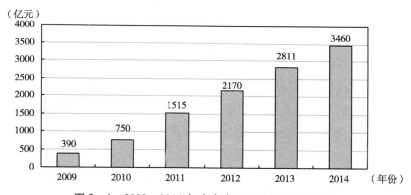

图 3 - 1　2009 ~ 2014 年广东省 LED 产业产值变化

资料来源：GSC Research。

3.1.2　地域分布状况

近年来，广东 LED 产业形成了以深圳为龙头，以广深为主轴，产业链向珠三角辐射延伸的格局。广东 LED 产业 90% 以上的产值集中于珠三角地区，呈现产业集群的态势。

广东 LED 产业以深圳市最为集中，广州市次之，其他较为集中的区域还包括佛山市、东莞市、中山市、珠海市、惠州市等。其中，深圳市 LED 产业研发实力较强，成为太阳能 LED 灯具全球最大的生产和供应基地、LED 背光源全球主要的生产和供应基地、LED 显示屏国内最大的生产和供应基地、LED 封装和 LED 照明灯具的国内主要生产地区。广州市 LED 企业数量不多，但集中度高，带动能力强，在国内 LED 产业中处于高端水平，具有一定的创新能力和可持续发展潜力。

广东省其他相关城市的 LED 产业和企业也具备相当的基础和实力，其中佛山市国星光电是国内最具规模的白光 LED 封装生产企业；惠州市的科锐光电是全球知名 LED 制造商，是美国 Cree 公司的封装子公司，其生产的大功率封装产品畅销海内外；江门市的真明丽公司是国内第一家在香港上市的半导体照明应用产品生产企业，在装饰、景观及照明灯具领域具有较强的影响力；中山市木林森光电是国内产量较大的 LED 封装企业。可见，广东省 LED 产业集群效应已在珠三角地区逐步显现（见图 3 - 2）。

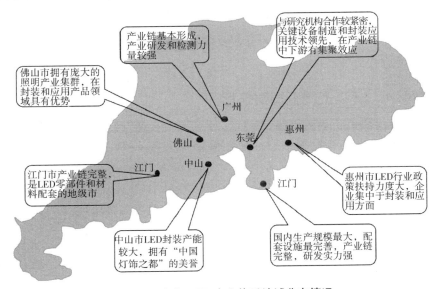

图 3 - 2　广东 LED 产业体系地域分布情况

资料来源：GSC Research。

3.1.3　企业数量分布状况

截至 2013 年 12 月底，广东省内涉及 LED 产品的生产型企业共计 14406 家。其中，深圳 LED 企业数量最多，共计 4985 家，占全省总企业的 34.60%；中山

3235 家，占全省总企业的 22.46%；东莞 1787 家，占全省总企业的 12.40%；广州 1271 家，占全省总企业的 8.82%；佛山 1248 家，占全省总企业的 8.66%；等等（见图 3 - 3）。

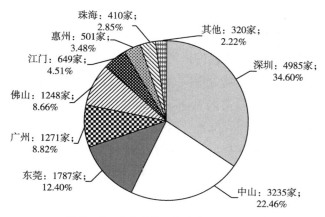

图 3 - 3　广东 LED 企业地域分布情况

资料来源：GSC Research。

3.1.4　LED 上市公司财务指标

据 GSC 产业运行监测中心，对全国 25 家重点 LED 上市公司业务中 LED 领域市值①总规模约 1367.36 亿元，其中广东省 17 家重点 LED 上市公司业务中 LED 领域市值总规模约 733.44 亿元，占比 53.64%。广东省 17 家重点 LED 上市公司、LED 领域市值前三甲是海洋王、德豪润达、艾比森。截至 1 月 31 日，全国 25 家以 LED 为主营业务的上市公司中，有 23 家企业已公布 2014 全年业绩预告：22 家预盈，1 家预亏（见图 3 - 4）。广东省 17 家以 LED 为主营业务的上市公司已全部公布业绩预告：16 家预盈，1 家预亏。总体来看，绝大部分 LED 上市公司 2014 年度保持盈利，与 2013 年相比，全国与广东省 LED 上市公司盈利且净利润增长的企业占比分别为 52.17%、58.82%。

①　上市公司市值选取时间节点为 2015 年 1 月 31 日。

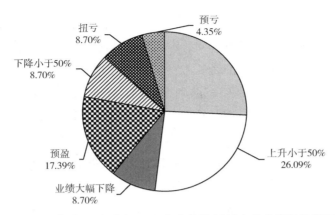

图 3 - 4 全国 23 家重点 LED 上市公司 2014 年度业绩预告情况

资料来源: GSC Research。

从归属于上市公司股东净利润指标来看，2014 年广东省 17 家重点 LED 上市公司净利润总规模预计 11.93 亿~14.19 亿元，除茂硕电源预亏外，其余企业均保持不同程度的盈利增长态势，其中归属于上市公司股东净利润规模过亿元的企业分别是聚飞光电、海洋王、艾比森、联建光电、国星光电及勤上光电；归属于上市公司股东净利润规模在 5000 万~10000 万元的企业分别是鸿利光电、德豪润达、洲明科技、奥拓电子、长方照明；归属于上市公司股东净利润规模在 2000 万~5000 万元范围内的企业分别是金莱特、万润科技、雷曼光电、瑞丰光电；珈伟股份归属于上市公司股东净利润约为 800 万~1100 万元（见图 3 - 5）。

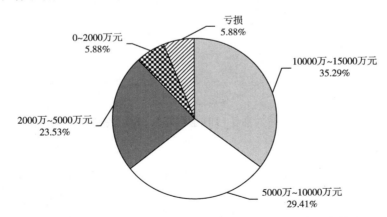

图 3 - 5 2014 年度广东省 17 家重点 LED 上市公司净利润情况

资料来源: GSC Research。

从归属于上市公司股东净利润的增速来看，联建光电可谓是爆发式增长，同比增速高达 760.64% ～840.56%；洲明科技高速增长，同比增长 81.97% ～100.17%；增速排在第三位的是长方照明，同比增长 81.97% ～92.82%；雷曼光电同比增速为 40% ～70%；鸿利光电同比增长 35% ～55%；国星光电、奥拓电子两家企业归属于上市公司股东净利润同比增速为 20% ～50%；聚飞光电净利润增速为 30% ～45%，艾比森净利润增速为 32% ～42%，勤上光电净利润增速为 0 ～20%。瑞丰光电、珈伟股份两家企业净利润同比出现不同程度的下滑。

从 LED 业务综合毛利率来看（见图 3 −6），2014 年广东省 17 家重点 LED 上市公司 LED 业务的平均毛利率为 30.45%，其中海洋王（照明工程72.85%）毛利率最高，毛利率最低的是金莱特（可充电备用照明灯具18.03%、可充电交直流两用风扇 16.54%）。17 家重点 LED 上市公司中，综合毛利率超过 30% 的有：海洋王（照明工程72.85%）、奥拓电子（LED 应用50.48%）、艾比森（LED 显示屏 35.64%、LED 照明 12.25%）、雷曼光电（LED 显示屏 33.69%、LED 照明 33.86%）。

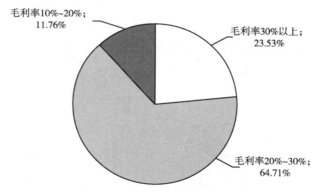

图 3 −6　2014 年广东省重点 LED 上市公司 LED 业务综合毛利率情况

资料来源：GSC Research。

从外销占比指标来看（见图 3 −7），2014 年广东省 17 家重点 LED 上市企业中，除海洋王和瑞丰光电外，其余 15 家 LED 企业均涉及出口业务，其中，珈伟股份（外销占比 99.24%，下同）、艾比森（84.19%）、金莱特（75.84%）、洲明科技（63.9%）、雷曼光电（54.15%）、茂硕电源（53.96%）、德豪润达

（53%）等企业外销营收占公司总营收比例超过 50%；外销占比超过 30% 的有勤上光电（49.11%）、奥拓电子（41%）、鸿利光电（31.49%）等；联建光电、万润科技外销占比超过 20%，国星光电、聚飞光电、长方照明等企业外销占比略低。

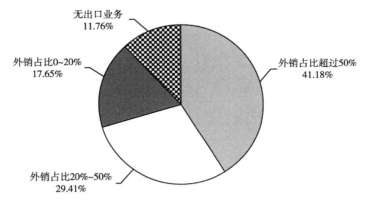

图 3 - 7　2014 年广东省 17 家重点 LED 上市公司 LED 外销营收占比情况

资料来源：GSC Research。

全国 25 家重点 LED 上市公司名单如表 3 - 1 所示。

表 3 - 1　　　　　　　　　全国 25 家重点 LED 上市公司名单

序号	公司名称	证券代码	注册地
1	德豪润达	002005	珠海
2	万润科技	002654	深圳
3	茂硕电源	002660	深圳
4	雷曼光电	300162	深圳
5	瑞丰光电	300241	深圳
6	聚飞光电	300303	深圳
7	鸿利光电	300219	广州
8	国星光电	002449	佛山
9	艾比森	300389	深圳
10	奥拓电子	002587	深圳
11	洲明科技	300232	深圳

序号	公司名称	证券代码	注册地
12	联建光电	300269	深圳
13	长方照明	300301	深圳
14	珈伟股份	300317	深圳
15	勤上光电	002638	东莞
16	金莱特	002723	江门
17	海洋王	002724	深圳
18	华灿光电	300323	武汉
19	士兰微	600460	杭州
20	三安光电	600703	厦门
21	乾照光电	300102	厦门
22	远方光电	300306	杭州
23	南大光电	300346	南京
24	联创光电	600363	南昌
25	利亚德	300296	北京

资料来源：GSC Research。

3.1.5 应用推广方面

自 2013 年 4 月 10 日推广应用联席会召开以来，各地高度重视，积极行动，采取有力措施贯彻落实会议精神，按照《省实施方案》以及工作责任书的要求，紧密结合本地实际，精心组织、全力推广使用 LED 照明产品，拉动 LED 产业不断取得新突破，跃上新台阶。

一是全省推广应用工作已呈燎原之势。据统计，2013 年全年累计招标 LED 灯 1321 批次，共 242 万盏，其中路灯及隧道灯 110 万盏，景观灯及室内灯 132 万盏。截至 2013 年年底，全省已安装并投入使用的 LED 路灯达 120 万盏，完成总任务的 61%。2014 年广东省就安装了 LED 路灯及隧道灯 175 万盏，景观灯 45 万盏，室内照明产品超过 400 万盏。

二是珠三角地区基本完成招投标。根据《省实施方案》的要求，珠三角地区要力争用两年时间率先完成公共领域 LED 照明产品推广应用。截至 2013 年年底，珠三角 9 市已发布招标及完成安装的 LED 路灯及隧道灯共计 127 万盏，占总任务的 90%。珠三角地区有望于 2014 年 5 月前，即《省实施方案》发布 2 年内完成改造任务。其中，中山、江门、东莞、肇庆已基本完成改造任务。

三是粤东西北地区推广应用稳步推进。按照《省实施方案》要求，粤东西北 LED 路灯改造任务 59 万盏，必须于 2014 年完成推广任务。目前，该地区已完成 19 万盏，占总任务的 33%，12 个地市正按照计划加紧开展推广应用工作。

3.2　产业发展的特点分析

近年来，广东 LED 产业发展迅速，形成了从衬底材料、外延片、芯片、封装到应用的较完整的产业链。从整体上来看，广东省 LED 产业发展呈现了四个特点。

3.2.1　产业集聚优势明显，形成"一核一带"区域布局

目前，广东 LED 产业基地已初步形成"1＋5"发展格局，即深圳国家级 LED 产业基地和惠州、东莞、江门、佛山、广州等 5 个省级 LED 产业基地。一批 LED 企业和产业项目落户这些产业基地，累计总投资超过 500 亿元，着力推动 LED 产业集群创新。其中，惠州科锐、洲磊科技、中晶芯片、广州增城 LED 外延芯片项目等一批重量级产业项目的总投资超过 200 亿元，并吸引一大批配套企业进驻产业基地，有望带动区域 LED 产业加快集聚和发展（见图 3 – 8）。

从区域看，目前全省已构筑起以深圳为龙头，中山、惠州、佛山、江门和东莞为珠三角产业带的 LED 产业集聚区（见图 3 – 8）。2013 年，深圳 LED 产业规模位居全省第一位，是台湾 LED 企业的主要投资地区，其产值达到 1035 亿元，占全省总产值近 40%。惠州市 LED 企业较少，但集中度高，大企

业带动能力强，总产值位居全省第二位。中山市依托原有灯饰优势，加快推动传统照明行业结构的转型升级，产值位居全省第三位。粤东西北部地区LED 规模较小，总产值 56 亿元，仅占全省的 2.01%。

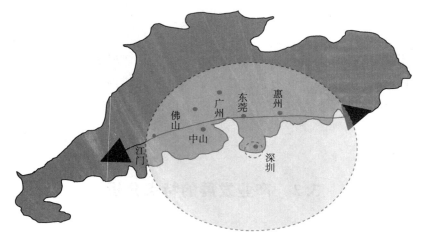

图 3 - 8　广东 LED 产业空间集聚

资料来源：GSC Research。

3.2.2　重视核心技术和研发创新，产业呈现高端化发展的趋势

中科宏微公司和昭信集团相继研制出国产 MOCVD 样机，突破了高端装备受制于人的"瓶颈"（见图 3 - 9）。大功率高亮度高可靠性倒装 LED 芯片级封装技术、基于氧化锌外延透明电极结构的新型高效大功率 LED 芯片、氮化镓同质外延技术等一批自主知识产权技术填补国内产业空白。

图 3 - 9　广东 MOCVD 研发取得重大突破

资料来源：GSC Research。

3.2.3　政府引擎带动作用明显，LED 推广应用成效显著

广东省政府分别于 2012 年 5 月 28 日、2013 年 6 月 14 日召开全省推广应用 LED 照明产品工作会议及佛山现场会，并印发《省实施方案》和《关于进一步加大工作力度确保完成推广使用 LED 照明产品工作任务的通知》。一年多来，各地、各有关单位按照省政府工作部署，结合自身实际，围绕公共照明、室内照明、统筹城乡照明等重点领域和地区的照明工程改造建设，精心组织，积极行动，取得了阶段性成果。目前，广东省公共照明领域 LED 照明改造全面铺开，并逐渐向室内照明领域、民用及商用领域拓展。

据统计，2013 年全年累计招标 LED 灯 1321 批次，共 242 万盏，其中路灯及隧道灯 110 万盏，景观灯及室内灯 132 万盏。截至 2013 年年底，全省已安装并投入使用的 LED 路灯达 120 万盏，完成总任务的 61%，2014 年将达到 200 万盏，应用规模居全国首位。按照广东省《实施方案》工作目标，2014 年全省完成 200 万盏路灯改造，按照 LED 路灯 9 年寿命计算，共可节约用电 108 亿千瓦时，相当于节约标准煤 379 万吨，减少二氧化硫排放 3.2 万吨，减少二氧化碳排放 993 万吨，减少烟尘排放 2.8 万吨。

3.2.4　产业环境日趋优化，市场主体创新活跃

2010 年以来，省财政投入专项资金 13.5 亿元，引导企业和社会投入配套资金近 60 亿元，有力地支持了 LED 产业重点领域的创新突破。国家半导体光电产品检测重点实验室、国家 LED 产品监督检验中心等一批国家级 LED 检测机构相继落户广东。全省 LED 产业公共服务平台全面覆盖创新设计、技术研发、质量控制、检验检测、物流会展等各个环节，产业环境不断优化。另外，广东省 LED 市场主体活跃。以深圳为例，深圳超过 80% 的 LED 企业是在深圳本地创办、成长起来的民营企业。深圳成熟的市场经济体制为 LED 企业营造了良好的创新氛围。据不完全统计，在深圳 LED 行业内有市级以上高新技术企业 130 余家，这些高新技术企业均是行业内技术水平较高、规模较大、成长较快、产品质量过硬、市场口碑较好的企业，是深圳 LED 产业第一梯队的主要力量。

3.3　2014 年广东省 LED 产业运行监测

3.3.1　LED 产业增加值

2014 年，广东省 LED 产业增加值为 786.72 亿元，同比增长 20.57%（见表 3 - 2、图 3 - 10）。

表 3 - 2　　　　　　　2012～2014 年广东省 LED 产业增加值对比分析

项　　　目	2012 年	2013 年	2014 年
LED 产业增加值（亿元）	508.14	652.48	786.72
同比增长（%）	—	28.41	20.57

资料来源：GSC Research。

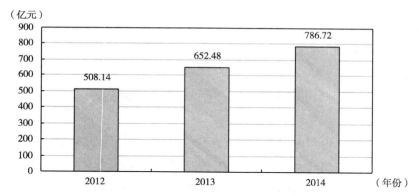

图 3 - 10　2012～2014 年广东省 LED 产业增加值对比分析

资料来源：GSC Research。

3.3.2　LED 产业专利申请量

专利申请量是反映一个地区的科技创新、技术进步和产品设计能力的重要指标。通过分析一个地区或产业的专利申请量，可以反映出该地区或产业的科技创新活跃程度以及该地区或产业的科技创新重点所在，并有助于该地区的决策部门有针对性地制定相关的专利申请扶持和资助政策。

广东省 LED 产业技术创新水平领先于全国其他各省市，在中下游应用和封装领域的技术创新能力尤为突出。截至 2014 年四季度，广东 LED 专利授权量为 71638 件，全国居首，占同期全国 LED 专利授权量的 29.25%，比位列第二位的浙江省多出 28269 件（见图 3 – 11）。

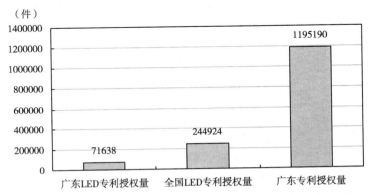

图 3 – 11　截至四季度广东 LED 专利授权与相关专利授权情况对比

资料来源：GSC Research。

从专利授权结构上看，截至四季度，广东 LED 发明专利授权 3862 件，占广东省 LED 专利授权总量的 5.39%，实用新型专利授权 33418 件，占专利授权总量的 46.65%，外观设计专利授权 34358 件，占专利授权总量的 47.96%（见图 3 – 12、图 3 – 13）。

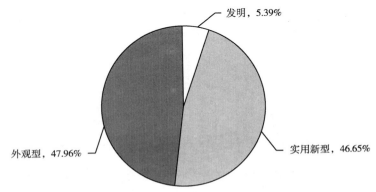

图 3 – 12　截至四季度广东 LED 专利授权构成

资料来源：GSC Research。

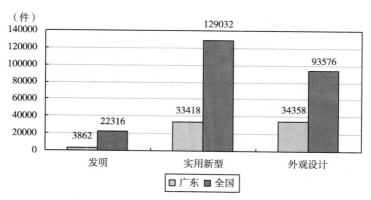

图 3 - 13 截至四季度广东与全国各类型 LED 专利授权量对比

资料来源：GSC Research。

与全国相比，截至四季度，广东 LED 发明专利授权量占同期全国 LED 发明专利授权量的 17.31%，实用新型专利授权量占同期全国的 25.90%，外观设计专利授权量占同期全国的 36.72%。

从区域分布情况来看，截止到四季度，珠三角九地市 LED 专利授权量共计 66970 件，占全省 LED 专利授权量的 93.48%，其中发明专利授权量占比为 98.50%，实用新型专利授权量占比 93.78%，外观设计专利授权量占比 92.63%。从专利授权数量上看，深圳市拥有的 LED 专利授权量领先于其他各地市，中山位居第二位（见图 3 - 14）。

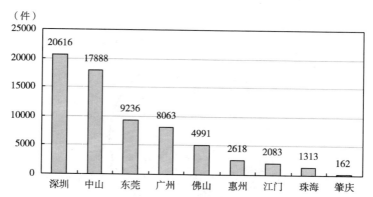

图 3 - 14 截至四季度珠三角九地市 LED 专利授权量分布情况

资料来源：GSC Research。

从各地市 LED 专利授权情况来看，截至 2014 年四季度，发明专利授权量排在前三位的分别是深圳（2428 件）、广州（597 件）、东莞（307 件），实用新型专利授权量排在前三位的分别是深圳（12504 件）、东莞（5686 件）、广州（4089 件），外观设计专利授权量排在前三位的分别是中山（14340 件）、深圳（5684 件）、广州（3377 件）。深圳市 LED 产业最为发达，相关产业技术研发投入较大，其 LED 发明专利、实用新型专利授权量均是全省第一。四成以上的 LED 外观设计专利集中在中山市，中山市 80.17% 的 LED 专利集中在外观设计方面（见图 3 – 15）。

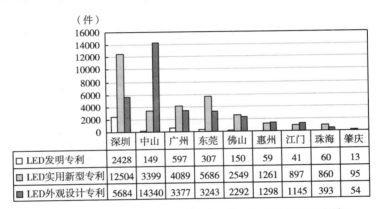

（件）	深圳	中山	广州	东莞	佛山	惠州	江门	珠海	肇庆
□ LED 发明专利	2428	149	597	307	150	59	41	60	13
▨ LED 实用新型专利	12504	3399	4089	5686	2549	1261	897	860	95
■ LED 外观设计专利	5684	14340	3377	3243	2292	1298	1145	393	54

图 3 – 15　截至四季度珠三角九地市 LED 专利授权量分布情况

资料来源：GSC Research。

3.3.3　LED 重点领域出口监测

2014 年广东省 LED 重点领域产品出口额为 938.75 亿元，较上年同期增长 35.16%，占全国 LED 产品出口的 35.53%，出口额居全国首位，遥遥领先于其他省市（见图 3 – 16）。其中，LED 其他电灯及照明装置出口规模最大，出口额 297.55 亿元，同比增长 47.62%；其次是 LED 枝形吊灯，出口额 224.43 亿元，同比增长 34.81%。与上年同期相比，LED 相关配件、材料出口额同比下降 14.88%，圣诞树用的成套 LED 灯具出口额同比下降 2.23%。

从出口量情况来看，除 LED 非电气灯具及照明装置、LED 发光标志、发光铭牌及类似品两类产品同比有所下降外，其余产品出口均增长，其中，增长最快的是 LED 其他电灯及照明装置，同比增速为 42.68%；其次是 LED 其他彩色监视器，同比增速为 38.77%（见表 3-3）。

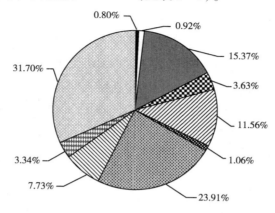

图 3-16   2014 年广东 LED 重点监测领域出口构成

资料来源：GSC Research。

表 3-3   **2014 年广东 LED 重点监测领域出口量及增长情况**

产　　品	出口量	单位	同比增长（%）
LED 其他彩色监视器	13807909	台	38.77
装有发光二极管的显示板	418805335	个	20.07
发光二极管	23693966915	个	22.33
LED 相关配件、材料	12660952	千克	18.73
LED 枝形吊灯	441556568	个	17.10
电气的 LED 台灯、LED 床头灯和 LED 落地灯	110854635	台	17.95
圣诞树用的成套 LED 灯具	190929052	套	0.95
LED 其他电灯及照明装置	288475133	千克	42.68
LED 非电气灯具及照明装置	19601015	千克	-4.05
LED 发光标志、发光铭牌及类似品	12600791	千克	-5.63

资料来源：GSC Research。

2014 年珠三角 9 地市 LED 产品出口占广东省 LED 重点领域产品出口总额的 91.15%。深圳市 LED 产品出口规模最大，中山市出口规模位居全省第二位，东莞位列第三位。从各地市的增长情况来看，2014 年广州市 LED 重点领域产品同比增速为 85.17%，出口增长速度最快；其次是佛山市，同比增速为 62.02%；深圳市 LED 重点领域产品出口同比增长 50.17%。此外，部分产品出口出现明显的集聚现象，如 LED 显示屏出口主要源自深圳和中山，深圳份额最大，发光二极管出口方面惠州占全省份额近五成（见图 3 – 17、图 3 – 18）。

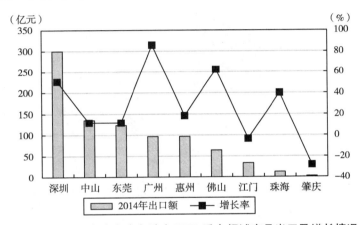

图 3 – 17　2014 年广东省各地市 LED 重点领域产品出口及增长情况

资料来源：GSC Research。

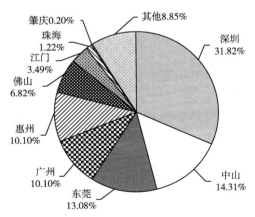

图 3 – 18　2014 年广东省各地市 LED 重点领域产品出口占全省份额分布情况

资料来源：GSC Research。

从出口洲际区域来看，亚洲、欧洲和北美洲仍是出口的主体市场，占广东省重点领域产品出口总额的 92.25%。其中，亚洲出口规模最大，出口额为 368.39 亿元，同比增长 52.20%，占广东重点领域产品的比例为 39.24%；欧洲出口规模为 248.97 亿元，同比增长 29.09%，占比为 26.52%；对北美洲市场的出口额为 247.75 亿元，同比增长 20.14%，占比为 26.39%。对非洲市场的出口额为 19.34 亿元，出口规模虽小，但其同比增长速度达到 83.15%，市场需求增长趋势不容小觑（见图 3 - 19）。

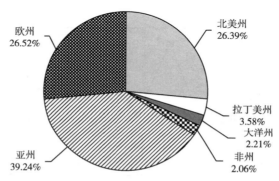

图 3 - 19   2014 年广东省 LED 重点领域产品出口洲际分布

资料来源：GSC Research。

2014 年，广东省重点领域产品最大的出口市场依然是美国，出口额为 226.61 亿元，同比增长 19.18%，占比为 24.14%；香港依旧位列第二位，出口额为 154.34 亿元，同比增长 37.46%，占比为 16.44%，广东省靠近香港的区位优势明显，香港的出口中转作用依然显著；出口德国 48.50 亿元，同比增长 27.88；出口荷兰 37.24 亿元，同比下降 5.94%；出口英国 30.16 亿元，同比增长 34.50%；对日本的出口规模为 29.71 亿元，同比增长 4.20%；出口伊朗 23.90 亿元，同比增长 379.98%；出口阿联酋 23.06 亿元，同比增长 111.27%；出口韩国 21.89 亿元，同比增长 30.62%；出口加拿大市场 21.13 亿元，同比增长 31.45%。此外。2014 年广东省出口过十亿的市场还有澳大利亚、新加坡、俄罗斯及联邦、马来西亚、印度、西班牙、意大利等国（见图 3 - 20）。

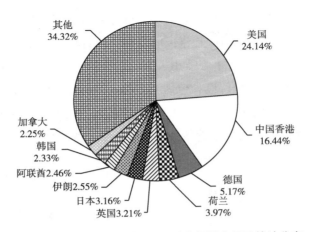

其他
34.32%

美国
24.14%

中国香港
16.44%

加拿大
2.25%

韩国
2.33%

阿联酋 2.46%

伊朗 2.55%

日本 3.16%

英国 3.21%

荷兰
3.97%

德国
5.17%

图 3 - 20 2014 年广东省 LED 重点领域产品目的地分布

资料来源: GSC Research。

3.3.4 GSC 预警指数

2014 年，GSC 预警指数均值为 125. 30，整体高位运行。从 GSC 预警指数的全年走势来看，整体呈"两端低中间高"走势，1～2 月位于正常区间，3 月份运行到偏热区间，受益于市场需求的扩张，LED 行业生产和投资热情高涨，产业一片红火景象，出口和内销在二、三季度都保持高速增长的趋势。至四季度，由于二、三季度大量生产和铺货，LED 企业已有大量存货用于流通环节，生产制造环节热度趋于平常化，进入 10 月，预警指数相对于 9 月出现明显的回落，并且 11、12 月波动较小，但是仍运行于正常区间和偏热区间的临界点附近。指数变化显示出广东省 LED 产业整体发展势头强劲，并且可以看到年末月份出现了"翘尾"现象，尽管如此，短时间内下行压力依然很大。

从主要权重扩散指数来看，投资意愿指数自 3 月进入偏热区间后，连续 7 个月呈持续扩张态势，投资意愿强烈，至 10 月投资意愿指数出现明显回落趋势，四季度投资意愿指数均值为 56. 52，运行于正常区间。

新订单指数从 2 月进入偏热区间后，连续 3 个月高位运行，5～7 月依然呈持续扩张态势，但是较 2～4 月有轻微放缓，8、9 月又升至偏热区间，四季度产品订单指数均值为 62.43，10～12 月新订单指数逐月回落，12 月新订单指数为 62，从偏热区间逐渐向正常区间靠拢。新订单指数 2～9 月的扩张表现受益于内销和出口的双高增长，尤其是出口，3～9 月增速均在 40% 以上的高速增长区间，对新订单的持续拉动尤为明显。从产品类型来看，照明灯饰、显示屏和发光二极管的出口对整个 LED 产业的新订单指数拉动最为明显，从各地市来看，深圳、中山、东莞新订单增长较多（见图 3－21）。

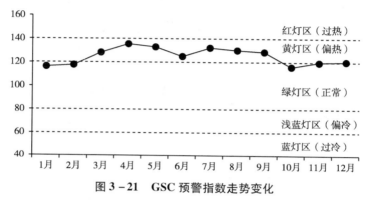

图 3－21　GSC 预警指数走势变化

资料来源：GSC Research。

从全年来看，生产量指数和销售收入指数均是扩张态势，行业生产经营较为活跃。生产量指数和销售收入指数自 1 月逐渐上升，3 月上升至偏热区间，生产量指数自 9 月开始出现回落趋势之后运行于正常区间，销售收入指数 10 月之后回落至正常区间。生产量指数相对新订单指数变化有滞后效应，四季度历来都是制造业 "赶工" 出货的旺季，LED 生产企业产能相应释放。伴随着企业扩产备货，四季度产成品库存指数均值达到 63.67，高于前三个季度。

原材料价格指数趋稳，从业人员指数波动较小。随着行业的成熟和技术的提升，原材料价格已呈现出趋稳的态势。2014 年从业人员指数均值为 54.04，二、三季度略高，四季度轻微回落至 53.52，整体用工情况较为稳定。

从四季度的指数趋势来看，新订单指数、出口额指数、从业人员指数和投资意愿指数在 1、2 月仍面临下行压力，LED 企业进一步扩大生产的动力明显不足，节庆因素也会给 LED 企业生产和出口带来不利影响，预计短期内，预警指数会持续运行在绿色正常区间，并将小幅回落。

第4章　广东省 LED 产业的品牌影响力与创新能力

4.1　广东省 LED 产业的品牌影响力

4.1.1　相关概念界定

（1）品牌影响力

产品品牌，根据美国市场营销协会的定义，是指一种名称、术语、标记、符号或设计，或是他们组合运用，其目的是辨认某个销售者或群体销售者的产品、服务，并使其与竞争对手的产品和服务区别开来。菲利普·科特勒认为品牌是一种复合体，其内涵的覆盖范围十分广泛，包括产品能够给消费者带来的效用、产品所蕴含的服务品质、品牌所具备的象征性价值等，通过品牌企业可以把产品的独特性、产品所包含的效用以及服务等传递给目标顾客。莱斯利·德·彻纳东尼（2002）则认为公司品牌更有利于满足目标顾客的需求，得到消费者的认可，从而在目标消费群体中建立起对公司产品的忠诚度，消费者便会更愿意购买企业生产的产品[①]。

品牌影响力概念是伴随着品牌理论的逐步深化和完善而提出来的，从20世纪50代开始，随着品牌逐步被认可和重视，学者对品牌的研究广泛开展起来，品牌理论得到了极大的丰富和扩展。

[①]　［英］彻纳东尼著. 品牌制胜——从品牌展望到品牌评估［M］. 蔡晓煦，段瑶，徐蓉蓉译. 北京：中信出版社，2002：20－31.

从社会心理学的角度看，影响者对目标的影响具有三个维度：态度、行为与认知，并且态度、认知、情感、倾向性和行为是一个有机系统，并相互关联。因而，品牌作为营销交易中积极主动的一方，对消费者同样存在态度、行为倾向与认知上的影响作用，本书称其为品牌影响力（brand influence），即在消费过程中品牌引起的消费者态度、行为倾向与认知，是品牌所具有的驱动消费者产生某种认知、评价及行为意愿的效应。因此，品牌影响力包含消费者的品牌态度、品牌购买及推荐意愿（行为倾向）和消费者——企业认同（认知），其中品牌态度是衡量消费者对品牌所表现出的持续性好感或厌恶的程度，是消费者对品牌的整体评价①；行为意愿是消费者对自己行为发生可能性的一种预测，主要包括对目标物购买的可能性以及进行正向口碑传播的可能性②；消费者——企业认同（Consumer-Company Identification，CCI）是由品牌所产生的消费者自我归类、消费者与企业关系及亲近的认知状态③。所以，从这一点上讲，品牌影响力是一种能够左右他人认知、态度与行为的能力，也是一种控制能力，是通过其标定下的产品及服务对受众的影响和控制能力，其发生过程是一个企业和目标受众互动的过程。

（2）企业品牌影响力

祁顺生、廖鹏涛（2006）提出企业品牌具有多角度的内涵，如产品、文化以及市场价值。其中产品是企业品牌创建和发展的基础；文化使得企业品牌拥有比产品层面高的内涵；市场价值是企业品牌内涵终极表现④。周晓唯、李莉（2005）认为企业的品牌能够体现出企业的形象，代表着企业的经营理念和价值观念，是支撑企业发展的最重要的无形资产⑤。企业品牌是指，代表整个企业形象，传递企业在产品、服务和顾客感受等方面要给顾客带来的期

---

① Mackenzie S. B. , R. A. Spreng. How Does Motivation Moderate the Impact of Central and Peripheral Processing on Brand Attitudes and Intentions? [J]. Journal of Consumer Research, 1992, 18 (4): 519 – 529.

② 凤军，李敬强等. 消费者关心什么? 消费者——企业认同视角下的企业社会责任内化机制研究 [J]. 工作论文，2011.

③ Bhattacharya C B, S Sen. Consumer-Company Identification: A Framework for Understanding Consumers' Relationships with Companies [J]. Journal of Marketing, 2003, 67 (2): 76 – 88.

④ 祁顺生，廖鹏涛. 企业品牌内涵的探讨 [J]. 湖南大学学报（社会科学版），2006，20（2）: 77 – 78.

⑤ 周晓唯，李莉. 企业品牌的开发和保护 [J]. 西安邮电学院学报，2005，10（4）: 82 – 86.

望的一种产品。

企业品牌是否取得了成功，是否为企业创造了收益，很大程度上要取决于它在市场中所处的地位，也就是企业品牌的影响力。而这一地位由市场占有率、企业品牌的知名度、企业品牌忠诚度来体现，三者是相互促进的关系，即企业品牌的忠诚度高在一定程度上会巩固企业品牌的市场地位，使企业品牌的市场占有率保持一定水平，帮助企业品牌提高其在市场上的知名度以及在目标消费人群中的影响力，而品牌知名度高以及影响力大有利于企业不断开拓新市场，提高在市场上的占有率。

（3）区域产业品牌影响力

要阐述"区域产业品牌"，得先从其三个细分概念认识开始，前面已经对品牌有了认识，因而，还需认识"区域""产业"两个概念。"区域"的概念。相对于周围地区来说，具有共同特点和特性的地理单位的复合体，可划分为行政区域、微观区域、跨国界区域以及宏观区域①；从区域营销的角度，"区域"是包含城市、地区、州（省）和国家等在内的所有"区域"的总称，而不只局限于其中的某一个层次。

"产业"的概念。传统意义上的产业是指由利益相互联系的、具有不同分工的、由各个相关行业所组成的业态总称。尽管它们的经营方式、经营形态、企业模式和流通环节有所不同，但是，它们的经营对象和经营范围是围绕着共同产品而展开的，并且可以在构成业态的各个行业内部完成各自的循环。而作为区域产业品牌的产业概念主要倾向于处于同一产业链上的，具有相互利益，并采取协同行动，为提高整个产业链的运作效能而形成的不同分工业态组成的总称。

因而，区域产业品牌是以某一特定的区域为载体，如某个行政或地理区域，由专业化发展的某一具有鲜明个性的优势产业，经过长期经营与努力而形成或创建的为该产业内企业所共同拥有的，在同产业市场上具有较高市场份额和影响力及知名度，它对区域内企业、产品、服务或资源等给予定位，并通过营销传播使这一定位受到社会广泛认可，积累起良好的声誉，从而让

---

① 崔功豪，魏清泉. 区域分析与区域规划［M］. 北京：高等教育出版社，2007.

消费者对区域内所有生产同类产品的厂商形成一种信任和忠诚。区域产业品牌能综合体现该区域资源基础、产业优势、品牌水平、历史文化等信息，也体现该区域内企业的信誉、产品、服务等方面的信息，是该地区的标志和象征，是区域产业的代表和标识；该区域的产品、企业或产业会因此名称而在国内外市场具有竞争力，消费者也能通过该区域的名称联想到这类产品，也能通过购买此类产品而得到附加服务和附加利益①。

同样，产业品牌的影响力也就是产业品牌的市场地位，而这一地位由市场占有率、区域产业品牌的知名度、区域产业品牌忠诚度来体现。比如说，如今人们在购买陶瓷产品时的第一选择往往是佛山陶瓷，人们的第一选择正是佛山陶瓷这一区域产业品牌的知名度和忠诚度的体现，故而也就有了较大的市场占有率。佛山陶瓷并不是某家具体的企业，它是佛山这一区域的一个产业，这说明佛山陶瓷这一区域产业品牌的影响力比较大。

（4）区域品牌与产品品牌、企业品牌的关系

在产业集群内部，品牌有着多种表现形式，既有产品品牌、企业品牌，还有以集群为基础的区域品牌，他们共同影响和支撑着集群的发展。产品品牌是基础，企业品牌是核心，区域品牌是政府和众多企业共同奋斗的方向。"产品品牌—企业品牌—区域品牌"是品牌建立的三个阶段，是相辅相成、相互促进的。产品品牌可以转化为企业品牌，众多的企业品牌可以树立区域品牌。反过来，区域品牌会带动区域内企业品牌的快速建立。同时，企业品牌会为产品品牌的树立提供强有力的支持。

产品品牌是企业品牌的基础和条件，企业品牌是企业生存发展的根本，也就是说没有产品品牌的企业品牌是不存在的。但有了产品品牌不去推动和转化，企业品牌也是无法建立的。产品品牌关注的是产品质量的好坏、技术的先进性、价值的高低、使用的方便性、个性化子市场的定位及售后服务的好坏等；而企业品牌关注的是质量水平、技术发展方向、消费者群体、企业公众形象、服务水平等，看上去区别不大，其实有着本质的区别。一个是单一产品，一个是整个企业；一个是产品市场，一个是消费者群体；一个是产

---

① 熊曦. 区域产业品牌形成机理及其培育策略研究［D］. 中南大学，2013.

品的价值和性能,一个是企业在公众中的形象。产品品牌是短期的,容易被替代的,而企业品牌是长期的,可效仿不可完全替代的。产品品牌、企业品牌和区域品牌二者之间既有一定的关联性,又存在着一些区别,它们之间的最根本的区别应该在于其品牌依附的载体不同。产品品牌是以单个产品为载体的,企业品牌是以企业为载体,区域品牌是以产业集群为载体的①。

4.1.2　品牌影响力测量指标及方法

(1) 品牌影响力评价方法

品牌影响力的强弱对企业长期发展及区域产业发展有着深远影响,对品牌影响力进行量化研究可以给企业的经营和决策、区域产业政策提供重要的支撑。概括起来,主要有以下几种常见的评价方法:

① 链接分析法。

链接分析法是借助于搜索引擎、网络数据以及统计分析软件等工具,对网络链接的属性和数量特征进行揭示与研究的一种方法。一般来说,链接分析法采用索引链接和结构链接手段进行链接,其中涉及网站的制作模式、网站数量、网站的具体分布规律和网站的应用条件四个方面的具体内容。网站链接的主要形式有合作链接、友情链接、推荐链接和内容链接。可以通过网站访问量和网站内容的引用程度来对网站的影响力进行分析。

② 投入产出法。

投入产出法是由美国经济学家瓦西里·列昂惕夫于 1936 年创立的,是研究经济体系中各个部门之间的技术经济联系和在社会经济中所起重要性的数量分析方法。随后,列昂惕夫对该方法所适用的范围进行了扩展,使其能够使用于衡量企业品牌在行业中的影响力或者产业品牌在区域中的影响力。该方法在应用过程中,所采用的主要参考指标是影响力系数和感应度系数。

③ 层次分析法。

层次分析法 (AHP) 是美国运筹学家萨蒂于 20 世纪 70 年代率先提出并

---

① 贺新峰,产业集群区域品牌建设及其实证研究 [D]. 中国地质大学.

创立的，是将决策总目标分解成各个分目标，并在此基础上分解为若干层次的多个评价指标，采用定性模糊量化方法确定每一层次上各个指标的权重，最后对各层次指标进行加权得出总目标的指标权重的评价分析方法。层次分析法的应用范围非常广泛，适用于社会和经济发展的各个领域，对企业或区域产业品牌影响力的评价也适用于该方法。

④ 模糊综合评价法。

模糊综合评价法是美国自动控制专家扎德于 1965 提出来的，是一种建立在模糊数学基础上的综合评价方法。模糊综合评价法是在对由多种要素构成的对象或事物进行评价时，将定性评价运用模糊数学的隶属度理论转化为定量评价的一种综合评价方法，它可以帮助解决难以量化的非确定性问题。多数情况下，模糊综合评价法都会与层次分析法结合使用。

（2）区域产业品牌影响力评价指标

企业品牌影响力评价指标。目前研究区域产业品牌影响力的文献很少，且没有成形的区域产业品牌影响力评价指标。区域产业品牌的品牌力水平是品牌在历史长河中积淀下来的，是一个品牌所具有的较强的市场竞争能力，是区域产业品牌在市场上被了解、认知的辐射力。这里我们先介绍几个具有代表性的评价指标。

① 市场占有率。

反映区域产业品牌在市场中的认可和接受程度。一个品牌经营的好坏的直接表现，首先是它的市场占有率。如果一个产品在较长一段时间内具有较高的市场占有率，则反映该产业产品品牌在市场中有较强的影响力。市场占有率 = 该区域产业产品的销售收入/同类产品的销售收入总额 X 100% 。

② 品牌知名度。

品牌知名度是区域产业品牌通过广告宣传、招商会等营销手段对品牌进行传播后，在公众心里产生的品牌知晓程度。顾客为了降低购买风险一般都会选择知名度高的区域产品，品牌的知名度越高顾客的购买愿望越大，品牌的市场竞争力就越大。另外，当品牌具有高知名度后，对品牌的传播又会产生积极影响，使品牌的传播具有事半功倍的效果。品牌知名度 = 了解该品牌的人数/被调查的总人数 ×100% 。

③ 品牌定位能力。

品牌符理学理论认为，差异化发展品牌资产的必要条件之一。区域产业品牌进行定位的目的就是与竞争者的产品区分来。因为收入的差异，消费者的消费水平也存在不同的层次，因此在产品的市场细分上，有必要针对不同消费层次、文化取向等对产品进行差异化宣传，使产品在定位或宣传效果上，在现在或未来潜在的消费者心中有一个明确的位置。品牌定位能力的最直接价值是使消费者准确区别同质产品。同时，准确的品牌定位有助于培养消费者的品牌忠诚度，是区域产业品牌品牌力水平的重要表现。

④ 品牌联想度和美誉度。

品牌联想度与美誉度是消费者透过产业品牌对产业品牌延伸的相关产品产生的美好想法和赞誉程度，这种感觉来源于对产业提供的产品、消费体验、服务、公关等的一种积极评价。通过专家打分法或开展调查问卷的方式可以对产业区域品牌的联想度和美誉度进行测评。品牌联想度和美誉度 = 信任该品牌的人数/了解该品牌的人数 ×100%。

此外，关于产业品牌竞争力评价指标体系还包括自然资源、区域文化、人力资源、物流资源、经济环境、政府政策、信息资源等方面内容，可以从产业的产品层面、企业层面、产业层面和基础环境层面来构建完善的区域产业品牌影响力评价体系。由于广东省 LED 产业品牌方面的大部分数据都较难获取，系统的评价广东省 LED 品牌影响力存在较大的困难，鉴于此，本书主要从产业发展规模、产业市场占有率、产业集聚程度、产业所处的全球价值链位置、产业中上市企业情况等方面来对广东省 LED 产业区域品牌影响力进行定性分析。

4.1.3 广东省 LED 产业品牌影响力分析

（1）广东 LED 产业品牌影响力的总体分析

① 广东省 LED 在全国的品牌影响力。

广东省 LED 产业始于 20 世纪 90 年代初。经过十几年的发展，已经成为国内 LED 产业规模最大、企业数量最集中的地区，是全国 LED 的重要生产基地和贸易中心。近年来，在国家科技部和广东省政府的正确领导和大力支持下，广东在规划布局、资金投入、技术攻关、推广应用等方面进行了一系列部署，推动了 LED 产业迅速发展壮大。广东省 LED 产业逐步形成"产业规模稳定增长，产业集群优势明显，技术研发得到重视，标准体系初步形成，市场推广成燎原之势"等突出特征。目前广东省 LED 产业已经在封装工艺及制造技术、MOCVD 系统的研究和制造、新产品开发能力及标准光组件、产品标准制定、专利技术、产业规模六个方面领跑全国，成为全省战略性新兴产业发展及全国 LED 产业发展的排头兵。因此，经过了近十年的黄金发展期后，广东省 LED 产业无论从产业结构的优化度来看，还是从企业发展的整体规模上来看，毫无疑问已经成为整个中 LED 行业的领跑者。

② 广东省 LED 在全球的品牌影响力。

虽然广东省的 LED 产业发展迅速，而且 LED 产业发展的多个方面都可以代表 LED 产业的最高水平，但其在全球 LED 产业的整体格局中仍然处于弱势的地位，产业的品牌影响力有限，位于第三品牌梯队。

第一品牌梯队：美国、欧盟、日本。在半导体照明市场，全球 LED 的主导厂商主要分布在美国、欧盟以及日本三大产业区。主要的品牌代表为日本的日亚化学（Nichia）和丰田合成（Toyoda Gosei）、美国的 CREE 以及 Philips Lumildes 和欧洲的欧司朗（Osram）五大厂商，这些厂商无一例外都在上游拥有强大的技术实力和产能，掌握着全球 LED50% 以上的核心专利，对技术垄断的同时也是影响 LED 产品和市场导向的核心力量。由于欧、美、日照明产业发展较早，这些企业凭借其雄厚的资金实力和先进的技术水平，在原创专利、品牌影响力以及产业链催垂直整合上具有得天独厚的优势。例如，飞利浦的倒装技术、欧司朗的薄膜氮化镓技术以及科锐的碳化硅倒梯形垂直结构技术等自成一派。

第二品牌梯队：韩国与中国台湾地区。紧跟在欧美日第一梯队后面的当属韩国和中国台湾地区的 LED 产业，这个阵营的厂家拥有消费类电子完整的产业链，其产品关注点主要集中在消费类电子产品背光 LED，其技术与欧美日企业有一定的差距，目前正处于高速成长期。韩国 LED 生产企业主要有三星、LG、SeouL Semiconductor、NiNex、AUK、LumiMicro、LUXPIA 等公司。其中以三星、LG 和首尔半导体公司技术实力最强。台湾地区的 LED 在全球市场份额中也占据相当重要的位置，台湾地区 LED 产业是典型的下游切入模式，即通过 20 多年下游封装领域的经验积累，逐步延伸拓展到上游的外延及芯片领域。目前上游已有多家较有实力的外延片厂商，其中比较有代表性的是晶元、璨圆、广镓等品牌。

第三品牌梯队：中国大陆（以广东省为代表）。经过多年的发展，中国已经成长为世界第二大经济体。庞大的经济总量和社会固定资产投资为 LED 产业的市场需求提供了强大的动力。在此背景下，中国 LED 产业涌现出一批优秀的民族企业品牌：包括上游的天龙光电、三安、德豪润达、士兰微等；中游的乾照、国星、瑞丰；以及下游的勤上、洲明、惠州雷士、TCL、元晖光电等企业，其中 65% 以上的上市企业都来自广东省。综观全球 LED 产业格局，中国是全球最大的 LED 照明市场之一，同时也是全球最大的 LED 照明产品生产基地。未来以中国大陆 LED 品牌阵营为主的三级梯队，尤其是广东省，将以迅雷不及掩耳之势影响着全球 LED 产业品牌格局。

（2）广东 LED 产业品牌影响力的主要指标分析

① 广东省 LED 产业的市场占有率分析。

从总体上来看，2013 年广东省 LED 产值达 2811.03 亿元，年均增长 48.44%，约占全国 LED 总量的 64.5%。同时，广东省是全球最大的 LED 封装和显示屏生产基地，LED 封装产量约占全国的 70%，约占世界的 50%，显示屏占全球市场份额的 90% 以上。以上数据说明，广东省已经成为中国乃至全球最重要的 LED 产业的生产基地。

从区域情况来看，近年来，广东省 LED 产业形成了以深圳为龙头，以广深为主轴，产业链向珠三角辐射延伸的格局，2013 年珠三角九地市的 LED 产值占到了广东省的 90% 以上，珠三角地区是中国最大的 LED 封装基地，也是下游应用厂商的最大集聚地，而且也是中国最大的产品出口海外的门户。从珠三角各区域来看，深圳市是广东省 LED 产业最集中的地区，2013 年深圳 LED 产业总产值为 1035 亿元，同比增长 22.05%，占全省 LED 产业总产值的近 40.00%，约占全国 LED 产值的 1/4，近 5 年，深圳市的产业规模增长近 5 倍，年平均增长速度达 41.88%，发展速度远超深圳经济平均增速，成为拉动深圳经济增长的强力引擎。惠州市 LED 产业总产值为 391 亿元，位居全省第二位，占全省 LED 产业总产值的 13.91%；中山市位居第三位，总产值为 351 亿元，占全省总产值为 12.51%。产值在 200 亿元以上的城市还有佛山、广州、东莞，肇庆市的 LED 产业总产值在九大地市中最低，只有 18.67 亿元，只占全省总量的 0.66%。珠三角九市以外的其他地区 LED 产业规模相对较小，总产值共 56.47 亿元，仅占全省总产值的 2.01%。

② 广东省 LED 产业的出口情况分析。

2013 年一～四季度，广东省出口 LED 相关产品共计 688.04 亿元，位居全国第一位，也是全球最重要的 LED 产品出口基地，主要领域集中在彩色监视器、发光二极管、LED 枝形吊灯、LED 照明装置等，其中 LED 其他彩色监视器出口额为 110.4 亿元，占同期出口额的 16.05%；发光二极管出口额为 78.18%，占同期出口额的 11.36%；LED 枝形吊灯出口额为 166.11 亿元，占同期出口额 24.14%，LED 其他电灯及照明装置出口额为 198.42 亿元，占同期出口额的 28.84%。主要出口地为亚洲、北美洲和欧洲，占整体出口额的 90% 以上，其中亚洲出口额最大，占全部产品出口额的 34.82%。

③ 广东省 LED 产业的企业分布情况分析。

总体上来看，截至 2013 年年末，广东省内涉及 LED 产品的生产型企业共计 14650 家，其中 LED 上市公司近 30 家，约占全国 LED 上市公司总数的 60%，总市值接近 1000 亿元，是国内 LED 技术创新、标准制定和应用的主导力量。国内重点上市公司情况如表 4 - 1 所示。

表 4 - 1　　　　　　　全国 22 家重点 LED 企业上市公司

序号	公司名称	证券代码	区域
1	德豪润达	002005	珠海
2	国星光电	002449	佛山
3	奥拓电子	002587	深圳
4	勤上光电	002638	东莞
5	万润科技	002654	深圳
6	茂硕电源	002660	深圳
7	雷曼光电	300162	深圳
8	鸿利光电	300219	广州

序号	公司名称	证券代码	区域
9	洲明科技	300232	深圳
10	瑞丰光电	300241	深圳
11	联建光电	300269	深圳
12	长方照明	300301	深圳
13	聚飞光电	300303	深圳
14	珈伟股份	300317	深圳
15	乾照光电	300102	厦门
16	利亚德	300296	北京
17	远方光电	300306	杭州
18	华灿光电	300323	武汉
19	南大光电	300346	南京
20	联创光电	600363	南昌
21	士兰微	600460	杭州
22	三安光电	600703	厦门

分区域情况来看，深圳 LED 企业数居首，共计 4985 家，占全省总 LED 企业数的 34.0%，其中上市公司占了广东省的将近 70%。中山位居第二位，共计 3235 家，占全省 LED 企业数的 22.1%；东莞位居第三位，共计 1271 家，占全省总 LED 企业数的 12.2%。具体分布如图 4 - 1 所示。

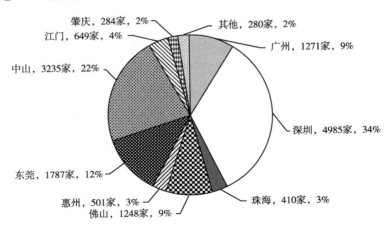

图 4 - 1　广东省各地市 LED 企业分布情况

4.2 广东省 LED 的创新能力

4.2.1 创新能力

（1）创新能力概念

创新能力是运用知识和理论，在科学、艺术、技术和各种实践活动领域中不断提供具有经济价值、社会价值、生态价值的新思想、新理论、新方法和新发明的能力。创新能力是民族进步的灵魂、经济竞争的核心；当今社会的竞争，与其说是人才的竞争，不如说是人的创造力的竞争。企业创新能力就是企业在多大程度上能够系统地完成与创新有关地各项活动地能力，包括：一是在技术上，企业能否将科学的概念转化成为用户开发的产品，并且生产、制造和提供给消费者；二是企业提供的产品是否能被用户认可，企业能否有效地说服用户接受自己的产品；三是企业是否能有效地管理这一过程，并获得一定的财务回报。

（2）创新能力类型

① 创新资源投入能力。

创新资源投入是指获取稀缺生产要素并在创新活动中的投入，而创新资源投入能力则指投入创新资源的数量和质量。知识经济强调，知识是最重要的经济资源，然而，知识的重要性不只是在于对知识的拥有和控制，更重要的是蕴藏在知识背后的能力及其发挥，而且企业的利润主要归结于对知识和智力的大量投入带来的递增收益。所以，在后工业社会，资源投入的数量和质量衡量就更加复杂，主要是从企业的经营效率和效益来体现其差异性。

② 创新管理能力。

创新管理能力表现为企业发展和评价创新机会、组织管理创新活动的能力。一个善于管理创新的企业应具有明确可行的创新战略和有效的创新机制。由于组织化是现代企业创新的基本特征之一，因此，有效的创新机制，是指企业创新人员得到合理安排使用，企业内部研究开发、生产、营销与综合管理部门存在畅通的联系渠道，有良好的沟通方式，部门间能够开展旨在实现创新的协调和具有良好的激励机制，企业与外部在组织、信息、人才等方面都有很好的交换方式和制度。

③ 创新激励能力。

没有创新愿望，一切创新活动都不会产生。企业创新不是单纯的企业守业活动，而是企业员工追求卓越、积极进取的过程，是企业文化中首创精神的体现。创新激励、能力就是使企业产生创新愿望，鼓励将愿望变成现实的能力，是使员工具有创新主动性和前瞻性的能力。

④ 创新实现能力。

创新实现能力是相对创新过程而言的。从技术创新过程来看，基本上经过几个阶段，即由基础研究与应用研究得到设想或新的思想，然后经过研究开发出模式、样品或实验数据，经过中试过程，最后生产出新产品投入市场，并在营销中取得创新的效益。根据创新过程，可以认为创新实现能力包括：①企业研究开发能力。研究开发能力是创新资源投入积累的结果。但是创新资源投入能力不能代替研究开发能力，前者既强调研究开发投入，又强调非研究开发投入，后者则强调研究开发产出。②生产能力。生产能力指将研究开发成果从实验室成果转化为符合设计要求的批量产品的能力。③营销能力。创新所需要的营销能力不仅是指产品开发出来后所具有的销售能力，而且还包括研究市场，使消费者接受新产品，通过企业用户和竞争者反馈信息以改进产品，从而提高新产品的市场占有率和扩大市场范围的能力。

4.2.2　区域 LED 产业创新能力指标体系构建

（1）指标体系设计原则

评价是选择的基础，设立科学合理的产业创新能力评价指标体系，是对 LED 产业创新能力进行地区评价的必要性要求。在此根据 LED 产业创新能力评价基准设计一套 LED 产业创新能力的评价指标体系，来考察各地区 LED 产业区域创新能力。首先在建立评价指标体系时，应该遵循以下原则：

① 全面性。评价指标应当能够尽量全面评价事物的所有方面从而达到评

价目的。

② 客观性。在选择评价指标时，要客观地进行筛选和分析，尽量不要掺杂个人的主观因数。

③ 可行性。应该尽量选择有数据支撑的指标，从而有利于定量分析，对于必须采用的定性指标，应该慎重考虑它的度量方法。

④ 可比性。评价指标的计算口径应该尽可能一致，同时，尽量采用相对指标，以便于不同对象之间的比较分析。

⑤ 简要性。评价指标要言简意赅，层次清晰，同时，每个指标的内涵明确，相对独立，避免重复。

⑥ 适应性。要求从本区域经济社会发展情况出发，构建适合广东省 LED 创新能力的评价指标。

（2）指标体系的构建

区域创新能力是科学技术产生、改进、引进、转化和扩散的综合能力，一般来说，区域创新能力可以分解为创新投入、创新产出和创新环境三个维度。基于指标体系的设计原则，借鉴中国科技发展的战略小组关于区域创新能力的评价，根据战略性新兴产业 LED 产业的基础要求和特点，兼顾获取数据的可能性，设计出广东省区域 LED 产业创新能力评价体系：

第一类：反映创新投入能力的指标。

在这里我们选取四个指标：LED 产业 R&D 活动人员数、本地高校 LED 相关专业数、LED 产业 R&D 经费支出、R&D 经费/LED 产业产值的比重。R&D 活动人员数，即年内本地 LED 产业从事 R&D 活动的总人员数，反映了一个地区在 LED 产业上的研发人力资源的投入，是衡量创新投入的关键指标之一。本地高校 LED 相关专业数即本地各大中专院校所设立开课的 LED 相关专业数，代表着当地教育资源对 LED 产业创新运用的可以持续性支持。LED 产业 R&D 经费支出，即年内本地 LED 产业 R&D 经费总支出金额，是衡量创新投入的最重要指标。

第二类：反映创新产出的指标。

从最直观的创新产出来看，一是反映整个产业的创新程度，也即专利申请量和授权量，二是反映科技成果转化的指标，也就是新产品销售额。这里我们选取三个指标来表征区域 LED 产业的创新产出：专利申请量、专利授权量和新产品销售额。专利申请量是指报告期内向专利行政部门提出专利申请被受理的件数，是发明、实用新颖、外观设计三种专利申请数的总和。该指标是反映一个地区的科技创新、技术进步和产品设计能力的重要指标。专利授权量是指报告期内由专利行政部门授予专利权的件数，是发明、实用新颖、外观设计三种专利授权数的总和。该衡量一个国家或地区技术创新能力和水平的重要指标，已被世界所公认。新产品销售额是指企业或产业在主营业务收入和其他业务收入中销售新产品实现的收入。该指标是衡量产品创新的最直接指标。

第三类：反映创新环境的指标。

区域创新环境主要由政策环境、经济环境和基础设施环境构成，这里我们选取政府发布的 LED 产业相关政策数量、人均 GDP 和人均 GDP 这三个指标来反映创新创新的政策环境和经济环境。政府发布的 LED 产业相关政策数量是指当地政府历年来所发布的 LED 产业相关政策数量的总和，这是反映政府对 LED 产业发展规划和引导的主要指标之一。人均 GDP 是反映该区域所有常住单位和居民在一定时期内所生产和提供最终使用的产品和劳务的价值。该指标是反映一个区域经济实力的最重要的单项指标。人均 GDP 增长速度反映了一个地区经济发展的可持续性及潜力。

（3）指标含义及数据来源

综上所述，我们构建出的 3 个一级指标、6 个二级指标、9 个三级指标的指标体系如表 4 - 2 所示。

表 4 - 2　　　　　　　　区域 LED 产业创新能力评价指标体系

一级指标	二级指标	三级指标	数据来源
创新投入	科研力量	LED 产业 R&D 活动人员数	广东省统计年鉴 2013
		本地高校 LED 相关专业数	GSC 产业运行监测中心 2013
	经费投入	LED 产业 R&D 经费支出	广东省统计年鉴 2013
		R&D 经费/LED 产业产值（%）	广东省统计年鉴 2013
创新产出	专利产出	专利申请量	GSC 产业运行监测中心 2013
	新产品产出	新产品销售额	GSC 产业运行监测中心 2013

续表

一级指标	二级指标	三级指标	数据来源
创新环境	政策环境	政府发布的 LED 产业相关政策数量	GSC 产业运行监测中心 2013
	经济环境	人均 GDP	广东省统计年鉴 2013
		人均 GDP 增长速度	广东省统计年鉴 2013

如表 4-2 所示，由于部分指标数据获取的困难性，LED 产业 R&D 活动人员数、LED 产业 R&D 经费支出、R&D 经费/LED 产业产值占比等指标用广东省的总体数据来代替，来间接衡量 LED 产业内部的研发人员投入和资金投入。

（4）创新能力评价方法

创新能力的评价是否科学、准确、合理，直接关系到区域创新战略的顺利实施及创新政策制定的合理性。目前，我国各个区域对创新能力的评价标准及模型选择还不够科学、明确，还存在很多模糊的认识。为了发挥比较优势和发展特色经济，给广东省 LED 产业的区域协同发展提供一个科学有效的研究思路和评判方法，迫切需要构建一个科学、全面、合理的评估指标体系，并在此基础上提出一个切实有效的区域产业创新能力综合评估研究方法。

本书在设定区域产业创新能力评价原则及评估指标体系的基础上，采用区域经济分析的科学方法——主成分分析法，对广东省 LED 产业的区域创新能力进行综合集成分析评判。

确定权重的方法通常有：个人判断法、专家会议法和德尔菲法。这些方法都是通过由人工估计确定权重的，它们的科学性受到质疑，各个指标之间可能具有明显或不明显的相关性。为了消除子变量共线性问题，本书应用多元统计方法的主成分分析法进行评价，采用 SPSS18.0 软件对样本数据进行主成分分析，以各主成分竞争力得分为变量，各主成分的方差贡献率为权重，采用加权求和法计算出主要地市 LED 产业创新能力的综合得分。并使用相同的方法对二级指标进行计算处理，得到分项指标得分。鉴于主成分分析法需要将数距进行标准化处理，通过标准化之后得到的综合分为标准量，为了评分直观方便我们将数据进行 50~100 的再标准化处理，得到最终的常规得分。

所谓的主成分分析，是指通过对这一组变量的几个线性组合来解释这组变量的方差和协方差结构，以达到数据的压缩和数据的解释的目的。主成分分析是一种实用的多元统计方法。这种方法独到之处在于，能够消除指标样本间的相互关系，在保持样本信息量的前提下，提取少量有代表性的主要指标。同时，在分析过程中得到主要指标的合理权重，用主成分作为决策分析的综合指标值。由于主成分分析法具有上述特点，近年来在多指标综合评价上得到越来越广泛的应用。

主成分分析法的基本原理是：通过适当的数字变换，使新的指标成为原有指标的线性组合，并用较少的指标（主成分）代替原有指标，主成分之间相互独立。第一主成分代表原有指标的信息最多，第二主成分次之，根据此原理，利用主成分能构造综合指数。主成分是原变量的线性组合，是对原变量信息的一种改组，主成分不增加总信息量，也不减少总信息量。在计算过程中，主成分的得分有一部分是负值，这里的负值并不是绝对而是相对值，并不代表综合创新能力的真实含义，而是说明该区域在样本区域中的相对位置，即处于平均水平之下；当主成分是正值时，则说明该区域的综合创新能力位于平均水平之上。

一般来说，进行主成分分析主要步骤如下：

① 对样本数据进行标准化处理；

② 计算出样本相关矩阵；

③ 计算出相关矩阵的特征值和对应的特征向量；

④ 求出载荷矩阵，计算各公共因子的得分；

⑤ 计算综合评价指标值，并进行评价和研究。

4.2.3　广东省 LED 产业创新总体状况分析

近年来，随着 LED 产业规模的不断快速增长，广东省 LED 产业的技术创新能力大幅度提升，无论是在专利申请量和研发资金投入、创新环境改善等方面，都领先于国内其他省份，同时，在 MOCVD 机等高端核心装备的国产化和产业化方面，已经取得了重大突破，中科宏微公司和昭信集团研制出国产

MOCVD 机，增补了中国 LED 产业高端环节的技术空白，抢占了上游核心技术的制高点，专利意识的增强和创新能力的提升，使产业可持续发展的基础进一步巩固。具体情况如下：

（1）广东省 LED 产业创新投入

① 广东省高校 LED 相关专业数本地及从事 LED 研究的科研机构数。

广东省内开设有 LED 相关专业的高等院校与机构有中山大学（材料物理学、光信息科学与技术、微电子学）、暨南大学（光电工程、计算机科学与电子工程系、光学工程、光学、物理电子学）、华南理工大学（高分子材料科学与工程系、无机材料科学与工程系、电子材料科学与工程系）、华南师范大学（光信息科学与技术、光学工程、微电子学和固体电子学、信息工程、光电子材料与技术研究所）、广东工业大学（物理电子学、光学工程、材料物理与化学）、广东轻工职业技术学院（电子工程技术系）、深圳大学（光学工程、电子科学与技术、测控技术与仪器、光电信息科学与工程、光源与照明、深圳大学光电子研究所）、香港理工大学深圳研究院、深圳清华大学研究院（光机电与先进制造研究所）、中山大学佛山研究院、佛山科学技术学院（光电信息科学与工程专业）、中山大学（古镇）半导体照明技术研究中心、惠州学院（电子信息工程）、惠州市技师学院（电子工程系）、东莞中山大学研究院、东莞理工学院（光电信息科学与工程）、五邑大学（电子信息工程专业）。众多的高校资源为广东省 LED 产业的不断创新提供了持续不断的智力支持与创新动力。

② 广东省 LED 产业研发投入。

2013 年，广东省 LED 产业研发投入为 108.82 亿元，同比增长 29.89%，占全省总产值的 3.87%，而同期广东省 R&D 经费占本省生产总值的比重为 2.32%，这说明广东省 LED 产业的研发投入强度大大高于广东省研发投入强度的平均水平，显示出广东省政府对 LED 产业重视。

从 2013 年广东 LED 研发总投入构成来看，研发资金主要投入 LED 配件、LED 材料、LED 照明灯具、LED 封装元器件、LED 背光源及 LED 显示屏等领域。其中，LED 配件、材料研发投入为 38.25 亿元，占同期研发投入为 35.15%，是广东省 LED 研发投入的最大领域；LED 灯具照明类研发投入为 22.81 亿元，占同期研发总投入的 20.96%；LED 封装元器件类研发投入为 15.25%，占同期研发总投入的 14.01%；LED 灯饰和 LED 芯片外延片研发总投入较少，分别为 0.1 亿元和 0.49 亿元。具体研发投入构成如表 4 - 3 所示。

表 4 - 3 　　　　　　　　　2013 年广东省 LED 研发总投入构成

项目	指标值（亿元）	同比增长率（%）	占同期研发总投入的比例（%）
LED 芯片外延片	0.49	11.36	0.45
LED 封装元器件	15.25	38.89	14.01
LED 背光源	11.68	52.08	10.73
LED 照明灯具	22.81	13.94	20.96
LED 光源及专业灯具	6.19	-21.35	5.69
LED 灯饰	0.10	42.86	0.09
LED 显示屏	7.52	20.51	6.91
LED 配件、材料	38.25	53.49	35.15
LED 装备	6.53	17.45	6.01

（2）广东省 LED 产业创新产出

广东省 LED 产业创新产出主要体现在专利创新产出。

① 专利申请量。

专利申请量是反映一个地区的科技创新、技术进步和产品设计能力的重要指标。通过分析一个地区或产业的专利申请量，可以反映出该地区或产业的科技创新活跃程度以及该地区或产业的科技创新重点所在，并有助于该地区的决策部门有针对性地制定相关的专利申请和扶持和资助政策。

根据广东省半导体照明产业联合创新中心编撰的《广东省 LED 产业区域竞争力指数研究报告》显示，截至 2013 年年底，广东省 LED 产业专利申请共计 50061 件，占全国 LED 专利申请总量的 26.3%，占广东省全部专利申请量的 4.08%。其中，发明专利申请 11067 件，占申请总量的 22.11%，占全国 LED 专利申请总量的 5.81%；实用新型专利申请 28218 件，占申请总量的

56.37%，占全国 LED 专利申请总量的 14.83%；外观设计专利申请 10776 件，占申请总量的 21.52%，占全国 LED 专利申请总量的 5.66%。

② 专利授权量。

随着 LED 产业规模的增长，广东省 LED 专利授权量持续上升。截至 2014 年第三季度，广东 LED 专利授权量为 67391 件，占同期全国 LED 专利授权量的 29.30%，占同期广东全部专利授权量的 5.88%。从专利结构上来看，截至 2014 年第三季度，广东省 LED 发明专利授权 3569 件，占广东省 LED 专利授权总量的 5.3%，实用模型专利授权 31469 件，占专利授权总量的 46.7%，外观设计专利授权 32353 件，占专利授权总量的 48.01%。与全国相比，截至三季度，广东 LED 发明专利授权量占同期全国 LED 发明专利授权量的 16.99%，实用新型专利授权量占同期全国的 25.89%，外观设计专利授权量占同期全国的 37%。可以说广东省是名副其实的 LED 专利大省，这说明广东省 LED 产业科技创新能力在不断增强。

但与全国相比，广东省 LED 发明专利授权和实用新型专利授权比例低于全国水平，而外观设计专利授权比例高于全国水平。发明专利的数量和比例是衡量一个地区专利质量的重要指标，发明专利数量越多，所占比例越大，说明该地区出现高质量专利的可能性就越高。广东 LED 专利授权量主要集中于下游应用和封装领域，LED 发明专利授权量所占的比例仍然偏低，仅为 5.3%，低于全国平均水平 3.83 个百分点。LED 企业应不断加强技术的研究创新，加大研发投入，在关键技术上取得突破。

③ 新产品销售额。

考虑到数据的实际获得难度，我们将新产品销售额用 LED 产业全年产值来替代，实际上 LED 产品市场竞争相当激烈，产品更新很快，企业 LED 产品的销售主要依赖于新产品的销售，因此这里用 LED 产业全年产值来替代 LED 新产品销售额是有其合理性的。

2013 年广东省 LED 产业总产值为 2811.03 亿元，继续位居全国首位，同比增长率为 29.52%。广东 LED 产业从 2009 年的 390 亿元连续两年翻倍增长，再到跨入 2000 亿级别，再到 2013 年接近 3000 亿元规模。广东 LED 产业历年总产值如图 4-2 所示：

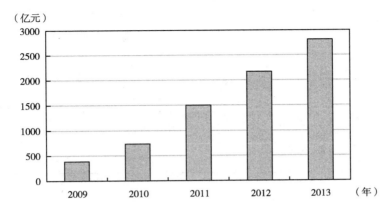

图 4 - 2　广东 LED 产业历年总产值

（3）广东省 LED 产业创新环境

广东省委省政府高度重视 LED 产业的发展，积极推出相关政策措施。广东省把 LED 列入全省三大战略性新兴产业之一，并发布了一系列的相关政策文件予以支持，现列如下：《珠三角洲地区改革发展规划纲要》《广东省 LED 产业发展技术路线图》《广东省 LED 产业发展"十二五规划"》《广东省 LED 路灯产品评价标杆体系管理规范（第二版）》《广东省人民政府办公厅关于加快发展 LED 产业的若干意见（征求意见稿)》。具体政策要点如表 4 - 4 所示。

表 4 - 4　　　　　　　广东省 LED 照明产业相关政策出台情况

序号	政策文件名	LED 照明相关政策要点
1	《珠三角洲地区改革发展规划纲要》	大力发展高技术产业：电子信息领域重点发展软件及集成电路设计、新型平板显示、半导体照明、新一代宽带无线移动通信、下一代互联网、数字家庭等产业
2	《广东省 LED 产业发展技术路线图》	确定未来 3～5 年广东省半导体照明和 LED 显示产业主流产品、产业目标、支撑主流产品的核心技术及可能取得自主知识产权的关键技术研发突破方向
3	《广东省 LED 产业发展"十二五规划"》	到 2015 年，基本建成以企业为主体、市场为导向、产学研相结合、覆盖产业创新链各环节的 LED 产业技术创新体系；初步建立半导体照明标准体系。 全省 LED 产业规模突破 3000 亿元，将广东建设成全国 LED 产业的创新策源地和全球重要的 LED 产品研发生产基地

续表

序号	政策文件名	LED 照明相关政策要点
4	《广东省 LED 路灯产品评价标杆体系管理规范（第二版）》	详细阐明如何构建产品指数；阐述产品检测流程与如何进行产品的一致性核查；规定如何实施标杆体系的动态管理
5	《广东省人民政府办公厅关于加快发展 LED 产业的若干意见（征求意见稿）》	建立健全产业技术创新体系，努力提高自主创新能力 建立 LED 照明产品应用推广体系，促进市场健康有序发展 建立健全产业支撑配套体系，推进产业集群发展

2010 年以来，广东省财政投入专项资金 13.5 亿元，引导企业和社会投入配套资金近 60 亿元，有力地支持了 LED 产业重点领域的创新突破。国家半导体光电产品检测重点实验室、国家 LED 产品监督检验中心等一批国家级 LED 检测机构相继落户广东。全省 LED 产业公共服务平台全面覆盖创新设计、技术研发、质量控制、检验检测、物流会展等各个环节，产业环境不断优化。另外，广东省 LED 市场活跃。以深圳为例，深圳超过 80% 的 LED 企业是在深圳本地创办、成长起来的民营企业。深圳成熟的市场经济体制为 LED 企业营造了良好的创新氛围。据不完全统计，在深圳 LED 行业内有市级以上高新技术企业 130 余家，这些高技术企业均是行业内技术水平较高、规模较大、成长较快、产品质量过硬、市场口碑较好的企业，是深圳 LED 产业第一梯队的主要力量。

同时，广东作为我国对外开放的先行地区和传统照明产业集聚区，已成为国内最好的全球照明市场体系，在 LED 领域形成了较强的国际市场优势。目前广东市场 LED 用量占全国 50%，特别是广东已经成为世界汽车、消费类电子的生产、出口和消费大省，而这些产业对 LED 产品的潜在需求非常大。广州国际照明展览会是亚洲地区最大的照明专业展，立足广东的中国国际半导体照明论坛及展览是国内 LED 领域最高级别的产业盛会，为 LED 展示与交易提供了很好的市场平台。显著的国内外市场优势带动 LED 产业发展，也有利于产业链中的诸多环节实现规模经济效应。另外，汽车照明、背光源、显示屏、信号指示、景观装饰等细分市场的发展将带动市场规模持续大幅增长。

4.2.4　广东省区域 LED 产业创新能力比较分析

LED 产业作为广东省三大战略性新兴产业之一，既承担着作为广东省产业结构调整升级的主力军的重任，又是响应国家节能减排任务实现节约型社会的有效手段。虽然在现阶段情况下，广东省 LED 产业有着良好的发展势头，产业规模庞大，产业集群效应显著，但也面临着产业总体发展层次低、自主创新能力不足、区域平衡与统筹发展等突出问题。进行区域 LED 产业创新能力评价研究的意义在于，通过对 LED 产业发展的科学度量解析各地区 LED 产业创新能力大小，进而理清不同地区之间 LED 产业创新能力及结构的差异所在，以此为政府及研究机构指定决策提供参考性意见。为此，我们将对广东省 LED 产业最主要的 9 个地市的创新能力进行考量。

（1）珠三角各城市 LED 产业创新投入、创新产出与创新环境

① 创新投入。

珠三角地区是广东省乃至中国地区最具活力和发展潜力的区域之一，2013 年珠三角各市创新人员投入和资金投入情况如表 4 - 5 所示。从表 4 - 5 可以看出，2013 年 R&D 活动人数最多的为深圳市（187045 人），其后依次为：佛山、广州、东莞、中山、惠州、江门、肇庆。深圳市 R&D 活动人员数领先与第二名的佛山 7 万多人，显示出深圳市经济发展强大的创新驱动力。R&D 经费支出方面，深圳市仍然最高，其次是广州、佛山，其差距仍然较大。从 R&D 投入占 GDP 的比重来看，深圳为 9.2%，居于珠三角各市之首，领先于第二名中山市近 4 个百分点。

表 4 - 5　　　　　　　2013 年珠三角各市创新人员投入和资金投入情况

地区	R&D 活动人员数（人）	R&D 经费支出（万元）	R&D 投入占 GDP 的比重（%）
广州	74008	1710176.8	3.85
深圳	187045	5329401.5	9.20
珠海	15814	345667.6	4.41

续表

地区	R&D 活动人员数（人）	R&D 经费支出（万元）	R&D 投入占 GDP 的比重（%）
佛山	75852	1612185.5	4.16
惠州	18678	518728.9	3.64
东莞	53258	983720.1	4.06
中山	37857	611854.5	5.12
江门	16033	318045.6	4.56
肇庆	10568	154059.9	1.91

资料来源：《广东省统计年鉴》。

② 创新产出。

A. 专利申请量。

根据广东省半导体照明产业联合创新中心编撰的《广东省 LED 产业区域竞争力指数研究报告》显示，截至 2013 年年底，广东省 LED 产业专利申请共计 50061 件，省内共有 8 个城市专利申请量超过千件。其中，深圳专利申请 19541 件，位列全省第一，且深圳的专利申请量超过排名第二、三、四的东莞、广州和中山三地之和，各地区专利水平的发展还很不平衡。东莞专利申请 7392 件，广州专利申请 6158 件，中山专利申请 5337 件，佛山专利申请 3536 件，惠州专利申请 1746 件，江门专利申请 1324 件，珠海专利申请 1107 件，肇庆专利申请 654 件，如图 4-3 所示。

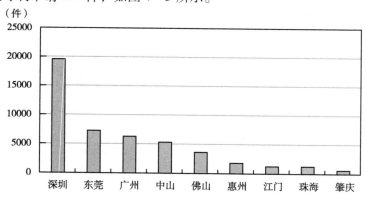

图 4-3 珠三角各市专利数量

B. 专利授权量。

从区域分布情况来看，截至 2014 年第三季度，珠三角九地市 LED 专利授权量共计 62904 件，占全省 LED 专利授权量的 93.34%，其中发明专利授权量占为 98.40%，实用新型专利授权量占比为 93.64%，外观设计专利授权量占比为 92.50%。从专利授权数量上看，排在前三位的分别是深圳（19393 件）、中山（16858 件）、东莞（8797 件）。从各地市 LED 专利授权情况来看，发明专利授权量排在前三位的分别是深圳（2256 件）、广州（544 件）、东莞（285 件），实用新型专利授权量排在前三位的分别是深圳（11778 件）、东莞（5425 件）、广州（3803 件），外观设计专利授权量排在前三位的分别是中山（13504 件）、深圳（5359 件）、广州（3119 件）（见图 4 - 4）。

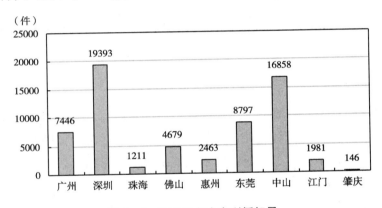

图 4 - 4　珠三角各市专利授权量

C. LED 产业产值。

从 2013 年的数据来看，珠三角 LED 产值排名为深圳、惠州、中山、佛山、广州、东莞、江门、珠海、肇庆。其中，深圳 LED 产业 2013 年全年总产值为 1035.17 亿元，位居全省第一位，占全省总量的 36.83%；惠州市 LED 产业总产值为 391.00 亿元，位居全省第二位，占全省 LED 产业总值的 13.91%；中山市位居第三位，总产值 351.00 亿元，占全省总产值的 12.51%；佛山市 LED 产业规模位居全省第四位，总产值 308.00 亿元，占全省 LED 产业总值的 10.96%；广州市位居第五位，LED 产业总产值 269.60 亿元，占全省 LED 产业总产值的 9.59%；东莞市位居第六位，LED 产业总产值为 267.30 亿元，占全省 LED 产业总产值的 9.51%；江门市位居第七位，LED 产业总产值为 62.80 亿元，占全省 LED 产业总产值的 2.23%；珠海位居第八位，LED 产业总产值为 50.21 亿元，占全省 LED 产业总产值的 1.79%；肇庆市 LED 产业总产值在九大地市中最低，只有 18.67 亿元，只占全省总量的 0.66%。具体各地市的产值如图 4-5 所示。

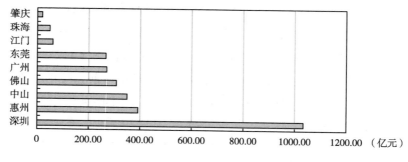

图 4-5　珠三角各市 LED 产业产值

③ 创新环境。

近年来，广东省各地市尤其是珠三角地区先后出台了多项旨在推动 LED 产业创新与发展的产业发展规划和创新扶持政策，政策主要围绕产业发展规划、产业标准体系构建、产业应用示范规范等，良好的创新环境有力地推动了珠三角地区 LED 产业的发展壮大，企业创新能力持续提升，具体各市的创新政策如下：《广州市半导体照明产业发展规划（2010-2020 年）》《深圳市促进半导体照明产业发展的若干措施》《深圳市推广高效节能半导体照明（LED）产业示范工程实施方案》《深圳市公共机构"十二五"节能工作三年行动方案》《东莞市 LED 产业发展规划（2010-2015）》《东莞市推进 LED 产业发展与应用示范工作实施方案》《东莞市促进 LED 产业发展及应用示范的若干规定》《东莞市 LED 照明应用示范工程补贴暂行办法》《江门市绿色（半导体）光源产业发展规划（2009-2015）》《江门市推广高效节能半导体照明（LED）产品示范工程实施方案》《江门市促进高新技术产业开发区 LED 产业发展暂行优惠办法》《关于进一步扶持我市战略性新兴产业（江门市绿色光源）发展的意见》《惠州市 LED 产业发展规划（2011-2015 年）》《惠州市推广应用 LED 照明产品实施方案》《惠州仲恺高新区促进战略性新兴产业发展

优惠政策（LED 产业部分）》《佛山市新光源产业发展规划（2010 – 2015
年)》《佛山市人民政府办公室印发佛山市推广使用 LED 照明产品实施方案的
通知》《佛山市禅城区广东省万家亿盏 LED 室内照明示范区建设项目工程补贴
实施办法》《佛山市南海区促进绿色照明产业发展扶持办法》《梅州市 LED 产业
发展规划（2010 – 2015 年)》《梅州市推进 LED 产业发展与应用示范工作实施方
案》《梅州市推广应用 LED 照明产品实施方案》《潮州市推广使用 LED 照明产
品实施方案》《汕头市推广使用 LED 照明产品实施方案》《清远市推广应用 LED
照明产品实施方案》以及其他各市推广应用 LED 照明产品的实施方案。

（2）珠三角各市 LED 产业创新能力比较分析

① 珠三角各市 LED 产业创新能力综合得分及排名。

通过主成分分析法对原始数据进行降维处理，浓缩数据信息，简化指标
的结构，以便用最少的综合指标来概括最大量的经济事实，从而达到用最简
洁的语言揭示事物之间本质联系的目的。由于变量的计量单位不同，故需先
求出相关矩阵，然后求出相关矩阵的特征值、方差贡献率和累计方差贡献率，
以及因子载荷矩阵。

利用 SPSS18.0 统计分析软件，对 2013 年的数据进行主成分分析法。按
照特征根大于 1 并且考虑方差贡献率的原则，来入选主成分。我们选择了两
个主成分，它们的累计方差贡献率达到 77.363%。各个公因子对应的特征根
和方差贡献率见表 4 – 6。各公因子得分及总得分见表 4 – 7。

表 4 – 6　　　　　　　　各公因子对应特征根及方差贡献率

类　　别	公因子 1	公因子 2
特征根	5.364	1.329
方差贡献率（%）	62.6	14.763
累积方差贡献率（%）	62.6	77.363

根据公因子的方差贡献率和各产业在两个公因子的得分，计算 2013 年珠
三角各地市 LED 产业创新能力得分：

各地市 LED 产业创新
能力综合得分 ＝（公因子 1 × 62.6 + 公因子 2 × 14.763)/77.363

表 4 – 7 2013 年珠三角各地市 LED 创新能力综合得分

地　　区	公因子 1	公因子 2	得分
广州	0.0674	2.0939	0.4540
深圳	2.4507	0.0139	1.9856
珠海	− 0.5642	0.9375	− 0.2777
佛山	0.1552	− 0.6749	− 0.0032
惠州	− 0.3019	− 0.6329	− 0.3650
东莞	0.0219	− 0.9918	− 0.1715
中山	− 0.2913	0.1644	− 0.2044
江门	− 0.3892	− 0.9325	− 0.4929
肇庆	− 1.1486	0.0225	− 0.9252

为了评分直观方便我们将数据进行了 50～100 的再标准化处理，得到最终的常规得分。如表 4 – 8 所示，从珠三角各市的 LED 产业创新能力得分看，各市的创新能力排名依次为深圳（100 分）、广州（73.69 分）、佛山（65.84 分）、东莞（62.95 分）、中山（62.38 分）、珠海（61.12 分）、惠州（59.62 分）、江门（57.43 分）、肇庆（50.00 分）。

表 4 – 8 珠三角各地市 LED 创新能力综合得分测度结果

地　　区	创新能力总得分	排名
深圳	100.00	1
广州	73.69	2
佛山	65.84	3
东莞	62.95	4
中山	62.38	5
珠海	61.12	6
惠州	59.62	7
江门	57.43	8
肇庆	50.00	9
平均值	65.891	9

② 珠三角各市 LED 产业创新能力单项指标得分及排名。

为了比较各地市二级指标之间的表现差异，我们仍然采用主成分分析法对每一个二级指标进行处理，同时为了评分直观方便我们仍将最终的评价结果数据进行了 50 ~ 100 的再标准化处理，得到最终的常规得分。见表 4 – 9。

表 4 – 9　　　　　珠三角各市 LED 产业创新能力单项得分情况

地区及指标	创新投入		创新产出		创新环境		创新能力综合测度结果	
	得分	排序	得分	排序	得分	排序	得分	排序
深圳	100.00	1	100.00	1	100.00	1	100.00	1
广州	72.30	2	63.44	4	80.63	4	73.69	2
佛山	65.78	3	60.99	5	78.66	5	65.84	3
东莞	61.72	4	64.99	2	74.14	7	62.95	4
中山	61.28	5	64.43	3	52.16	8	62.38	5
珠海	57.38	7	51.38	8	81.25	3	61.12	6
惠州	56.43	8	60.74	6	80.54	4	59.62	7
江门	57.66	6	51.98	7	87.17	2	57.43	8
肇庆	50.00	9	50.00	9	50.00	9	50.00	9

从表 4 – 9 可以看出，在创新投入能力上，各地市的排名与创新能力总得分的排名变化不大，从中也可以看出创新投入能力是区域 LED 产业创新综合能力重要影响因素之一；而各地在创新产出能力的排名上发生了一些明显的变化，深圳仍然位居第一位，肇庆依旧垫底，江门与珠海也是创新产出能力最低的区域，东莞和中山的创新产出能力较强，分别都位于第二位；在创新环境方面，深圳依旧第一位，肇庆排名最后，江门的创新环境较为突出，而中山、珠海则较为薄弱。

③ 珠三角各市 LED 产业创新能力比较研究。

为了更好地表述珠三角地区 LED 产业创新能力的特征，我们对珠三角各市 LED 产来创新能力等级进行了划分，划分的基本原则是以创新能力综合测量得分作为主要依据，同时参考各二级指标的表现及创新能力综合得分的平均值。等级 I 为创新能力综合测量得分大于 80 的地区；等级 II 为创新能力综合得分小于 80，大于 65 的地区；等级 Ⅲ 为创新能力综合得分小于 65，大于 59 的地区；等级 Ⅳ 为创新能力综合得分小于 59 的地区。具体划分结果如表 4 - 10 所示。

表 4 - 10 珠三角各地市 LED 产业创新能力等级划分

等级	综合得分范围	地区	基本特征
Ⅰ	得分大于 80	深圳	全面领先型
Ⅱ	得分小于 80，大于 65	广州、佛山	综合能力较强型
Ⅲ	得分小于 65，大于 59	东莞、中山、珠海、惠州	特色发及追赶型
Ⅳ	得分小于 59	江门、肇庆	整体落后型

A. 一类地区的 LED 产业创新能力比较分析。

从表 4 - 10 可以看出，深圳是第 Ⅰ 类，属于全面领先的创新型城市。在 3 个分项能力指标中，深圳均处于绝对领先地位，且发展都比较均衡，综合创新能力比第二名的广州高出 27 分。这说明深圳的 LED 产业发展在创新环境的培育、创新投入、知名品牌和大企业的培育、核心技术的研发与应用等方面均具有明显的优势。深圳是广东省乃至我国 LED 产业发展的重要高地和创新策源地，深圳 LED 产业创新能力整体优势的深层基础是构建了富有生机的经济运行机制和有利于创新的社会生态环境。2013 年深圳 LED 专利申请量共计 19541 件，占广东省 LED 专利申请量的 39.03%，占全国 LED 专利申请量的 10.40%。同时，深圳在产业链下游应用端已经形成了部分高端品牌，已经涌现了一大批国内领先、具备一定国际竞争力的企业，呈现高端化、品牌化发展趋势。在背光源、显示屏方面有利亚德、聚飞光电、兆驰、迈锐光电、通普、洲明科技（上市公开司）、联建光电（上市公司）等企业，在海外市场占据主要地位，是中国参与全球化竞争的典型表现。在照明方面如珈伟光伏照明（上市公司）、晶蓝德、万润科技（上市公司）等企业在海外都有自己的高端独立品牌，除此之外，深圳还拥有茂硕电源、雷曼光电、瑞丰光电、聚飞光电、艾比森、奥拓电子、长方照明等多家上市公司，这些企业都完整掌握了 LED 照明产品的国际标准和国际规范，产品出口北美、欧洲等区域高端市场。

深圳 LED 产业技术创新及成果转化能力较强，除了拥有一个全国最大的国家级半导体照明产业化基地外，还有众多企业与学校或科研单位（深圳大学、香港理工深圳研究院、清华大学深圳研究生院）合作所形成的产学研基地（如深圳市裕鑫丰集团与暨南大学理工学院合作签约的"共建大学生实习基地"）。

深圳的 LED 产业配套环境已经形成并处于优化阶段，LED 产品制造零部件和材料 90% 以上已经实现本地或周边采购，同时依托深圳本地产业生产配套，形成了综合功能的生产性服务链，为 LED 产业发展提供了研发、设计、物流、营销、会展、金融、咨询、培训等系统化配套服务。

如上所述，深圳市 LED 产业在整体的竞争中保持着强大的实际竞争力和创新能力，一直引领中国 LED 产业的创新发展，同时与 LED 产业相配套的相关产业的蓬勃发展也给深圳 LED 产业的发展和创新能力提升带来了无限的潜力。随着全球性"禁白"法令的逐步实施，未来照明市场给予 LED 的发挥空间正在逐步扩大，深圳在未来的机遇中凭借现今的总体竞争力和创新能力必然会继续发挥"领头羊"的作用，继续带领中国 LED 产业走在世界的前端。

B. 二类地区的 LED 产业创新能力比较分析。

二类区域包括广州和佛山这两个城市，该类地区属于综合创新能力较强的地区，在创新投入方面具有明显的优势。广州的创新能力总得分为 73.69 分，排名第二，比佛山高近 7 分，但与第一名的深圳仍有较大的差距。广州市 LED 产业综合创新能力排名较前的主要原因在于：第一，广州市作为省会城市所享受到的近水楼台先得月的资源和政策优势，无论是财政拨款上还是在政策优惠上广州一般都会比其他地区会优先覆盖到。第二，产业基础较好，可持续发展能力较强。目前规模较大的企业主集中在装备、封装、普通照明、汽车照明、舞台灯光、背光源及显示屏等环节，比较知名的企业有鸿利光电（上市公司）、光为照明、三雄极光、奥迪通用照明等老牌制造企业。良好的产业基础为产业的创新发展提供了有利的支撑。第三，广州市作为南方的文化、教育交流中心，拥有大量的高等院校与研究机构为产业服务，根据统计广州市拥有 6 所高校院校，多达 20 个的 LED 相关专业，如中山大学的材料物理学专业、光信息科学与技术专业，暨南大学的光学工程、光学、物理电子专业，华南理工大学的高分子材料科学与工程系、电子材料科学与工程系等专业，每年向LED产业输送近千人。但同时也有一个问题，也就是人才的流动性非常大，因此在实际的人才发散过程中并不仅仅是广州受益，深圳、佛山、惠州等地也在享受着这一溢出效应式人力资源，这应该也是广州的创新能力得分并未超过深圳的原因。

佛山的创新能力得分为65.84分，虽然在珠三角九个地市中排名较靠前，但与第一名深圳和第二名广州仍然较在较大的差距。主要原因在于，一是佛山市缺少像广州和深圳那样的重点院校能大量培养专业性高端人才；二是佛山市的专利申请量严重不足，其2013年LED专利申请数为3536件，在珠三角九个地市中排名第五位，同时截至2014年第三季度，其专利授权量是4679件，也仅排第五名，整体创新产出能力仍然不够突出；三是佛山作为中国传统灯具制造与商贸中心，在向LED方向的转型其实并不是那么快，很多传统灯具制造企业不愿意付出巨大的代价来进军新兴的LED领域，这种转型升级的滞后一定程度上影响了佛山LED产业整体创新能力发展的滞后。但同时，我们也应该看到，基于传统灯具制造的优势，近年来佛山也涌现出一批新兴企业，如国星光电、昭信光电等品牌，此外还有国际巨头欧司朗设立在佛山的分部，再加上传统灯具企业佛山照明、雪莱特、嘉美时代等，这些"领头羊"对佛山的整个LED产业的创新发展具有极大的带动作用。

C. 三类地区的LED产业创新能力比较分析。

三类地区主要包括：东莞、中山、惠州、珠海四个地区，从创新能力的综合得分来看，这四个地区之间的得分差异并不是很大，但这四个地区的创新能力均低于平均综合创新能力得分，该类地区属于特色发展型和追赶型区域，产业整体基础较好，产业发展潜力较大。下面我们来具体分析一下各个地市的特征：①惠州市，近年来产业发展迅速，LED产业链发展较为完整，LED照明产业形成了从服装、光电节能系统解决方案、照明产品研发到LED照明终端产品应用以及市场销售的产业链条。2013年惠州LED产业总值达到391亿元，位居全省第二位，但产业创新力度不够，并产业规模并不匹配，要强化科技创新投入和营造良好的创新环境。②中山市，中山市的创新能力总体得分不高，但创新产出优势较为明显，其创新产出在所有珠三角城市中排名第三位，尤其是专利授权量大有赶超深圳之势，截至2014年第三季度，中山市的专利授权量为 16858 件，仅次于深圳（19393 件），排名全省第二名，其主要优势在于外观专利授权量，排名全省第一名，比第二名深圳高出近 8000 件。这主要得益于：一是健全和完善的产业创新服务体系。中山市积极组建一批公共创新服务平台，为产业发展提供科技支撑。照明产业方面目前已拥有 1 家镇区级工程中心，10 家照明企业工程中心，并与香港生产力促进局、日本东京工业大学、浙江大学等 30 多所高校及科研院所开展技术合作，为行业发展创造了良好的技术支撑平台。二是外销比例大。2013 年 LED 产品出口约占总产值的 30%，品牌知名度较高，大量的出口产品使得企业必须不断有新产品推出，才能在国际市场上占有一席之地，因此，中山市企业普遍重视新产品开发和专利保护。三是政府对企业创新的支持力度较大。2010 年 11 月 19 日，经国家知识产权局批准，中国中山（灯饰）知识产权快速维权中心在中山古镇成立，并于 2011 年 6 月正式挂牌运作，是全国首个也是全国唯一设在镇级行政区内、单一行业的知识产权快速维权中心。该中心的成立对 LED 产业的创新发展起着重要的推动作用。③东莞市，东莞市的创新能力得分属于中上游水平，但其创新产出尤其突出，在全省排名第二名，2013 年东莞市的 LED 专业申请量高达 7392 件，排名全省第二名，同时东莞市内高校及科研院所与众从企业形成了产学研合作协议，部分产业环节创新能力处于国内领先水平，2010 年 1 月，东莞市被科技部授予"国家半导体照明工程高新技术产业化基地"称号。此外，其在创新投入方面也表现较好，排名全省第四名，潜力巨大。但目前东莞在 LED 行业中仍处于产业链的下游环节，在生产设备、外延片、芯片等上中游环节较弱，这也一定程度上制约了东莞 LED 产业向高端化发展的势头。④珠海市，珠海市的创新能力得分不高，尤其是创新投入和创新产出方面均排名较为靠后，这与珠海 LED 产业的整体规模和产业链体系较不完善有较大的关系。但珠海市的创新环境较为突出，排名比较靠前，珠海市作为"十城万盏"示范性城市之一，2010 年 11 月，珠海市签订了省市共建"广东省绿色照明示范城市"框架协议，次年签订了相关责任书。该协议的签订有力推动了珠海市 LED 产业在公共照明领域的应用。

　　D. 四类地区的 LED 产业创新能力比较分析。

　　四类地区主要有江门和肇庆两个城市，这两个城市的发展基础较差，起步较晚，无论是在产业产值、创新投入和创新产出等方面都处于珠三角九个地市的最后。具体来看，江门市的创新环境较为优越，LED 产业发展潜力较大，根据《珠三角洲地区改革发展规划纲要》，江门市定位为珠三角先进制造业重点发展区，近年来承接了大量从佛山、中山等地转移的制造业，LED 产业也跟随着产业的促进政策在不断发展。江门市为推进广东绿色半导体光源产业基地和广东省绿色照明示范城市建设，早在 2009 年就颁布《江门市推广高效节能半导体照明产品示范工程实施方案》，其后又陆续出台了旨在促进 LED 产业发展的相关政策，有力地推动了产业创新发展，未来随着区域经济一体化进程的加速推进，江门市 LED 产业的发展将迎来较为有利的发展机遇和发展空间。而肇庆市是珠三角九市中产业基础最弱的城市，LED 产业的发展还处于初级阶段，其创新投入、创新产业和创新环境均处于末位，发展形势较为严峻，未来重点应改善产业发展环境，主动承担珠三角发达地区的产业转移，推动 LED 产业的跨越式发展。

第5章　广东省LED产业集群和产业链治理模式

5.1　广东省LED产业集群状况

5.1.1　深圳产业集群状况

深圳是我国LED产业最早的发源地之一，从20世纪90年代初期开始，就有一大批企业从事LED景观装饰产品和显示屏的研发生产。深圳LED产业集群基本是依托电子信息产业的发展自发形成的，在各个区形成了产业集群，呈现出在宝安区和南山区相对集中的特点。宝安区的产业集群的产业链是最完整、配套最齐全，企业数量最多、最集中，产业规模最大。而南山区是企业规模大，上市公司最多、产品档次最高、创新能力最强。

从GSC的数据可知，2013年深圳LED产业规模为1035亿元，同比增长22.05%，占全省LED产业总值的近40%，约占全国LED产值总值的1/4。2008～2013年间，深圳LED产业规模从180亿元增长到1035亿元，产业规模增长近五倍，年均增长速度达到41.88%。

5.1.2　广州产业集群状况

广州LED产业集群处在不断地发展和完善之中，产业集群已经具有了一定规模，产业链已经形成，并具有了自己的特殊和优势。从整体上来说，广州市 LED 企业数量相对不多，但是集约度高，带动能力强，在国内 LED 产业中处于高端水平，具有很强的创新能力和可持续发展潜力。

广州目前已经有 LED 企业 200 多家，其中应用企业占 80% 左右，2013年，广州 LED 产业总产值为 269.60 亿元。规模较大的企业集中在封装、普通照明、汽车照明、舞台灯光、建筑装饰、LED-TV 背光源及显示屏等环节，形成了广州 LED 产业的主体，为产业集群的进一步拓展奠定了较好的基础。

5.1.3　佛山产业集群状况

佛山作为全国最大的灯具制造基地和照明产品集散地，广东省佛山市在 LED 产业集群发展方面具有十分独特的优势。目前涉足 LED 相关企业超过 400 家，产值超过 300 亿元人民币，产业链较完善。佛山市各级政府高度重视和关注 LED 新兴产业，2013 年以来产业发展速度进一步加快，目前已经形成以欧司朗、佛山照明、国星光电和雪莱特四家上市公司为龙头、以罗村新光源产业基地为支持的具有相当规模的照明电器产业集群。

佛山市在封装和应用产品领域具有优势，尤其筒灯是佛山传统优势，产量约占全国的 40%，主要企业有国星光电、蓝箭电子、昭信灯具等。其中国星光电是白光 LED 封装龙头企业，2013 年封装月产能达到 1000kk，居全国前列。在外延芯片及相关设备方面的企业数量较少，但仍具有一定的优势，昭信集团研制出国产 MOCVD 样机，国星光电和奇力光电的外延芯片项目投产也将进一步完善产业链上游。

5.1.4　惠州产业集群状况

惠州市作为全国重要的电子信息产业制造基地和半导体照明产业基地，基本形成了电子信息产业、新能源汽车、LED、节能环保、新材料、新能源、生物等特殊产业。近年来，惠州 LED 产业集群发展迅速，是广东封装应用规模较大、投资非常活跃的地区，也是产业链较为完善的地区产业集群之一，形成了从外延片、芯片、封装到应用的较完整的产业链。惠州市 LED 相关企业总数较少,并且集中于封装和应用方面。惠州科锐光电有限公司的大功率 LED 封装产品技术和生产规模较大,处于国际领先水平;2010 年深圳市最大的 LED 封装企业雷曼光电也进驻惠州。在应用方面,惠州雷士光电科技有限公司是商业照明和建筑照明的"领头羊",于 2010 年 5 月在香港联交所主板上市;比较有实力的应用产品企业还有 TCL 照明、鸿晟光电科技等。此外,惠州市以科锐、比亚迪为龙头,正向产业链上游的外延芯片行业拓展。

5.1.5 中山产业集群状况

中山市是传统照明产业的聚集区,在全国照明产业中具有绝对的中心地位,拥有"中国灯饰之都"的美名。在广东 LED 产业体系中,中山市产业发展优势明显,LED 照明产业集群空间布局高度集中,产业以"一区四镇"为核心发展区,即火炬开发区和西片的古镇、小榄镇、板芙镇,拥有照明灯饰及配套企业共 9300 多家,企业竞争意识强,产业配套完善,产品品类齐全。此外,中山还拥有国内较大规模的灯饰专业市场,即世纪灯饰广场、灯都时代广场、古镇 LED 交易中等。

5.1.6 东莞产业集群状况

东莞作为广东 LED 产业基地"1 + 5"发展格局中的重要一环,在"一核一带"的产业集群空间布局中也极其重要。作为较早涉及 LED 产业的地市之一,经过多年的积累和沉淀,东莞市已经初步形成较为完整的产业链,其中关键设备制造和封装应用等方面技术处于国内领先水平,并在产业链中下游形成了一定的产业集聚。2010 年 1 月,东莞市被科技部授予"国家半导体照明工程高新技术产业化基地"称号。

东莞市 LED 产业飞速发展的同时,东莞也涌现出了一批颇具影响力的企业,如勤上光电、福地电子、中镓半导体、东箭照明等,这些企业与研究机构的合作较为紧密。东莞市的目标是到 2015 年 LED 及相关配套产业产值达到 500 亿元,在关键材料及设备、配套部件产业、大功率封装、照明和背光应用、高效外延芯片研发生产及标准检测等方面形成全国优势。[①]

5.1.7 珠海产业集群状况

珠海市作为中国首批四大经济特区之一，从 20 世纪 80 年代到现今已经形成了以高科技为重点的工业体系，综合发展的外向性经济。珠海市近年来在 LED 产业集群发展上十分迅速，2013 年 LED 产业总产值为 50.2 亿元，同比增长率高达 50.21%。虽然产值总值相对深圳市 LED 产业总产值是比较小的，但是珠海在 LED 上中下游产业链是完整的，上游芯片材料方面有上市公司德豪润达，中游封装有珠海市万州光电、大明丽光，散热材料方面有乐健科技、杰莱特光电，下游应用方面有可利电气、众光照明、华而美照明等企业。从现阶段的产业链发展情况来看，上游芯片的发展情况决定应用产品端的发展速度，珠海由于存在德豪润达这样的上市公司，且在 LED 芯片领域已经有了自己的专利技术，在芯片供应端完全可以保证珠海市 LED 产业的发展，因此珠海市 LED 产业预计还将保持高增长率的发展。

5.1.8 江门产业集群状况

近年来，江门 LED 产业集群发展迅猛，承接了很多海外企业的转移，成为 LED 产业链较完善的地区之一。目前，江门从事半导体照明技术及产品研究、开发、生产及销售的企业分布在衬底材料、外延、芯片、封装、应用产品和配套产品（设备、零部件、原辅助材料）等环节，覆盖了产业链各个领域。LED 行业在江门落后的知名企业有真明丽集团、健隆光电科技公司、科恒实业有限公司等。

5.1.9 肇庆产业集群状况

肇庆由于地处内陆，交通物流不如沿海城市便利，同时也远离台湾与

---

① 资料来源：《东莞市 LED 产业规划（2010－2015 年）》。

深圳等地，在 LED 产业集群的迁移潮中由于地理位置较远，并没有得到太多的机会。肇庆市在 2013 年 LED 产值约为 18.7 亿元，同比增长率为 25.51%。总的来说，肇庆市现阶段 LED 产业发展处于初级阶段，发展受限于地理位置原发性的交通物流与商务交流信息匮乏，但随着广州—肇庆段高铁与众多高速交通网络的开通，相信未来 LED 产业集群会得到较快的发展。

5.2 广东 LED 产业集群竞争力指标体系构建

5.2.1 产业集群区域竞争力分析框架

从产业集群层面研究区域性的竞争力影响，离不开波特的钻石模型，在此我们也选取波特的钻石模型作为我们的基础分析框架。波特对多个国家、多个产业的竞争力进行深入研究后认为，产业竞争力是由生产要素，国内市场需求，相关与支持性产业，企业战略、企业结构与同业竞争四个主要因素，以及政府行为、机遇等两个辅助因素共同作用而形成的。其中，前四个因素是产业竞争力的主要影响因素，构成"钻石模型"的主体框架。四个因素之间彼此相互影响，形成一个整体，共同决定产业竞争力水平的高低。"钻石模型"构筑了全新的竞争力研究体系，提出的竞争优势理论包含了比较优势理论，并大大超出了后者的解释范围（见图 5 -1）。

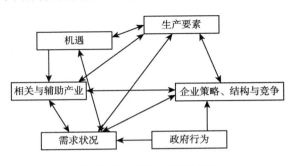

图 5 -1 波特—钻石模型

① 生产要素：指的是一个国家在特定产业竞争中有关生产方面的表现。生产要素包括：人力资源、天然资源、知识资源、资本资源和基础设施。

② 需求状况：波特认为，产业集群区域内需求的构成在以下三个方面对区域竞争力产生重要影响。第一，需求的细分结构，即多样化的需求分布。第二，成熟的购买者，他们会对企业产生压力，迫使企业提高产品质量和服务的质量标准，努力降低成本，提高竞争力。第三，预示性买方需求，这不仅有利于开发新产品和新市场，而且有利于培养国内成熟的消费者。

③ 相关与辅助产业：相关与辅助产业的存在为国家竞争优势提供了一个优势网络、该网络通过由上而下的扩散流程和相关产业内的提升效应而形成。一个区域的产业竞争与其他区域相比时，能提供更完整的相关与辅助产业，则该产业的厂商将更具有竞争优势。

④ 企业策略、结构与竞争：指企业在一个国家的基础、组织和管理形态，以及国内市场竞争对手的表现。企业的目标、策略以及组织方式因国家而展现出广泛的差异，这三者的抉择与特定产业竞争优势来源若能良好配合，就能造就产业国际竞争优势。

⑤ 机遇作用：一般而言，机遇与国家环境之间没有什么联系，通常也不会被企业或国家所影响。一些影响竞争优势的机会包括：重大的发明、重大科技的突破进展、生产成本的突然提高、世界金融市场或汇率的重大变动、世界或区域需求的剧增、外国政府的政治决策、战争等。产业能否借助这些事件的影响，形成和提升产业的竞争优势就非常重要。

⑥ 政府作用：政府在钻石体系中所扮演的角色是两面的、政府和其他关键要素之间具有互动关系。一方面，政府通过补贴、教育和资金等各种政策来影响其他四个要素；另一方面，政府也会受到其他决定要素的影响。政府最主要的工作便是进一步来强化产业竞争优势的决定要素。

5.2.2 指标体系设计原则

评价是选择的基础，设立科学合理的产业集群评价指标体系，是对 LED 产业集群进行地区评价的必要性要求。在此根据 LED 产业集群评价基准设计一套 LED 产业集群的评价指标体系来考察各地区 LED 产业集群区域竞争力。首先，在建立评价指标体系时，应该遵循下列原则：

① 全面性，评价指标应当能够尽量全面评价事物的所有方面从而达到评价目的。

② 客观性，在选择评价标准时，要客观地进行筛选和分析，尽量不要掺杂个人的主观因素。

③ 可行性，应该尽量选择有数据支持的指标，从而有利于定量分析，对于必须采用的定性指标，应该谨慎考虑它的度量方法。

④ 简要性，评价指标要言简意赅，层次清晰，同时，每个指标的内涵明确，相对独立，避免重复。

⑤ 适应性，要求从本区域经济社会发展情况出发，构建适合广东省 LED 产业集群选择的评价指标。

5.2.3　指标体系的构建

基于指标体系的设计原则和战略性新兴产业 LED 产业集群的基础要求，确定由 9 类、25 个定量指标组成的评价指标体系：

第一类：反映当地劳动力资源状况的指标

在这里选取三个指标：工业企业劳动生产率、年末在岗职工平均工资和从业人员年末人数，其代表区域在劳动力上的优势。工业企业劳动生产率是反应工业技术水平、经营管理水平、职工素质、劳动熟练程度和劳动积极性的综合指标。年末在岗职工平均工资一方面反映了劳动力资源在当地市场的价值，另一方面表示当地产业经济对高技能人才或熟练劳动力的吸引力程度。从业人员年末人数反映了当地劳动力市场充裕程度。

第二类：反映产业规模与发展速度的指标

LED 区域产值、产值增值率和 LED 企业数，这三个指标可以直接反映地区 LED 产业的实际发展情况。LED 区域产业可以表示区域 LED 产业在年度内生产出的全部最终产品和劳务的价值。LED 产业产值增长率代表了区域 LED 产业的发展速度。LED 企业数表示了 LED 企业在区域内的整体数量，反映了区域 LED 企业量的发展情况。

第三类：反映创新能力的指标

从最直观的创新能力来看，一是反映整个产业集群的创新程度，也即专利申请，二是从营造创新能力的角度来看，即从本地高校 LED 相关专业开设情况来看，LED 专利申请数表示的是年内整个地区向国家知识产区局提出的 LED 专利申请总量，这代表了企业最直观的创新能力。本地高校 LED 相关专业数即本地各大中院校所设立并开课的 LED 相关专业数，代表着当地教育资源对 LED 产业创新运用的可持续性支持。

第四类：反映技术投入的指标

技术投入方面，由于缺少 LED 企业的具体技术投入数据，我们选取采用当地产业的整体投入水平间接来衡量 LED 产业内部的技术投入情况、选择的指标有四个，分别是：R&D 活动人员数，即年内本地从事 R&D 活动的总人员数；R&D 经费支出，即年内本地 R&D 经费总支出金额；科研机构数，即年内本地从事科研工作的机构数；课题数，即年内本地各类申请并获得的专项研究课题数。用这四个指标来表示技术因素对 LED 产业的影响。

第五类：反映比较优势的指标

比较优势可以采用 LED 产业集群产值占当地 GDP 比重来表示 LED 产业集群在当地的经济中所占份额大小；用 LED 产业集群产值占当地工业总产值比重来表示 LED 产业集群在工业中的规模和地位；LED 注册资金 500 万元以上企业数比重来反映当地 LED 企业的先发优势，前面两个指标可以说明 LED 产业集群在当地产业发展中的经济地位，后一个指标可以表示区域内 LED 企业的发展质量。

计算公司分别为：

$$\alpha = \{L/GDP\} \times 100\%$$
$$\beta = \{L/G\} \times 100\%$$
$$\gamma = \{a1/A\} \times 100\%$$

其中，α 表示 LED 产值占 GDP 比重，β 表示 LED 产值占工业总产值比重，G 表示工业总产值，γ 表示注册资金在 500 万元以上的企业占比，a1 表示注册资金在 500 万元以上的企业数，A 表示区域内总 LED 企业数。

第六类：反映区位优势的指标

区位优势用 LED 产业集群聚集指数和 LED 区位熵作为代理变量，前者反映产业的集聚能力，以及其对产业上下游的影响，后者是衡量某区域的某产业相对密度的指标。又称专门化率，可以衡量某一区域要素的空间分布情况，反映某一个产业部门的专业化程度，以及某一区域在更高层次区域的地位和作用的指标。前者代表了本地 LED 产业集群效应，后者衡量了本地 LED 产业的相对密度，以及 LED 产业的专业化程度。

计算公式分别为：

$$\eta = Vi / V$$
$$\chi = (b1 / B1) / (b2 / B2)$$

其中：η 表示 LED 产业聚集指数，V 表示全省 LED 产业发展增速，Vi 表示区域 LED 产业发展增速；χ 表示区位熵，b1 表示地区 LED 产业总产值，B1 表示地区工业总产值，b2 表示全省 LED 产业总产值，B2 表示全省工业总产值。

第七类：反映要素利用率的指标

要素的使用效率体现了产业集群经营管理水平和经济效益，在一个侧面反映了产业集群竞争力的高低。这里我们采用成本费用利润率、产品销售率以及总资产贡献率来表示。这里我们采用成本费用利润率、产品销售率以及总资产贡献率来表示。成本费用利润率主要反映工业生产成本及费用投入的经济效益指标，同时也是反映降低成本的经济效率指标。产品销售率反映了工业产品已经实现销售的程度，是分析工业产销衔接情况研究工业产品满足社会需求程度的指标。总资产贡献率反映了企业全部资产的获利能力，是企业经营业绩和管理水平的集中体现，是评价和考核企业盈利能力的核心指标。这三个指标综合起来可以说明产业的发展效益。

第八类：反映外向性水平的指标

外向性水平用出口依存度、进口依存度、和 FDI 三个指标来说明对外开放度对产业的影响。进出口依存度反应当地的需求市场以及供给市场对外依赖程度，包括进口依赖程度与出口依赖程度，FDI 反映外来资本投资对本地产业经济的影响程度。

计算公式分别为：

$$\theta_1 = \{I/GDP\} \times 100\%$$

$$\theta_2 = \{E/GDP\} \times 100\%$$

其中：θ_1 表示进口依存度，I 表示进口总量；θ_2 表示出口依存度，E 表示出口总量。

第九类：反映地区发展环境的指标

地区发展环境可以用城镇化率、人均 GDP 以及工业总产值来表示。城镇化率表示城镇人口占总人口比重大小；人均 GDP 表示人均收入情况，反映当地生活水平；工业总产值表示当地工业整体规模与发展程度。用三个指标来代表城市环境对产业的综合影响。

计算公式分别为：

$$\lambda = \{R/P\} \times 100\%$$

其中：λ 表示城镇化率，R 表示地区城镇人口总量，P 表示地区人口总量。根据如上共九大类，25 个细分指标，鉴于 LED 产业集群也属于高科技产业集群的范围，按照一般的划分规则，我们进一步将指标体系化，定义为 9 个二级指标，25 个细分指标，同时在二级指标的基础上设立三个一级指标。将一级指标分为竞争实力、竞争潜力与竞争环境三大类。竞争实力代表 LED 产业集群在报告期内时间点的现实竞争力；竞争潜力代表在报告期内时间点产业内部及相关关键产业影响 LED 产业集群未来的因素；竞争环境代表在报告期内时间点产业外部影响产业未来竞争力的因素。

竞争实力代表区域内各经济主体在市场竞争的过程中形成并表现出来的争夺资源或市场的能力，或者说是一个区域在更大区域中相对于其他同类区域的资源优化配置能力。根据 LED 产业集群的发展特性我们将劳动力资源、产业规模与发展速度、创新能力三个二级指标纳入竞争实力这个一级指标内。

竞争潜力代表区域内产业内部及其他相关产业对 LED 产业集群的间接影响，在这里我们用技术投入、比较优势和区位优势三个二级指标进行收拢，合并为竞争潜力一级指标。竞争环境表示外部因素可能对 LED 产业产生的影响变动。同样用三个二级指标来衡量，分别是要素利用率、外向性水平、地区发展环境。

5.2.4　指标含义及数据来源说明

综上所述，我们构建出的三个一级指标、9 个二级指标、25 个三级指标的指标体系如表 5 – 1 所示。

表 5 – 1 指标体系分解

一级指标	二级指标	三级指标	数据来源
竞争实力	劳动力资源	劳动生产率	广东统计年鉴 2013
		年末在岗职工平均工资	广东统计年鉴 2013
		从业人员年末人数	广东统计年鉴 2013
	产业规模与发展速度	LED 区域产值	GSC 产业运行监测中心
		产值增长率	GSC 产业运行监测中心
		LED 企业数	GSC 产业运行监测中心
竞争实力	创新能力	LED 专利申请数	GSC 产业运行监测中心
		本地高校 LED 相关专业数	GSC 产业运行监测中心
竞争潜力	技术投入	R&D 活动人员数	广东科技统计年鉴 2013
		R&D 经费	广东科技统计年鉴 2013
		科研机构数	广东科技统计年鉴 2013
		课题数	广东科技统计年鉴 2013
	比较优势	LED 产业占 GDP 比重	GSC 产业运行监测中心
		LED 注册资金 500 万元以上企业数	GSC 产业运行监测中心
	区位优势	LED 产业集聚指数	GSC 产业运行监测中心
		LED 区位熵	GSC 产业运行监测中心
竞争环境	要素利用率	成本费用利用率	广东统计年鉴 2013
		产品销售率	广东统计年鉴 2013
		总资产贡献率	广东统计年鉴 2013
	外向性水平	出口依存度	广东统计年鉴 2013
		进口依存度	广东统计年鉴 2013
		实际外商直接投资	广东统计年鉴 2013
	地区发展	城镇化率	广东统计年鉴 2013
		区域人均 GDP	广东统计年鉴 2013
		工业总产值	广东统计年鉴 2013

5.2.5 产业集群竞争力评价方法

建立评价指标体系后，通过赋予每个指标科学合理的权重可以得出 LED 产业集群竞争力的综合值，权重是各个指标在指标总体中的重要程度的度量，权重确定的是科学、合理、直接影响着评价的准确性。

确定权重的方法通常有：个人判断法、专家会议法和德尔菲法，这些方法都是通过由人工估计确定权重的，他们的科学性常常受到质疑，各个指标之间可能具有明显或不明显的相关性。为了消除子变量共线性问题，本研究应用多元统计分析方法中的主要成分分析法进行评价，采用 STATA. 12. 0 软件对样本数据进行主成分分析，以及各主成分竞争力得分为变量，各主成分的贡献率为权数，采用加权求和法计算出主要城市 LED 产业集群竞争力的综合得分，并使用相同的方法对二级指标进行计算处理，得到分项指标得分。鉴于主成分分析法需要将数据进行标准化处理，通过标准化之后得到的综合分为标准量，为了评分直观方便我们将数据进行 50～100 的再标准化处理，得到最终的常规得分。

所谓主成分分析，是指通过对一组变量的几个线性组合来解释这组变量的方差和协方差结构，已达到数据的压缩和数据的解释的目的，主成分分析是一种使用的多元统计方法。这种方法的独到之处在于能够消除指标样本间的相互关系，在保持样本主要信息量的前提下，提取少量有代表性的主要指标。同时，在分析过程中得到主要指标的合理权重，用主成分决策分析的综合指标值。由于主成分分析法具有上述特点，近年来在多指标综合评价上得到越来越广泛的应用。

主成分分析法的基本原理是：通过适当的数字变换，使新的指标成为原有指标的线形组合，并用较少的指标（主成分）代替原有指标，主成分之间相互独立。我国学者杨维权认为，"指标的协方差矩阵的第 K 个特征值等于第 K 个主成分的方差（k = 1，2，…，p）；其对应的特征向量是第 K 个主成分的相应系数；并且主成分按照方差大小顺序排列"，第一主成分代表原指标的信息最多，第二主成分次之，……根据此原理，利用主成分能构造综合指数。主成分是原变量的线性组合，是对原变量信息的一种改组，主成分不增加总信息量，也不减少总信息量。在计算过程中，主成分的得分有一部分是负值，这里的负值并不是绝对值而是相对值，并不代表综合竞争力的真实含义，而是说明该区域在样本区域中的相对地位，即处于平均水平之下；当主成分是正值时，则说明区域的综合竞争力位于平均水平之上。

一般来说，进行主成分分析主要步骤如下：

① 对样本数据进行标准化处理；

② 写出样本相关矩阵；

③ 计算相关矩阵的特征值和对应的特征向量；

④ 求出载荷矩阵，计算各公共因子的得分；

⑤ 计算综合评价指标值，并进行评价和研究。

5.3 广东 LED 产业集群竞争力比较研究

5.3.1 LED 产业集群竞争力综合得分及排名

LED 产业集群竞争力综合得分及排名见图 5-2。

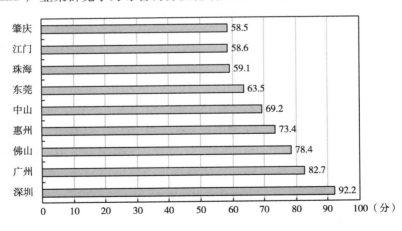

图 5-2 广东 LED 产业集群竞争力综合得分

从图 5-2 中我们可以看出，9 个地市依据产业集群竞争力评价综合得分可以分成三个梯队结构：

第一梯队有四个城市：深圳（92.2）、广州（82.7）、佛山（78.4）以及惠州（73.4），其得分均在 70 分以上。其中深圳最高，比第二名的广州高出近 10 分。

第二梯队有两个城市：中山（69.2）、东莞（63.5）。

第三梯队有三个城市：珠海（59.1）、江门（58.6）以及肇庆（58.5）。

根据以上的排名可以发现两个问题，其一是第一梯队中的城市差距较大，第一名的深圳根第四名的惠州相差 18.8 分，深圳 LED 产业的发展实力十分强劲，其三是第三梯队中的城市在同一梯队内相差较小，分差均在 1 分以内。

根据竞争实力、竞争潜力和竞争环境三个一级指标的综合最终得分，我们得出 LED 产业集群地市竞争力排名：

金牌区域：深圳、广州、佛山、惠州

银牌区域：中山、东莞

铜牌区域：珠海、江门、肇庆

5.3.2 单项指标得分及排名

（1）竞争实力

从竞争实力这一单项指标上来看排名变化不大，依旧是深圳、广州、惠州排在前三名，佛山紧随其后，中山竞争实力上稍稍领先东莞，再之后则是珠海、江门和肇庆（见图 5-3）。

（2）竞争潜力

在竞争潜力的排名上发生了明显的变动，从梯度上来看俨然分成了三类，第一梯队中只有深圳，其依然保持最强劲的竞争潜力，高居第一位。接下来的四个城市组成了第二梯度，依次是广州、佛山、惠州、中山。第三梯度则分别是东莞、珠海、江门和肇庆、这两个梯度中的城市的特点是领跑者与追随者之间差距不大，竞争潜力指数分差基本维持在 3 分以内（见图 5-4）。

（3）竞争环境

从竞争环境指数上来看排名发生了一些变化，深圳依旧保持强势，排在第一位，佛山来到第二位进入第一梯队，广州处于第三位，惠州稍稍领先中山，分别排在四、五位，再之后依次是东莞、珠海、肇庆和江门（见图 5-5）。

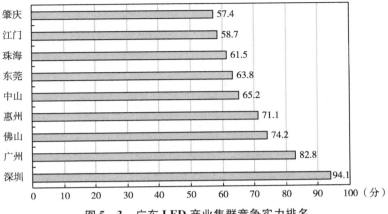

图 5 - 3　广东 LED 产业集群竞争实力排名

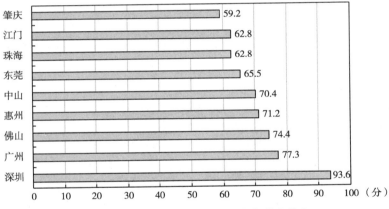

图 5 - 4　广东 LED 产业集群竞争潜力排名

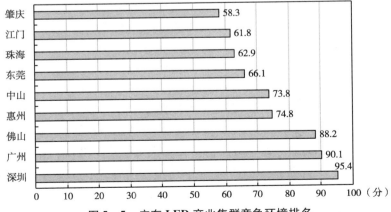

图 5 - 5　广东 LED 产业集群竞争环境排名

5.3.3　各地区产业集群竞争力比较研究

（1）金牌产业集群比较

根据广东 LED 产业集群竞争力综合评分，深圳、广州、佛山、惠州四个城市属于"金牌区域"，同属于第一梯队的阵营，但如果从三个一级指标和九个二级指标上来看相互之间存在一定的差别性。深圳属于全方位均衡型地区，在九个二级指标当中，除要素利用率略低于 90 分外，其他指标均在 90 分以上。其次为广州，得分也基本都在 80 分以上，只有比较优势不明显，得分不高。接下来的佛山与惠州则呈现不同程度的"偏科"，佛山在比较优势与要素利用率上较为明显，但在创新能力以及技术投入和劳动力资源方面偏低，惠州虽然规模与发展速度上较为不错，但在创新能力、技术投入以及地区发展环境方面存在不足（见图 5－6）。

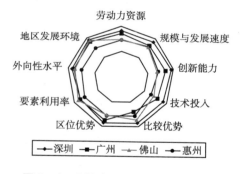

图 5－6　金牌产业集群地区九维网状

① 深圳。

深圳市二级指标得分见图 5－7。

在得分上来看：排名第一的深圳产业集群竞争力综合指数为 92.2 分，是唯一分数达到 90 分以上的地区，高出第二名广州 9.5 名，高出第三名的佛山 13.8 名，高出第四名惠州 18.8 分。同时竞争实力、竞争潜力、竞争环境分项指标分别为 94.7 分、93.6 分、95.4 分也均位居第一位，产业集群竞争力较为均衡。同时从图 5－6 九维网状图中可以看到，深圳除了在要素利用率上稍微落后于佛山，其他八项指标均处于领先地位，这说明深圳不仅在产业层面上领先其他地区，其所处环境对 LED 产业的支撑也同样比其他地区强大。

　　从具体的指标上来看：劳动力资源得分为 19.5 分，三级指标中的劳动生产率指标与人均工资指标均是全省最高，这主要源于深圳自改革开放以来中国最大的制造与贸易中心之一的产业要求，尽管 LED 产业是新兴产业，但原有的制造业基础也很好地支持了 LED 产业的发展。

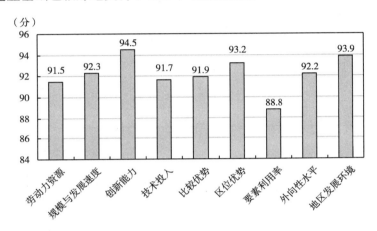

图 5 - 7　深圳市二级指标得分

　　规模与发展速度指标得分为 92.3 分，这也与深圳现阶段的发展现状相符，产值基数大，但发展速度也接近全省平均水平。创新能力得分最高，达到了 94.5 分，主要源于深圳在 LED 创新上的巨大投入（技术投入得分高达 91.7 分，远高于其他城市）和丰厚回报：2013 年深圳市 LED 专利申请量共计 19541 件，占广东省 LED 专利申请量的 39.03%，占全国 LED 专利申请量的 10.4%。在比较优势（91.9）上深圳也是高居全国首位，全市注册资金在 500 万元以上的 LED 企业多达 900 多家，远远超出其他地市的水平。区位优势得分为 93.2 分高居全省之首，从区位优势的两个单项指标上来看：其一产业聚集指数为 0.96，从外在因素上说明深圳 LED 产业的发展速度基本与全省平均水平持平，从内在因素上说明深圳 LED 产业对其他产业的带动能力处于正常水平内；其二区位熵为 1.81，说明深圳 LED 产业相对密度较大，空间分布较为集中，远高于全省平均水平，在全省范围内规模优势较大。要素利用率指标得分为 88.8 分，低于佛山，但也处于高段位上。外向性水平和地区发展水平两个指标更无须论述，深圳一直以来都是我国的出口门户和南方的金融中心，在 2013 年的城市开发度排名中高居第一位。

从发展现状上来看：深圳 LED 产值规模位居全国首列，产业总值从（如图 5 - 8）2008 年的 180 亿元一举增长到 2013 年的 1035 亿元，年均增长率 41.88%。增长近 5 倍，现占全省 LED 产业总值的近 40%。产业链发展完善，从上游衬底材料、外延芯片、装备制造，到中游封装行业，再到下游应用，各产业链环节一应俱全。尤其在中下游领域形成了一定的产业聚集，截至 2013 年，在中下游共有 10 家以 LED 为主营业务的上市公司，数量上位居全国首位（见图 5 - 9）。

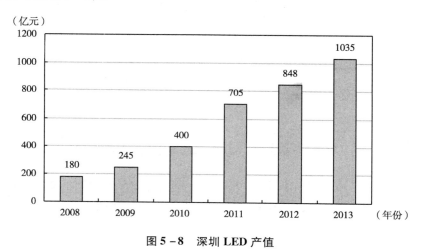

图 5 - 8　深圳 LED 产值

另外从制造型 LED 企业数量来看，深圳也在全省甚至全国居首，共计 4985 家，占全省总量的 34.6%。其中又以宝安区的 LED 企业数量最集中，共计 3852 家，占深圳总量的 77.27%；其次为龙岗区，共计 634 家，占深圳总量的 12.72%；第三为南山区，共计 264 家，占深圳总量的 5.3%。其余剩下的几个区域 LED 企业较少，共计 235 家，只占总量的 4.71%。从分布图 5 - 9 上也可以看出，相较于前些年在关内也存在大量 LED 企业的情况。现在 LED 企业大部分已经迁入外围经济圈的关外，一方面是政府对制造型企业的区域性规划，另一方面则是企业对近年来制造成本的考虑，相对来说关外无论是在厂房、仓储、物流等方面的成本都要比关内低（见图 5 - 9、表 5 - 2）。

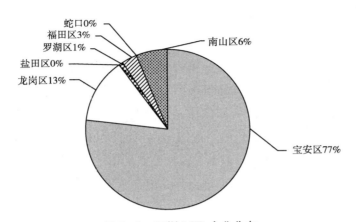

图 5－9　深圳 LED 企业分布

表 5－2　　　　　　　　　　　深圳 LED 产品及主要企业分布

重点企业分布	产业分布特点	主要产品	代表企业
宝安区	产业链最完整、配套最齐全、企业数量最多最集中、产业规模最大	衬底材料、外延芯片、封装、应用	奥伦德、晶台光电、日上光电、通普科技、联建光电、晶蓝德灯饰、聚飞光电、深圳利亚德等
南山区	企业规模大，上市企业最多、产品档次最高、创新能力最强	封装、应用	瑞丰光电、雷曼光电、奥拓电子、长运通光电、凯信光电、茂硕电源、海洋王照明、三升高科等
龙岗区	大功率照明光源封装和应用产品为主	照明灯具、显示	艾比森光电、珈伟股份、洲明科技、长方照明、泓亚光电、富裕照明等
福田区	集中了一大批大型企业运营管理总部	封装、应用	聚作光电、华烨照明、兆驰节能照明、斯派克光电等
盐田区	装备制造	装备	ASM

从产业集群发展特点上来看：深圳 LED 产业集群有以下四个特点：

第一，深圳 LED 企业以民企为主，周边地市如东莞拥有大量台资企业，惠州拥有美国 CREE 和韩国 LG 等外资巨头，但深圳 80% 以上都是本地培养的民办企业。

第二，深圳在产业链下游应用端形成了部分高端品牌，已经涌现了一大批国内领先、具备一定国际竞争力的企业，呈现高端化、品牌化的发展趋势。在背光源、显示屏方面有利亚德、聚飞光电、兆驰、迈锐光电、通普、洲明科技、联建光电等企业，在海外市场已经占据主要地位，是中国参与全球化竞争的典型表现。在照明方面如伽伟光伏照明、晶蓝德、万润等企业在海外都有自己的高端独立品牌，这些企业都完整掌握了 LED 照明市场的国际标准和国际规范，产品出口北美、欧洲等区域的高端市场。

第三，深圳 LED 产业集群发展以外向型企业为主，深圳 LED 企业充分贴近国际市场，深度参与国际分工和国际竞争，2013 年全年其在 LED 五大重点领域的出口量为 159 亿元，也位居全省之首，由此也诞生了一大批专注于 OEM 的企业，如裕富照明、兆驰股份、众明半导体、金流明光电、邦贝尔电子等企业。

第四，深圳 LED 产业技术创新及成果转化能力较强，除了拥有一个全国最大的国际级半导体照明产业化基地外，还有众多企业与学校或科研单位（如深圳大学、香港理工深圳研究院、清华大学深圳研究院）合作所形成的产学研基地（如深圳市裕鑫丰集团与暨南大学理工学院合作签约的"共建大学生实习基地"），从实际成果来看，2013 年深圳地区 LED 专利申请数共计 19541 件，在全省居于首位，在全国范围内也处于领先地位。

第五，产业配套环境已经成形并处于优化阶段，LED 产品制造零部件和材料 90% 已经实现本地或周边采购，同时依托深圳本地生产配套，形成了综合功能的生产性服务链，为 LED 产业发展提供了研发、设计、物料、营销、会展、金融、咨询、培训等系统化配套服务。

如上所述，深圳市 LED 产业集群在整体的竞争中保持着强大的实际竞争力，一直在引领者中国 LED 产业的发展，同时与 LED 产业相配套的相关产业的蓬勃发展也给深圳 LED 产业集群发展带来了无限的潜力。随着全球性"禁白"法令的逐步实施，未来的照明市场给予 LED 的发挥空间正在逐步增大，深圳在未来的机遇中凭借现今的竞争实力、竞争潜力与竞争环境必然也会继续发挥"领头羊"的作用，继续带领中国 LED 产业走出世界的前端。

② 广州。

广州市二级指标得分见图 5 – 10。从得分上来看：位居第二位的是广州，综合评分为 82.7 分，同样也是唯一一个处于 80 分阶段的地区。其竞争实力、竞争潜力和竞争环境指数评分分别为 82.8 分、77.3 分、88.2 分。从得分上来看，广州的综合评分只比佛山高 4.3 分，因此实际差距不大。竞争实力虽然较高现阶段仅次于深圳地区，但竞争潜力不足，仅略高于第三名的佛山，低于深圳，竞争环境也是低于深圳与佛山。从图 5 –6 的九维网状态中可以看出，广州所以指标均落后于深圳地区，而在比较优势指标上的得分尤其低，比同一梯度里面的佛山、惠州也低。

从比较优势下的两个三级指标看我们又会发现一个有趣的现象：广州的 LED 产值占 GDP 比重只有 1.99%，这说明 LED 产业在广州市的经济结构中所占比例不大，因为广州作为省会城市，产业结构一般比较偏向于第三产业服务业，因此制造业整体水平不如第三产业突出；但是注册资金在 500 万元以上的企业约占总量的 15%，高于佛山和中山，这从侧门或许可以论证广州的 LED 企业相对来说起步会更高，企业的发展质量也更优。除了比较优势这一指标外，广州的其他八大指标的得分较高也较均匀，均在 80 分以上（见图 5 – 10）。产业聚集度指数为 1.03，说明广州 LED 产业集群发展速度比广东省的整体发展速度略高，但区位熵指数为 0.68，说明产业集中度较弱，相对于其他产业来看广州市 LED 产业集群规模效应较小。在这里值得一提的是广州的创新能力与技术投入指标，得分分别为 84.2 分、79.3 分，分别高出第二名 14.2 分、9.3 分。其一是在于广州市作为省会城市所享受到的近水楼台先得月的资源优势，无论是在财政拨款上还是政策的优惠上广州市一般都会比其他地区会优先覆盖到。其二在于广州市作为南方的文化、教育交流中心，拥有大量的高等院校与研究机构为产业服务，根据统计广州市拥有 6 所高等院校，多达 20 个的 LED 相关专业，每年向 LED 产业输送人才近千人。但同时也有一个问题，也就是人才的流动性非常大，因此在实际的人才散发过程中并不仅仅是广州受益，深圳、佛山、惠州等地也在享受着这一溢出式人力资源，这应该也是广州的创新能力得分并未高出榜首的原因。

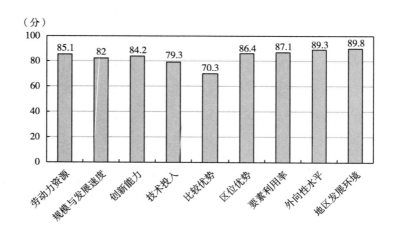

图 5－10　广州市二级指标得分

从发展现状上来看：广州作为广东的省会城市，同时作为长久以来的金融、贸易、物流、文化枢纽中心，LED 产业集群发展存在一定的先天性优势，产业已经具有一定规模，产业链已经形成，并具有了自己的特色和优势。从整体上来说，广州市 LED 企业数量不多，但集约度高，带动能力强，在国内 LED 产业集群中处于高端水平，具有很强的创新能力和可持续发展动力。规模较大的企业主要集中在装备、封装、普通照明、汽车照明、舞台灯光、建筑装饰、LED-TV 背光源及显示屏等环节，形成了广州半导体照明产业的主体，为产业的进一步拓展奠定了较好的基础。2013 年广州 LED 产业总产值为269.6 亿元，同比增长 30.33%，产业链从中上游的外延芯片到下游的封装应用都有企业分布，特别是在封装、应用方面形成了一定规模和特色，如广州鸿利光电子公司的器件封装、晶科电子公司的芯片和集成封装等产品在国内具有较强的竞争优势。

从企业数量上来看，截至 2013 年 12 月，广州市制造型 LED 企业数达到了 1271 家，在产业链上的分布也和深圳类似，主要集中在中下游的封装和应用环节。各区域的分布情况如图 5－11、表 5－3 所示，主要居于番禺区（36%）、白云区（26%）以及花都区（10%），这三个区域占了总量的 72%。从企业分布情况来看，广州市 LED 企业中，芯片、外延片方面主要有晶科与普光等，封装也规模最大的是鸿利光电、光为照明，在应用端则有三雄极光、虎辉照明、奥迪通用照明这类老牌制造型企业。从总体来看还是以应用型企业占绝大部分。

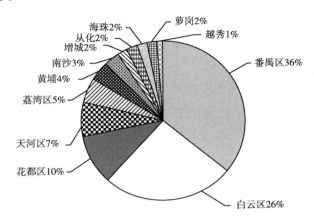

图 5-11　广州市 LED 企业分布

表 5-3　　　　　　　　　　LED 产品及主要企业分布

区域	主要产品	代表企业
番禺区	封装、应用	光为照明、三雄极光、珠江灯光、奥莱照明、雄智照明等
白云区	应用	奥迪通用照明、久量光电、众恒光电、鑫美照明等
花都区	封装、应用	鸿利光电、莱帝亚照明、雅江光电等
天河区	芯片、应用	普光照明、莱迪光电、德洛斯照明、建兴光电等
荔湾区	封装、应用	虎辉集团、同方照明、胜亚灯具等
其他区	芯片、封装、应用	晶科、晶蓝灯饰、创显光电、聚达光电等

另外广州 LED 产业集群在科技创新方面有较强的优势，首先作为广东省的省会城市，在科研机构分布方面有着其他地区不可比拟的优势，其次众多重点高校也创办了 LED 相关专业，如中山大学的材料物理学专业、光信息科学与技术专业，暨南大学的光学工程、光学、物理电子专业，华南理工大学的高分子材料与工程系、电子材料科学与工程系等专业。这两个重要因素一来为广州培养了不少 LED 产业高端人才，二来也使得广州地区的科技创新与成果转化效果显著：2013 年 LED 专利数达到了 6158 件，位居全省第三位。

此外，在配套服务方面，除了广州本身作为省会城市的基础设施、物流交流、特殊政策、人才供给等方面的天然优势，广州还拥有全球最大的照明展——光亚展——集商品会展、高端论坛、商务交流、技术应用及设计展示等多位一体的国际展会，其除了为广东本地企业创造条件外，对整个中国 LED 产业都具有贡献意义。

整体来看，广州市半导体照明产业体系还在不断地发展与完善中，产业已经具有了一定的规模，产业链上中下游也都有涉及，具备自己的一定特色，最重要的是创新能力突出，不仅大量的高等院校开始了半导体照明相关专业，还存在不少的科研机构针对半导体照明展开了专项研究，每年向 LED 产业输送了不少专业性人才。并且广州与周边区域的半导体照明产业形成了一定的互补关系，周边产业的发展为广州半导体照明提供了可以整合和利用的资源，如佛山的照明产业基础、东莞的加工制造能力等，也在一定程度上为广州半导体照明产业提供了配套、制造等的发展基础，广佛一体化进程的推进更为周边资源的整合利用创造了条件。

但结合产业集群竞争力评价得分与实际情况，其实也存在以下几个问题：

第一，产业发展不集中，尚未形成产业集群，缺乏在国际上有较大影响力的龙头企业；

第二，产业链高端环节比较薄弱，外延及芯片企业数量少、规模偏小；

第三，产业资源有效配置不够，缺少专业的公共服务平台；

第四，周边城市如深圳、佛山、东莞等地区对半导体照明产业发展非常重视，对广州产业集群资源形成竞争，也给广州半导体照明产业集群的发展造成了一定的压力。

总结起来可以用一句话来概括，那就是竞争潜力不足，虽然广州凭借省会城市的优势取得了聚集大量 LED 企业的机遇，但在政策等方面存在明显的后劲不足，解决之道就在于必须围绕组织保障、创新服务、区域合作、金融支持与人力资源建设等方面建设有效的机制和政策，促进产业的发展。

③ 佛山。

佛山市二级指标得分见图 5 - 12。

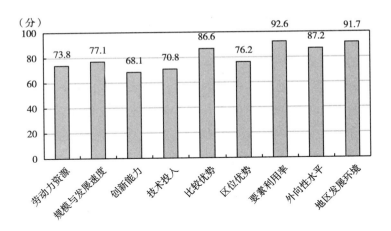

图 5 - 12　佛山市二级指标得分

从得分上来看：佛山处于第一梯队的第三位，产业集群竞争力综合评分为 78.4 分，略高于同处在 70 分阶段的惠州（73.4 分），低于深圳与广州。其竞争实力、竞争潜力和竞争环境指数评分分别为 71.1 分、74.4 分、90.1 分，在竞争实力上弱于广州和惠州，但竞争环境上强于广州与惠州，仅次于深圳。从佛山产业集群竞争力指数的二级指标上来看：劳动力资源得分为 73.8 分，略高于平均水平，佛山作为传统的工业城市在劳动力供给方面还是存在一定的优势，因此对 LED 产业的贡献度也是高于平均水平；规模与发展速度指标得分为 77.1 分，低于深圳、广州和惠州，从三级指标上来看，佛山现阶段的 LED 总产值还不是很突出，产值增长率（29.96%）维持在全省的整体水平上（29.52%），现阶段 LED 企业数量也不是特别突出，因此整体得分不高；创新能力得分只有 68.1 分，远低于深圳、广州，一来佛山市缺少像广州或深圳那样的重点院校能大量培养专业性高端人才，二来佛山市的专利申请量严重不足，其 2013 年 LED 专利申请数为 3536 件，在广东 9 个主要地市中仅排名第五；同样在技术投入这一指标上也出现了同样的问题，其得分只有 70.8分，远低于深圳的 91.7 分和广州的 79.3 分；但比较优势是佛山较为突出的一点，得分为 86.6 分，仅次于深圳，远高于广州、惠州等其他地区，注册资金在 500 万元以上的企业相对较多，产业质量较高；从区位优势上来看，佛山的产业聚集指数最高达到了 1.83，高于其他城市，说明佛山一来 LED 产业发展迅猛，二来 LED 产业对其他产业的带动作用非常强劲；但区位熵指数不高只有 0.79，产业密集度不够高，从实际情况来看，这说明佛山作为传统光源生产制造的中心地区，照明产业向 LED 产业的结构转型尚未完成，规模效应尚未显现；值得一提的是要素利用率这一指标，佛山居全省之首，达到了 92.6，这说明作为传统的工业城市，在资源配置和优化等方面的效率较高。外向性水平和地区发展环境得分分别为 87.2 分、91.7 分，这两个指标的得分较高，说明佛山的商业环境和产业支撑配套方面比较的契合 LED 产业的发展。

从发展状况上来看：佛山 2013 年 LED 总产值达到了 308 亿元，位居全省第四，较 2012 年的 237 亿元同比增长 29.96%，占全省 LED 产业总值的 10.96%。2009~2013 年间，佛山市 LED 产业规模由 30 亿元增长到 308 亿元，产业规模增长近 10 倍（见图 5-13）。

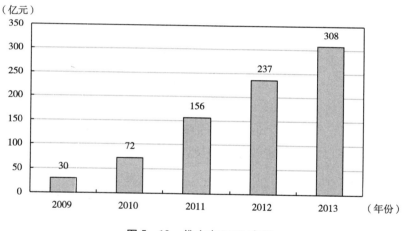

图 5-13　佛山市 LED 产值

从产业层面上来说，佛山 2013 年来在 LED 领域发展迅速，既有佛山照明，雪莱特、嘉美时代这类拥有经销商渠道的传统照明转型类企业，又有如国星光电、昭信光电这类处于中上游产业链的新兴企业，同时还有国际照明巨头欧司朗设立在佛山的分部，这些"领头羊"对佛山的整个 LED 产业的带动作用极大。

从地域上来看，佛山市 LED 企业主要集中在南海区，根据数据显示，南海区的 LED 企业占了 52% 的份额，佛山大量的优秀企业也分布在这一区域内，如昭信、雪莱特、奇美等企业，涵盖装备、芯片、封装与应用上中下产业链各部分。其次为顺德区，共计有 452 家企业处于这一区域内，占佛山市总 LED 企业数的 36%，顺德区也是传统的工业区，包括在传统照明时代就已经有了一定的基础，大连企业转型 LED 后依然保持着一定的国际竞争力。剩下的三个区：禅城、三水、高明分别占 9%、2%、1%，份额不大，主要以封装和应用为主（见图 5 - 14、表 5 - 4）。

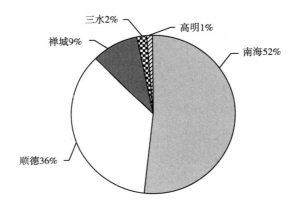

图 5 - 14　佛山市 LED 企业分布

表 5 - 4　　　　　　　　　　佛山市 LED 产业的区域特色

区域	主要产品	代表企业
南海区	装备、芯片、封装、应用	昭信集团、奇美电子、济胜光电、雪莱特、嘉美时代等
顺德区	应用	裕升光电、高迅电子、奥能电工器材、美的照明、本邦照明等
禅城区	应用	国星光电、佛山照明、凯西欧照明等
三水区	应用	京安、三威电子、旭日光电等
高明区	应用	祥新电子、华金电子等

从行业发展特点上来看：佛山 LED 产业集群有以下几个特点：

第一是产业集聚初步形成，佛山市照明产业发展始于 20 世纪 80 年代，经历了 30 多年的累计与沉淀，目前已经成为国内规模最大的电光源生产基地，并享有"广东照明灯具之都""广东省电光源照明灯饰专业镇"的美誉，现已形成了以佛山照明、国星光电和雪莱特三家上市公司为龙头，以传统照明和半导体照明共同发展为特点的照明产业集群。

第二是产业配套服务好，佛山是以加工制造业为主的城市，对于同属于生产制造业的 LED 产业来说，已有原材料供给的优势，又有具备一定制造技能的劳动力资源，同时源于传统照明产业的良好基础，对于产品的流体及周转渠道也有其他地市不可比拟的优势。

第三是相关政策全力推动 LED 产业发展。2010 年成立了佛山市 LED 产业发联席会议制度，并建立了"广东省 LED 产品应用及产业发展综合示范区"，2013 年发布《佛山市推广使用 LED 照明产品实施方案》，除此之外如禅城区、南海区、顺德区等陆续也出台了地方性产业政策鼓励 LED 产业发展，在这些利好政策的推动下，不少企业非常注重技术、质量和品牌，承担了一批国家省级科研项目，参与了国家标准制定，如国星光电、昭信光电等。

佛山作为中国的传统灯具制造与商贸中心，在向 LED 方向的转型其实并不是那么的快。LED 照明产品的出现，对当年的传统照明产业的冲击无疑是巨大的。但问题就在于佛山市作为传统的制造中心，所有的生产制造设备以及制造流程经过这么多年的发展已经完全成熟和固定。LED 作为新兴产品，企业如果要转型，无论是在研发、设计与制造商，都要求传统型企业抛弃原有的生产设备与研究成果，重新进入一个新兴领域，再结合当年 LED 产品成本高企、发光效率还未达到预期目标等，传统照明制造企业确实不愿意付出巨大的代价来换取未来。也正因为如此，传统灯饰企业的迟疑造就了一批直接投入 LED 产业中的全新公司，没有传统照明的转型成本的束缚，这些新的 LED 企业步伐迈得更宽、更快，因此现阶段活跃在一线的都是这些新兴企业。虽然佛山失去了一部分的发展投资先机，但近年来 LED 产业技术已经日趋成熟、消费者认可度逐步上升，企业转型难度和转型成本已经下降了很多。在未来的两三年里，佛山市的传统照明企业必然也将开始转型 LED，依托佛山现阶段已经拥有的庞大的照明产业基础，以及借助传统照明知名品牌和渠道的影响，相信随着大量传统照明企业的逐步转型，佛山市未来 LED 产业集群的发展空间将非常之大，在中国的照明产业基地中也将占据上游的位置。

④ 惠州。

惠州市二级指标得分见图 5－15。

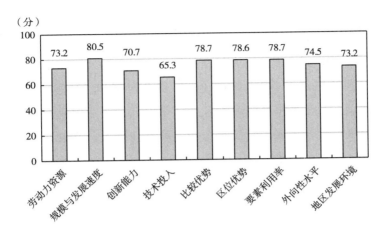

（分）

图 5 – 15　惠州市二级指标得分

从得分上来看：惠州位居第一梯队的第四位，产业竞争力综合评分为73.4 分，与佛山同属于 70 分区域。竞争实力、竞争潜力和竞争环境指数评分分别为 74.2 分、71.2 分、74.8 分，在竞争实力上略高于佛山略低于广州和深圳，但竞争潜力与竞争环境略低于佛山、广州，从竞争实力、竞争潜力和竞争环境三项指标综合来看，惠州是除了深圳外竞争力最为均衡的地市。从九维网状图也可以看出，惠州的单项指标得分也较为均衡：劳动力资源得分为 73.2 分，仅次于佛山，排在第四位，相对来说，惠州地处广州偏东部区位，熟练劳动力的吸引能力确实会次于前三个城市；规模与发展速度得分在惠州的所有的指标中最高为 80.5，排在第三位，高于佛山的 77.1，低于深圳与广州的 92.3 分、82.0 分，2013 年惠州 LED 产值 391 亿元，位居全省第二位，占全省 LED 产业总值的 13.91%，但增速略低，有 22%，并未达到全省平均水平；在创新能力和技术投入方面，惠州和佛山存在同样的问题，整体的创新能力和投入落后于其他地区，技术投入得分最低只有 65.3 分，与前头部队差距较大，创新能力同样只有 70.7 分，与整体的 LED 产业发展规模不符，2013 年专利申请量仅有 1746 件，排在全省第六；从比较优势上来看，得分较高为 78.7 分，原因其一是惠州市 LED 产值占 GDP 比重较大，达到了14.7%，在广东省所有地市中排名第一，其二是惠州市 LED 企业注册资金在500 万元以上的企业占比约 26.7%，在广东省所有地市中这一占比是最高的，说明惠州市的 LED 产业在惠州的整体经济结构中处于较为重要的地位；从区位优势上来看，惠州现阶段略高于佛山，分项指标产业聚集指数、区位熵分别是 0.85、2.67，其中区位熵为各地市最高，同时这说明两个问题：一是惠州市 LED 产业发展速度不快，略低于广东省平均水平，产业带动作用不如深圳、广州等地；二是惠州市 LED 产业空间密度高，产业规模效应显著，在本市的产业发展中处于重要地位，未来的发展空间巨大；剩余的三个指标要素利用率、外向性水平和地区发展环境评分分别为 78.7、74.5 和 73.2，虽然及不上前三位的城市，但也不落后其他城市，处于中规中矩的水平。

从发展现状上来看：惠州近年来产业发展迅速，LED 产业链发展较为完整，LED 照明产业形成了从服装、光电节能系统解决方案，照明产品研发到 LED 照明终端产品应用以及市场销售的产业链条。2013 年惠州市 LED 产业总产值达到了 391 亿元，位居全省第二，占全省 LED 产业总值的 13.91%，仅次于深圳，但惠州是在产业技术投入与创新上稍显不足，2013 年惠州在 LED 专利申请上只有 1746 件，次于佛山排在全省第六位。

从企业分布上来看，惠州的 LED 企业主要分布在惠城区，共计有 183 家，占比约 36%。其次为仲恺高新区，共计 97 家企业，占比约 19%，排在第三位的博罗县，共计有 75 家，占比约 15%。第四位为惠阳区，共计 58 家企业占 12%。从企业层面上来看，惠州集聚了大批企业，形成了从外延片、芯片、封装到应用的较为完整的产业链、其中又以封装和应用的企业规模最为庞大（见图 5-16）。如惠州科瑞光电有限公司在大功率 LED 封装方面的技术具有国际领先水平；惠州雷士光电科技有限公司是传统照明的领头羊、近年来向 LED 转型也较为顺畅，现有商照和建筑照明方面也有一定的领先优势，如西顿照明、华阳光电等；另外还有 TCL、比亚迪照明等上海斯公司在下游应用领域进发，行业带动作用效果显著。总体而言，惠州的 LED 企业虽然不如佛山、中山等地多，但企业规模大，除了本土的不少上市公司外，还有不少深圳或其他地区的上市公司在惠州设有分公司，如雷曼光电、茂硕电源、长方照明、艾比森等均在惠州有不少的投入（见表 5-5）。

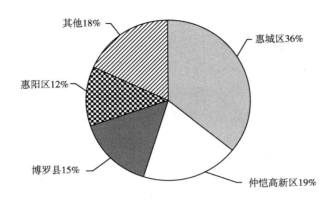

图 5 - 16　惠州市 LED 企业分布

表 5 - 5 　　　　　　　　　　　惠州市 LED 企业分布情况

区域	代表企业
仲恺高新区	元晖、晶宝、多尔、国展、科锐、雷曼（惠州）、纯英、绿晨、斯科、乐金、讯强
惠城区	雷士、金超霸照明、西顿、东蓝、经典照明
惠阳区	惠博龙、三煌、比亚迪、易特照明、日上光电（惠州）
博罗县	金科、鸿晟、茂硕、明星、伟志、日盛光电
其他	TCL 照明（龙门）、华阳、胜业光电

从行业的发展特点上来看，惠州 LED 产业集群有以下几个特点：

第一，LED 产业集群发展环境良好。惠州市光电子信息产业发展速度迅猛，同时也被中国照明行业协会授予中国照明电器品牌基地的荣誉称号，有着良好的产业基础，同时惠州也是全球第三的电视机生产基地和全国主要的手机生产基地，对 LED 需求数量巨大，为有效推动惠州 LED 产业集群的迅速发展提供了优越的前提条件。

第二，显示、照明应用领域发展迅速，经过 10 多年的发展，惠州 LED 照明应用领域形成了一条从 LED 封装生产商、LED 光电节能系统解决方案专业服务商、LED 照明产品研发机构到 LED 终端应用商以及市场销售网络的生产链条，涌现了一批如科瑞照明、TCL 照明，雷士光电、比亚迪照明等优秀企业。

第三，LED 照明应用示范效应显著。2013 年惠州公共照明招标 LED 路灯及隧道共计 11.35 万盏，占招标总量的 11.45%，位居全省第四，为节能减排工作做出了良好的示范作用，也为全省绿色照明应用做出了贡献。

总的来说，惠州市 LED 产业集群在广东省内是存在一定强势的，产值在省内排在第二位，本土企业中也存在不少上市公司、龙头企业，由于政策的优惠力度较大，吸引了众多其他地区的大型企业到惠州投资设厂，并且除了中国本土的企业外还有不少外资进入，如科锐、LG 等。但一些问题也比较突出，最重要的要数惠州市 LED 产业亟须解决的一个问题，另外一个潜在的问题在于，惠州市左边是东莞地区、左下方向为深圳地区，而这两个城市的外向性程度明显高于惠州，因此在劳动力汇集方面明显没有这两个制造基地强势，这可能也会是限制惠州市 LED 产业未来发展的一个方面。

（2）银牌产业集群比较

银牌产业集群中共有两个地区分别是中山、东莞，他们的区域竞争力综合指数分别为 69.2、63.5，相互之间差距较小，但同时与第一梯度的金牌城市差距较大，其中竞争力综合指数最大的中山跟深圳比相差 23 分，跟佛山比相差 9.2 分。从一级指标上来看，虽然这两个产业集群竞争实力和竞争环境指标得分较低，但竞争潜力与第一梯度中的佛山，惠州差距不大，分别为 70.4、65.5。从二级指标上来看，这两个地区城市之间发展环境、劳动力资源、规模发展与速度、创新能力、技术投入这五个指标相差不大，区别主要集中在要素利用率、区位优势以及比较优势上（见图 5 - 17）。

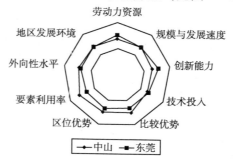

图 5 - 17　银牌产业集群九维网状图

① 中山。

中山产业集群二级指标得分见图 5-18。从得分上来看：中山市 LED 产业在广东省 LED 产业集群竞争力排名中居第五，综合得分为 69.2 分，落后于深圳、广州、佛山与惠州四市。竞争实力、竞争潜力与竞争环境得分为 65.2 分、70.4 分、73.8 分，每一项都落后前四大产业集群，但竞争潜力方面中山基本与惠州持平，同属于 70 分级别，稍落后于佛山。从中山市二级指标得分上来看，劳动力资源得分为 67.5 分，规模与发展速度得分为 68.8 分，创新能力得分为 66.2 分，技术投入得分为 65.8 分，比较优势得分为 77.5 分，区位优势得分为 76.4 分，要素利用率较高达到了 81.4 分，外向性水平为 71.8 分，地区发展环境得分不高只有 68.9 分。从九维网状图上可以看出，中山市 LED 产业在要素利用率、区位优势及比较优势上比较的突出，相对于东莞来说具有不小的优势，其他各项指标则比较的一般。从三级指标上我们也可以看出，中山市 LED 产值 GDP 之比达到了 12.9%，在广东省九地市中排第二位，仅低于惠州市。产业聚集指数为 0.82，说明中山市 LED 产业发展速度低于全省的平均水平，产业内部的带动作用尚未发挥；区位熵为 2.3，仅次于惠州，这又说明中山的 LED 企业规模较大，产业集聚密度较高，但如果结合产业聚集指数来看却只能得出 LED 企业的产出效率不高的结论，可能的原因主要还是在于中山市虽然存在大量的 LED 企业集群，但依然有相当部分的企业尚未完全放弃传统照明灯具的生产。

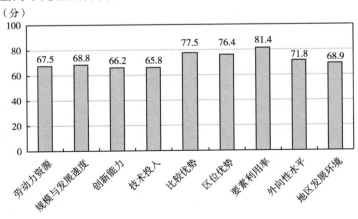

图 5-18　中山产业集群二级指标得分

从发展现状上来看：中山的灯饰产业发源于 20 世纪 70 年代，其中又以古镇尤为繁荣，经过 30 多年的发展，如今已经成为国内最大的灯饰生产基地和批发中心。据统计，2009 年，中山市 LED 产业已实现产值 65 亿元。2010 年，LED 产业实现产值 150 亿元，同比增长超过 130%。2012 年总产值约 261 亿元，2013 年总产值 352 亿元，同比增长 35.3%，产值位居全省第三位。LED 产业链覆盖 LED 封装、LED 新材料、高端应用、现代服务等领域。中山市从事 LED 生产与制造的企业则从 2009 年的百来家，增长到现今的三千多家，几乎成几何级数型增长（见图 5-19）。

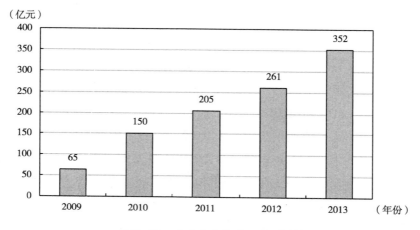

（亿元）

图 5-19 中山产业集群 LED 产值

从企业的分布来看：中山的 LED 企业主要集中在古镇（39%）、横栏（34%）以及小榄（11%）三个地区，其他地区占比只有 16%，中山虽然作为传统照明企业生产基地孕育了大量的 LED 企业，但这些新的 LED 企业却与传统照明企业有着相同的问题：多而不精。这从注册资金为 500 万元的企业占总企业数上可以看出，中山的比例为 8.9%，远低于其他几个城市。从具体的企业发展情况上来看，中山的大型 LED 企业数量并不多，80% 的企业都集中在应用领域。创新能力（66.2）、技术投入（65.8）两个指标较低的原因，也在于中山的灯饰行业主要集中在下游应用端，技术含量相对较低，2013 年的专利申请量只有 5336 件，远低于东莞的 7392 件（见表 5-6、图 5-20）。

表 5 – 6　　　　　　　　　　　中山产业集群 LED 企业分布情况

区域	代表企业
古镇	华艺灯饰、胜球灯饰、开元灯饰、欧普（中山）、宝珑灯饰、东方灯饰、松普电器
小榄	木林森、鸿宝、盈点光电、亿光电子、亮迪照明
横栏	富兴灯饰、钜豪照明、奥科特照明、蓝晨光电、晶丽灯饰
其他地区	琪朗灯饰、思柏照明、船明光电、雅太电器

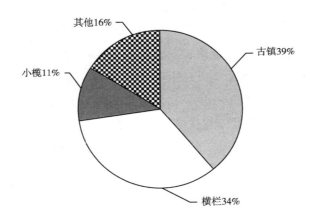

图 5 – 20　中山产业集群 LED 企业分布

从行业发展特点上来看，LED 产业有以下几个特点：

第一，品牌知名度高在行业内受认可，中山灯饰已经发展多年，灯饰在国内各主要装饰类灯具市场上的占有率一直较高，由传统因素传递下来的品牌价值是最主要的优势。

第二，企业经营机制灵活，中山灯饰企业基本都是私营企业，且个体企业也不少，因毗邻港澳而积累了较强的市场应变能力和出口加工能力，市场竞争能力明显提高。

第三，产品外销比例大，具有价格优势。中山市 2013 年 LED 产品出口约占总产值的 30%，产品市场主要分布在东南亚、北美和西欧地带，相对国际市场，即使工艺更考究、做工更精细的高端灯饰产品，由于原材料、劳动力等因素的影响，中山灯饰产品体现出更加明显的价格优势。

第四，创新能力稍显不足，技术投入尚需加强。中山市 LED 企业虽然数量众多，产业规模也较大，但在专利申请量这一最直接的创新能力表现上稍显不足，相比较前头部队来看差距较远，这也跟中山的 LED 产业集群主要集中在产业链的下游应用端相关。佛山与惠州等地虽然也存在同样的问题，但随着市场的逐步成熟，但其现阶段的竞争实力所创造的优势可能会拉大与中山的优势。

② 东莞。

自改革开放以来，东莞以外源性经济为龙头，以加工制造业为支撑，实现了经济的跨越式发展，现已成为重要的国际性加工制造基地，良好的经济基础和环境为东莞市 LED 产业集群发展提供了重要支撑。

东莞产业集群二级指标得分见图 5-21。从得分上来看：东莞市综合得分为 63.5 分，比同一梯度的中山落后 5.7 分，高于第三梯度的珠海（59.1）4.4 分。竞争实力、竞争潜力与竞争环境得分分别为 63.8 分、65.5 分、66.1 分，紧跟在中山之后。从 9 个二级指标来看，劳动力资源得分为 74.4 分，位居全省第三位，人才吸引力也较大；规模与发展速度得分为 67.9 分，仅位居第六位，东莞市现阶段 LED 产业集群发展规模与速度与龙头城市差距较大；创新能力是东莞较为突出的第一个方面，得分为 77.6 分，位居全省第三位，主要拉动因素是东莞市 LED 专利申请量较大，2013 年申请量高达 7392 件，排在全省第二位，同时东莞市内高校及科研院所与众多企业形成了产学研合作协议，在创新方面力度较大；技术投入得分为 67.1 分，略低于一线城市，但结合其高创新能力来看，说明东莞市 LED 产业注重创新，投入产出比例较高，未来潜力巨大；比较优势得分为 67.0 分，区位优势为 68.1 分，都处于中等水平；要素利用率、外向性水平、地区发展环境得分分别为 65.5 分、69.8 分和 68.9 分（见图 5-21）。

从发展现状来看：2013 年东莞市 LED 产值为 267.3 亿元，同比增长 35.5%。在 LED 行业上，东莞市尽管在封装领域上领先于其他城市，但是目前仍是处于产业链的下游环节，在生产设备、衬底材料、外延片、芯片等上中下游环节较弱。从 LED 企业上来看，东莞市在上游材料领域主要有东莞福地电子材料、中镓半导体、洲磊科技，装备制造方面有广东志成华科，封装方面有恒润科技、东莞李洲，应用端则有东莞勤上、卡妮儿灯饰、邦城光电、金达照明等众多厂商，从地域上来看，东莞市由于行政划分较为分散，LED 企业分布比较的均匀，如果从地区的方向性上来看，东莞东部地区 LED 企业居多，约占 30%，中部地区约占 20%，其他南部、西部、北部分别约占 10%。

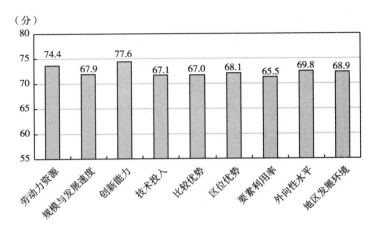

图 5-21　东莞产业集群二级指标得分

另外，东莞市 LED 产品 2013 年五大领域出口总量为 106.9 亿元，在广东省内排名第三，仅次于中山与深圳，占其 LED 产值的 40% 左右，这说明了东莞市的 LED 企业多为外向型企业。从实际情况来看，东莞市 LED 产业体系开放性较强，与深圳、广州的半导体照明企业形成了一定程度的互补，很多东莞企业在深圳等地设有市场、研发中心，东莞也成为周边企业的制造和配套供应地的首选。东莞市全国集聚台资企业最多的地区，具有良好的莞台合作基础，莞台合作也是东莞一大突出优势，随着台湾 LED 产业向大陆的转移，东莞无疑成为极佳的技术和产业承接地。

从产业政策上来看：东莞市政府在 2010 年和 2011 年分别发布了《东莞市促进 LED 产业发展及应用示范的若干规定》和《东莞市 LED 产业发展规划（2010-2015 年）》两项政策帮助 LED 企业发展成长，并于 2013 年发布了《东莞市促进 LED 产业发展实施方法》，旨在提供优秀的服务平台，财政支持以及相关的优惠政策促进了整个产业的发展。在 2013 年 12 月发布的东莞市《"323"高成长型中小企业培育实施方案》中，囊括了大量的优秀 LED 企业，如捷和光电、科磊得、邦臣、富华等。

从发展特点上来看：东莞市 LED 产业集群有以下特点：

第一，社会和经济发展基础好，制造业优势明显，族群经济环境良好，为半导体照明产业规模发展奠定良好基础条件；

第二，LED 产业形成一定规模和集群效应，中下游环节及关键设备制造等配套产业优势较为突出，产业体系开放性强，莞台合作基础良好；

第三，LED 产学研基础和环境较好，借助产学研合作和科研成果引进，部分产业环节创新能力处于国内领先地位；

第四，LED 应用示范成果斐然，在应用规模及推广模式方面都走在了全国的前面，为产业发展起到了良好地推动作用。

总的来看，东莞市 LED 产业集群发展势头良好，创新能力突出，相信在未来的发展中会有不错的表现。但东莞市 LED 产业集群现今存在的一些问题也需要注意：（1）在产品的细分领域内企业过于的集中，直接造成了内部的竞争；（2）人才竞争压力较大，后方为广州，下方毗邻深圳，人才流动大，这也导致了企业更偏向于短期经营战略目标，对企业的长远发展不利；（3）外向型企业占比较大，导致发生经济危机时企业受波动影响较大，继而影响整个产业链的发展。

（3）铜牌产业集群比较

铜牌产业集群也包括三个地区，分别为珠海、江门、肇庆。产业集群竞争力综合指数分别为 59.1 分、58.6 分、58.5 分，可以看出其相互之间的差异也较小，且同第二梯度里的银牌产业集群东莞差距不是太大。从一级指标来看，其竞争实力评分珠海（61.5 分）、江门（58.7 分）、肇庆（57.4 分），基本呈递减的趋势在扩展，竞争潜力这三个城市的得分分别为 62.8 分、62.8 分、59.2 分，竞争环境指标得分分别为 62.9 分、58.3 分、61.8 分。可以看出，珠海、江门和肇庆与先头城市还是存在一定的差距，如银牌地区中的中山，得分分别为 65.2 分、70.4 分、73.8 分，差距较大短期内难以追赶。从九维网状图上来看，第三梯度的城市在外向性水平、劳动力资源、创新能力、技术投入，比较优势和区位优势上的得分相差无几，只有要素利用率、规模与发展速度和地区发展环境上有较大的差异（见图 5-22）。

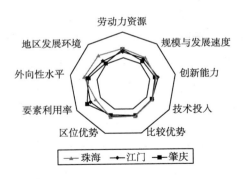

图 5－22 铜牌产业集群九维网状

① 珠海。

珠海产业集群二级指标得分见图 5－23。从得分上来看：珠海的综合得分在铜牌产业集群中排名第一，得分为 59.1 分，实际竞争力得分为 61.5 分，竞争潜力得分为 62.8 分，竞争环境得分为 62.9 分。如果仅从二级指标的数字上来看，珠海与其他两个城市江门和肇庆的差别不是太大，但是从三级指标上来看，珠海与其他两个城市相比则呈现出了一定倾向性。劳动力资源得分为 67.8 分，规模与速度得分为 65.9 分，创新能力得分为 63.5 分，技术投入得分为 63.1 分，比较优势得分为 65.9 分，区位优势得分为 67.5 分，要素利用率得分为 58.9 分，外向性水平得分为 73.4 分，地区发展环境得分为 70.8 分。其他两个城市之间差别较大就在于地区发展环境、规模和发展速度以及要素利用率这三个指标上。值得注意的是区位优势，其三级指标产业集聚指数和区位熵分别为 1.7、0.61，这说明珠海 LED 产业发展速度快，高于全省平均水平，产业的带动能力强，但同时，LED 企业的空间密度不够大，缺少产业规模效应。珠海作为中国首批四大经济特区之一，从 20 世纪 80 年代到现今已经形成了以高科技为重点的工业体系，综合发展的外向型经济，因此在城市发展和产业结构上相较于其他两个地区来说要更优，对促进 LED 产业集群发展的方面影响也更大。

珠海 LED 企业主要集中在香洲区、高新区、斗门区等，详见图 5－24。从发展现状上来看：2013 年珠海市 LED 产业总值为 50.2 亿元，同比增长率高达 50.21%，珠海市 LED 产值虽然在全省范围内并不是很高，只排在第八位，但如此之高的增长率在未来的几年内大有赶超江门之势。其实从产值上来看，第三梯队铜牌产业集群的城市与第二梯队的银牌产业集群的城市差距还较大，以产值排在第六位的东莞为例，2013 年 LED 总产值为 267.3 亿元，大约是珠海的 5 倍，虽然珠海现阶段的 LED 产值增速较快，但想在短时间内赶上前头队机会还是不大。另外，珠海市 2013 年在 LED 专利申请量只有 1107 件，排在全省第八位，创新力度稍显不足。

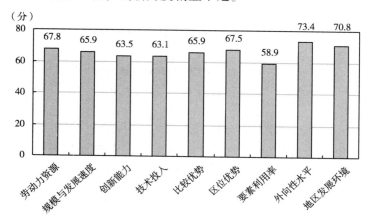

图 5 - 23　珠海产业集群二级指标得分

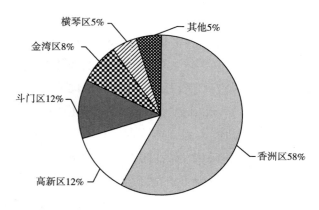

图 5 - 24　珠海 LED 产业集群企业分布

产业结构和企业分布上来看：珠海在上中下游都有涉及，上游芯片材料方面有德豪润达，中游封装有珠海市万州光电、大明丽光，散热材料方面有乐健科技、杰莱特光电，下游应用方面有可利电气、众光照明、华而美照明等企业。从现阶段的产业链发展情况来看，上游芯片的发展情况将决定应用产品端的发展速度，珠海市由于存在德豪润达这样的上市公司，且在 LED 芯片领域已经有了自己的专利技术，在芯片供应地完全可以保证珠海市 LED 产业的发展，因此未来珠海市 LED 产业预计还将保持高增长率的发展，根据 GSC 的统计，珠海市 LED 企业大部分分布在香洲区，占总量的 50%，其次为斗门区与高新区，均占总量的 12%，剩余的地区占比只有 26%。注册资金在 500 万元以上的企业只有 90 家，占珠海市 LED 企业总数的 21.9%，在全省范围内这一比例较为靠前。

从政策与推广应用上来看，珠海市作为"十城万盏"示范性城市之一，2010 年 11 月，珠海市签订了省市共建"广东省绿色照明示范城市"框架协议，次年签订了相关责任书，并在 2012 年发布了《珠海市住房和城乡规划建设局推广应用 LED 照明产品工作方案》，权力推动珠海市 LED 产业在公共照明领域的应用。截至 2013 年 12 月底，珠海市完成招标应用共计 2.36 盏绿灯，珠海主城区 241 条快速路、主干道、次干道及之路已装上 LED 灯，改造后年节电量 682.563 千万时/每年，节电率为 65.25%。

② 江门。

江门市 LED 产业起步也较早，根据《珠江三角洲地区改革发展规划纲要》，江门定位为珠三角先进制造业重点发展区，因此 LED 产业集群也跟随产业的促进政策在不断发展。

江门产业集群二级指标得分见图 5-25。从得分上来看：江门市综合得分为 58.6 分，竞争实力为 58.7 分，竞争潜力为 62.8 分，竞争环境为 58.3 分，各项指标略低于珠海产业集群。从九项二级指标来看，劳动力资源得分为 62.5 分，规模与发展速度得分为 63.1 分，创新能力得分为 66.1 分，技术投入得分为 63.0 分，比较优势得分为 65.9 分，区位优势得分为 66.3 分，要素利用率得分为 69.8 分，外向性水平得分为 70.2 分，地区发展环境得分为 56.8 分，与珠海相比，江门在劳动力资源、要素利用率、地区发展环境三个指标上稍显落后，毕竟前者与澳门毗邻，产业经济发展较好。从区位优势的三级指标上来看，江门和珠海又是呈相反的情况：产业聚集指数为 0.8，区位熵为 0.9，这说明江门 LED 产业发展速度稍微低于全省平均水平，但企业空间密度比珠海要高。

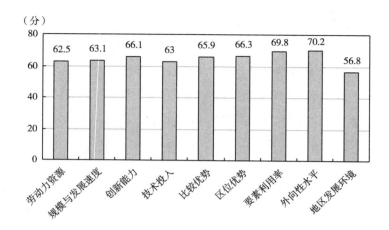

图 5-25 江门产业集群二级指标得分

从企业层面来看，江门市 LED 产业发展较早，同时在一批龙头企业的带动下，形成了从外延—芯片—封装—应用的由上游到下游的一条龙的半导体照明产业链，整个产业链逐步完善，产业聚集态势增强。

根据 GSC 的统计，江门地区 LED 企业现阶段约 600 多家，主要分布在江海区、蓬江区，具体的分布情况图 5-26 所示。

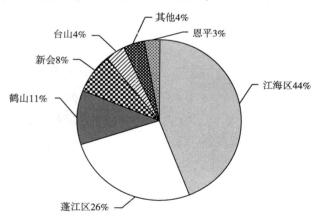

图 5-26 江门产业集群 LED 企业分布

企业构成方面，主要有以下的企业及分类，同时，江门市与 LED 产业相配套的服务型产业也正在崛起，如江海区的光博会，目标是建成集产品展贸、会议展览、电子商务、研发检测、智能物流、商务办公、酒店餐饮、娱乐购物、安居配套等功能于一体的全球化灯饰照明展贸配套市场。这些配套服务的发展在未来江门 LED 产业的发展中也会起到不可或缺的作用。江门市 LED 产业区域的特色可如表 5 - 7 所示。

表 5 - 7　　　　　　　　　　江门市 LED 产业的区域特色

区域	主要产品	代表企业
江海区	封装、应用	朗天照明、得实半导体、长利光电、吉华光电
蓬江区	封装、应用	金莱特电器、肯威照明、杰光灯饰、毅光灯饰、福原灯饰
鹤山	芯片、封装、应用	鹤山银雨、丽得电子、健豪灯饰、本邦电器
新会	芯片、封装、应用	科杰机械、科恒、华恒灯饰、天裕灯饰

　　从政策优惠方面来看：江门市为推进广东省绿色（半导体）光源产业基地和广东省绿色照明示范城市建设，早在 2009 年就发布了《江门市推广高效节能半导体照明（LED）产品示范工程实施方案》，借此希望通过建造一批高水平的高效节能半导体照明（LED）应用示范工程，促进 LED 产品的市场应用。其后，江门市政府陆续出台了《关于发展灯饰产业的鼓励措施》、《中共江门市委、江门市人民政府关于加快民营经济发展的若干意见》和《江门市人民政府关于发展电子信息产业的优惠政策》三项优惠政策，同时，在高新区也有一系列相关优惠政策，当中的许多规定都适用于新一代光电源企业。

　　③ 肇庆。

　　肇庆市 LED 产业集群在广东省九地市中基础最薄弱，但肇庆也是台资最早入驻广东的地区之一。肇庆市对 LED 产业集群的支持并不弱，早在 2010 年肇庆市就加入了广东绿色照明示范城市，为普及当地公共设施照明转型为 LED 灯具做出了承诺。

　　肇庆市二级指标得分见图 5 - 27。从得分上来看：肇庆市综合得分为 58.5 分，排在铜牌产业集群的第三位。竞争实力、竞争潜力、竞争环境得分分别是 57.4 分、59.2 分、61.8 分，除了竞争环境得分稍高于江门外，其他两项指标均为最低值。从九项二级指标来看，劳动力资源得分为 66.1 分，规模与发展速度得分为 56.5 分，创新能力得分为 63.5 分，技术投入得分为 63.0 分，比较优势得分为 65.1 分，区位优势得分为 63.6 分，要素利用率得分为 76.4 分，外向性水平得分为 65.5 分，地区发展环境得分为 50.6 分。从网状图中也可以看出，肇庆市除了在要素利用率较高外，其他指标得分都比较低，尤其是地区发展环境，因为其处于内陆的关系发展步入其他城市经济好。肇庆市由于本市基础较为薄弱，因此创新能力明显不及其他城市，2013年专利申请量只有 654 件，是九地市中唯一没有上千件的地区。从区位优势指标来看，产业聚集指数为 0.86，基本与江门处于同一水平，增速不及广东省整体增长速度。区位熵为 0.23，这说明肇庆市 LED 产业空间密度上不够，远不及其他地市，产业规模效应也未显现。

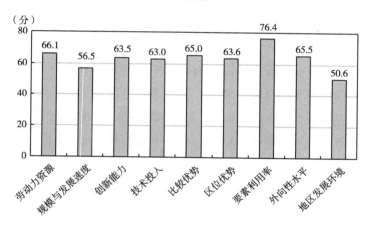

图 5-27 肇庆市二级指标得分

从发展现状上来看：肇庆市 2013 年 LED 产值约 18.7 亿元，同比增长率为 25.51%。肇庆市由于地处内陆，交通物流不如沿海城市便利，同时也远离台湾与深圳等地，在 LED 产业迁移潮中由于地理环境较远，并没有得到太多的机会。但肇庆市还是存在一批发展较早的企业，如立得电子为早年台资在肇庆设立，宝丽灯饰在 2002 年搬迁至端州区，早于 1986 年就被列为出口外汇超百万美元企业，产品大量出口欧美市场。

从企业地理分布情况来看，肇庆市 LED 企业主要分布在端州区和高新区两块，分布占比达 20%、20%，其次为四会、高要地区，合计占比约 34%。肇庆市虽然 LED 产业规模不大，但相关配套产业较为齐全，规模较大的灯饰城约有 6 家，开设最早的如集美装饰材料城、西江装饰材料城和雅居乐灯饰在当地的品牌知名度较高。

总的来看，肇庆市现阶段 LED 产业发展还处于初级阶段，发展受限于地理位置原发性的交通物流与商务交流信息匮乏，但随着广州—肇庆段高铁与众多高速交通网络的开通，相信这一问题将会得到解决。同时，肇庆市政府对 LED 产业的支持也可以看出（肇庆市 2013 年公共照明招标共计招标 3.79 万盏路灯及隧道灯，在广东省内排在第七位），随着 LED 产业技术逐步成熟和消费市场的逐步开放，政府方面会出台更多的优惠政策吸引外来 LED 资源技术，并拟订相关政策来促进本地 LED 产业发展。

5.4　广东 LED 产业链治理模式

目前，广东 LED 产业发展正逐渐买入成熟阶段，形成了较完整的产业链。但是，国内的大多数企业主要聚集在从微笑曲线的下游的应用、中游的封装，而上游的衬底、外延片的生产与芯片制造领域则相对很少。

在 LED 产业中，上游的衬底是制造 LED 的基底、生产外延片的主要原材料，主要有砷化镓、蓝宝石、碳化硅衬底等。外延片是在衬底上生长的多层不同厚度的单晶薄膜，目前广泛地应用 MOCVD 设备进行生产。上游环节（外延生产）是 LED 产业链中技术含量最高、对最终产品品质影响最大的环节，在一定程度上，外延的品质直接决定了后续芯片、封装及应用产品的品质和最终应用领域。芯片制造是资金和技术密集型行业，投资强度大、收效慢。而下游的应用环节由于技术含量相对较低，投资强度较低、规模最大、发展最快的领域。

为了摆脱微笑曲线在底部的束缚，广东 LED 产业在向下游的应用拓展的同时，需要逐步加强技术开发和投资中游的封装和上游的芯片制造领域。从全球价值链的动力机制上来看，广东 LED 产业要在全球上保持核心技术竞争能力，广东 LED 产业需要生产者驱动的价值链模式，即不断加大在上游衬底、外延片的生产与芯片的制造上。最典型的是在上游的核心的设备 MOCVD，通过不断加大 MOCVD 研发力度，使 MOCVD 完全的国产化，进而掌握上游的关键技术，有效降低 LED 产品的成本。

广东省在 LED 产业链治理中，采取了以下的措施：

① 产业集群模式，形成"一核一带"产业布局。在确定深圳国家级 LED 产业基地和惠州、东莞、江门、佛山、广州等 5 个省级产业基地中，着力引进了一批重量级产业项目，如中晶芯片、广州增城 LED 外延芯片项目等上游环节的企业。

② 重视核心技术和研发创新，对上游技术进行攻坚战。中科宏微公司和昭信集团相机研制出国产 MOCVD 样机，突破了上游核心高端装备受制于人的瓶颈。大功率高亮度高可靠性倒装 LED 芯片级封装技术、基于氧化锌外延透明电极结构的新型高效大功率 LED 芯片、氮化镓同质外延技术等一批自主知识产权技术填补国内上游产业空白。

③ 政府引擎带动作用，带动 LED 下游的发展。广东省政府分别于 2012 年 5 月 28 日、2013 年 6 月 14 日召开全省推广应用 LED 照明产品工作会议及佛山现场会。一年多来，各地、各有关单位按照省政府工作部署，结合自身实际，围绕公共照明、室内照明、统筹城乡照明等重点领域和地区的照明工作改造建设，精心组织，积极行动，取得了阶段性成果，一批下游环节的较强竞争力的应用企业得到了快速的发展。

第6章 广东省 LED 企业并购与 国际竞争力

随着全球能源危机及节能环保意识的抬头，各国政府积极制定"禁白政策"，使得 LED 新光源逐步走向前端，其应用不断渗透加速。广东作为我国对外开放的先行地区和传统照明产业集聚区，在商务信息和技术信息方面已拥有快捷良好的流通渠道，并得到相应的前瞻性政策支持，形成了较为完整的 LED 产业链体系，具有一定的国际市场优势。目前广东市场 LED 照明用量占全国总用量 50%，特别是在世界汽车、消费类电子的生产、出口和消费上对 LED 产品的潜在需求量非常大①。这不单掀起了广东省 LED 热潮的持续升温，同时也激发了企业扩张的欲望，促使越来越多的 LED 企业倾向通过并购扩产来抢占市场，提升自身竞争优势。

6.1 广东 LED 企业竞争力的形成

广东省 LED 产业经过多年的发展，无论是从产业结构优化的角度看，还是从企业发展整体规模上看，无疑已经成为我国整个 LED 行业的领跑者。

6.1.1 广东省 LED 产业竞争力现状

目前，广东省 LED 产业在珠三角地区已形成了以深圳国家级 LED 产业基

---

① 何光军. 广东 LED 产业发展战略及对策研究［J］. 广东经济，2012，（2）：37－42.

地为龙头，广州、惠州、东莞、江门、佛山等五个省级 LED 产业基地，以及珠海、中山等"一核一带"产业集群的局面。据 GSC Research 所提供的数据，从产业规模上看，2013 年广东省 LED 产业总产值为 2811.03 亿元，2014 年其总产值高达 3460.06 亿元，产业规模继续稳居全国之首，同比增长率为 23%。针对总产值具体构成来看，规模排名前三位的依次是 LED 照明灯具产值、LED 配件及材料，以及 LED 封装元器件。从各地市的具体发展上看，产值排名前九名的地市分别是深圳、惠州、中山、佛山、广州、东莞、江门、珠海以及肇庆[①]（见图 6-1）。

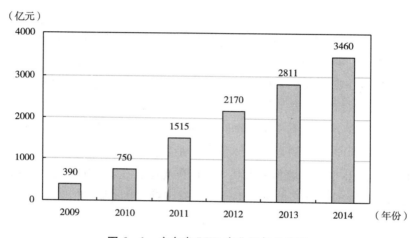

图 6-1　广东省 LED 产业历年总产值

在重点领域产品出口方面，2014 年广东省 LED 企业出口额约为 938.75 亿元，较上年同期增长 35%，占全国 LED 产品出口的 36%，位居全国首位，且遥遥领先于其他省市。其中，珠三角九地市 LED 产品出口占广东省整体 LED 重点领域产品出口总额的 91%。从出口区域看，亚洲、欧洲和北美洲仍是广东省 LED 出口的主要市场，占其重点领域产品出口总额的九成以上。其中，亚洲出口规模最大，出口额为 368.39 亿元，同比增长 52%；欧洲、北美洲市场增长速度也相对较快，非洲市场的出口规模虽小，但其同比增长速度

---

①　广东省 LED 产业区域竞争力指数研究报告。

高达 83%，市场需求的增长趋势不容小觑①。

6.1.2　广东省 LED 产业竞争力的形成分析

自 2010 年广东省政府将 LED 产业作为广东省三大战略性新兴产业之一，按照核心技术攻关和示范推广应用"两端突破"的工作思路发展以来②，LED 产业不仅要承担着作为广东省产业结构升级主力军的重任，还要响应着国家节能减排打造节约型社会的号召。虽然现阶段，广东省 LED 产业具有良好的发展势头，产业规模庞大，产业集群效应显著，已成为广东经济持续平稳增长的新亮点，但仍然面临着区域协作与发展不平衡的问题。针对广东省 LED 产业竞争力的分析，我们选择波特的钻石模型作为基本分析框架，利用 SWOT 作为分析工具阐释广东省 LED 产业竞争力的现状。

（1）广东 LED 产业发展的波特钻石模型③

波特钻石理论认为，产业竞争力是由生产要素、国内市场需求、相关与支持性产业和企业战略、结构与竞争四个主要要素，以及政府行为和机遇两个辅助因素所共同作用而形成的。基于此，2014 年年底，广东省半导体照明产业联合创新中心运用 STATA12 分析软件针对相关行业数据进行主成分分析，得到广东省 LED 产业区域竞争力的基本情况如下。

从广东省 LED 产业区域竞争力综合得分来看，LED 产业发展竞争实力最强的城市为深圳，其次是同样处于金牌区域的广州、佛山和惠州，中山和东莞位于银牌区域，铜牌区域的城市有珠海、江门和肇庆。其中铜牌区域的三座城市之间总体竞争力差距较小，而金牌区域的首位和末位企业竞争实力差距较大。从单一指标上看，竞争实力较强的前三座城市分别为深圳、广州和惠州；具有较好竞争潜力的城市为深圳、广州和佛山，竞争环境排名较前的三个城市是深圳、佛山和广州。具体的竞争实力、竞争潜力和竞争环境情况见表 6 - 1 和图 6 - 2。

---

① 高工 LED，http：//news. gg-led. com/asdisp2-65b095fb-57562-. html。
② 中国行业研究网，http：//www. chinairn. com/news/20140325/142622415. html。
③ 广东省 LED 产业区域竞争力指数研究报告，2014。广东省 LED 产业发展战略研究报告，2014。

表 6-1　　　　　　　　　　LED 产业区域竞争力综合得分情况　　　　　　　单位：分

区　域	竞争实力	竞争潜力	竞争环境
深圳	94.7	93.6	95.4
广州	82.8	77.3	88.2
惠州	74.2	71.2	74.8
佛山	71.1	74.4	90.1
中山	65.2	70.4	73.8
东莞	63.8	65.5	66.1
珠海	61.5	62.8	62.9
江门	58.7	62.8	61.8
肇庆	57.4	59.2	58.3

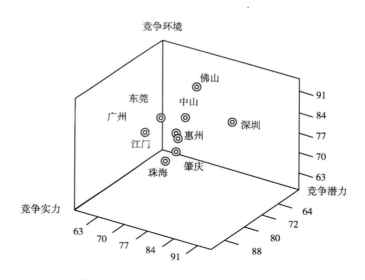

图 6-2　LED 产业区域竞争力综合情况

　　从金牌区域来看，深圳是广东省 LED 产业最为领先的地区，集中了全国范围最大的 LED 企业集群，拥有制造型 LED 企业四千余家。其中多为民营企业，大多数企业深度参与国际分工和国际竞争，形成以外向型企业为主的企业分布。现阶段，深圳在产业链下游应用端已形成了部分高端品牌。在背光源和显示屏方面均有企业涉足全球化竞争，并在海外市场占据一定市场地位。

在照明方面，如珈伟光伏照明、万润等企业也在海外拥有自己的高端独立品牌，产品具有国际化标准和生产规范，产业配套环境趋于优化，拥有较强的技术创新和成果转化的能力。位居第二位的广州，虽然 LED 企业数量不多，但集中度高，带动能力强，具有很强的创新能力和可持续发展能力。企业从中上游的外延芯片到下游的封装应用都有企业分布，特别是在封装应用方面具有一定的规模和特色，代表性的企业如鸿利光电。而且，在高校和科研机构方面，广州拥有广东省其他地区不可比拟的地域优势。对于广州 LED 产业科技创新方面的发展具有很大的推进作用。位居第三位的佛山，作为传统光源生产制造的中心地区，其照明产业向 LED 方向的结构转型尚未完成，大量企业还处在生产转型期，因此 LED 产业规模化程度不够高，规模效应尚未显现。虽然佛山产业集聚才初步显现，但仍有不少 LED 领域企业得到迅速发展，如佛山照明、国兴光电、雪莱特等，这些领军企业对于佛山 LED 产业的发展起到了极大的推动作用。再加之，由于佛山是一座以加工制造为主业的城市，对于同属于生产制造业的 LED 产业来说，不仅能够为其提供原材料和劳动力上的优势，又能在原有传统照明产业的基础上形成良好的流通周转渠道，为下一步佛山 LED 企业转型升级奠定了基础。处于第四位的惠州，LED 产业链发展较为完整，形成了从服装、光电节能系统解决方案、照明产品研发到 LED 照明终端产品应用以及市场销售的产业链条。其中，以封装和应用的企业规模最为庞大，如雷士光电、科锐光电。整体上看，惠州在 LED 产业发展的速度和产业带动作用方面都较为均衡，产业规模效应显著，并且当地政府政策的优惠力度较大，吸引了众多其他地区的大型企业进入惠州投资设厂，未来具有较大的发展空间。

从银牌区域来看，中山和东莞与金牌地区企业相比竞争综合能力差距较大，但其内部相比相差甚微。对于中山而言，灯饰产业的发展早 20 世纪 70 年代就开始了，经过 30 多年的发展如今已形成国内最大的灯饰生产基地和批发中心。LED 产业链覆盖 LED 封装、新材料、高端应用和现代服务等多个领域。虽然中山 LED 企业规模较大，产业集聚密度较高，但企业多而不精，创新能力稍显不足，仍有部分企业尚未完全投放到 LED 照明领域，致使集群效应不显著。东莞作为全国集聚台资最多的地区，具有良好的莞台合作的基础，随着台湾地区 LED 产业向内地转移，东莞无疑成为它们技术和产业承接的最佳地域。而且，东莞 LED 产业体系开放性较强，与深圳、广州的半导体照明企业形成了一定程度的互补，有许多周边企业来莞建厂。目前，东莞 LED 产业已形成一定规模和集群效应，在下游环节产业优势突出，但在生产设备、衬底材料、外延片、芯片等上中游环节还较为薄弱。总体来看，东莞 LED 产业注重创新，研发投入比例较高，具有较好的发展势头。

从铜牌区域看，珠海作为我国首批四大经济特区之一，从 20 世纪 80 年代时就已形成以高科技为重点的工业体系，为推动 LED 产业发展奠定了坚实基础。近些年，珠海在德豪润达这样的领跑企业带动下，加快了整体 LED 产业的发展速度。位居铜牌区域第二位置的江门，是 LED 产业起步较早的地区。一直在紧跟产业、政府政策的发展，在一批龙头企业的带动下，形成了外延、芯片到封装再到应用的上下游一条龙的产业链条。总体上看，江门整个 LED 产业链分布比较完善，产业集聚态势较强。肇庆虽为台资最早驻入的地区之一，但在广东九个地市中基础实力却最为薄弱。在加之受到地理位置的限制，在交通物流和商务交流信息方面匮乏，LED 产业技术发展缓慢，产业集聚的增速不及广东省整体 LED 增长的速度，尚处于 LED 发展的初级阶段。

（2）广东 LED 产业发展的 SWOT 分析[①]

作为全国 LED 产业最集中的地区和全国 LED 重要的生产基地和贸易中心，广东省 LED 在 LED 产业发展方面具有十分独特的优势。首先，广东省拥有国内最为良好的投资环境和发展环境。较好的投资环境是吸引 LED 产业投资与国际产业转移的最佳承载地。广东省具备的良好配套服务设施、发展环境，以及较高的行政效率等都得到了广大投资者的认同，吸引了包括美国 Cree、旭明、德国 Osram 和台湾晶元光电、光宝电子、李洲电子等众多全球知名 LED 企业的投资进驻。其中深圳已成为港台 LED 企业在大陆的主要投资地，而惠州、佛山、广州也成为海外 LED 领先企业的重要生产基地。另外，广东省各级政府近年来对 LED 发展大力支持，建立了众多产学研结合的合作机构，如广东省 LED 照明工程省部产学研创新联盟、大学合建半导体照明公

① 资料来源：何光军. 广东 LED 产业发展战略及对策研究［J］. 广东经济，2012（2）：37－42. 广东省 LED 产业区域竞争力指数研究报告，2014。广东省 LED 产业发展战略研究报告，2014。

共技术研究院、半导体照明实验室、半导体照明工程技术研发中心等。这些环境优势为广东省整体提升 LED 产业创新能力奠定了良好的基础。其次，广东省 LED 产业链条配套较为齐全，具有明显的产业优势。尤其是珠三角地区，已经形成了从原材料到外延片生产、芯片制备、器件封装及产品应用较完整的产业链，具备一定的产业基础和研发基础。特别是在 LED 下游封装领域，与其他省份相比具有明显的产业集聚优势和比较优势。例如，拥有全球最大的太阳能 LED 灯具生产和供应基地、LED 背光源和 LED 显示屏等生产基地。同时，广东省已形成与 LED 产业相配套的环境体系以及生产性服务供应链，为 LED 产业发展提供了一系列系统化的产业配套服务。最后，广东省拥有我国最好的照明市场体系，具有较强的市场优势。广东作为我国对外开放的先行地区和传统照明产业集聚区，已成为国内最好的全球照明市场体系，在 LED 领域形成了较强的国际市场优势。目前广东市场 LED 用量占全国总量的 50%，特别是作为世界汽车、消费类电子的生产、出口和消费大省，这些产业对 LED 产品的潜在需求都非常大。而且，广州国际照明展览会是亚洲地区最大的照明专业展会，能为广东省 LED 企业展示与交易提供很好的市场平台。此外，汽车照明、背光源、显示屏、信号指示、景观装饰等细分市场也在不断地发展，也将对整个行业的市场规模持续增长带来动力。

　　虽然广东省在发展 LED 产业方面一直都占据着得天独厚的优势，但仍然在产业链高端环节、人才管理等方面存在弱势。一是，广东省 LED 产业链高端环节比较薄弱，产品附加值偏低，自主创新能力不足。尽管近些年来广东 LED 产业迅猛发展，但是在公共技术平台、重点实验室、检验检测平台建设以及行业标准、产品认证、资本服务等创新环境方面明显滞后于产业发展，对企业的创新支撑不足。而且，LED 产业中游环节的技术能力不高，产品附加值偏低，尤其是在关键设备 MOCVD、衬底材料、外延片生长和芯片制备方面缺乏核心技术，与国际先进水平相比在技术研发水平上仍存在较大差距。二是，广东省 LED 产业缺乏领军人才，人才培养管理体系尚未建立完善。LED 产业的高端化发展必须要以人才优先发展作为支撑，以先进技术和现代管理理念作为依托来引领产业发展。目前，广东 LED 产业缺乏高端的创新人才。全省一百多所高校中开设 LED 相关专业的院校较少，大多数企业和科研单位尚未形成系统的人才培养体系，而且外部人才引进缓慢，亟待加快人力资源的培养与管理。三是，成本不断上涨，广东省 LED 产业逐步向内陆转移。由于近年广东地区生产成本增长明显，整个 LED 产业空间分布逐渐由沿海向内地梯度转移。广东已拥有数千家 LED 企业，但多数为中小企业，能够发挥辐射带动作用的龙头示范企业或有较高品牌知名度的骨干企业不多，一些中小企业面对成本上涨已开始向江西、湖南等我国西（北）部 LED 聚集地转移，尚未形成大中小企业共生互助、协调发展的现代产业集群。

广东省 LED 产业发展将面临三个方面的发展机遇。其一，经济全球化趋势为广东省 LED 产业发展创造了条件。随着全球经济的发展，整个 LED 产业格局在不断地加速调整中，全球 LED 产业正在向我国进行梯次转移。处于产业链高端的美国、日本、欧洲以及产业链中下游的中国台湾地区以及韩国，都在逐步将相关产业链环节向中国大陆转移，这为广东 LED 产业在局部领域实现跨越式发展提供契机。而且，LED 作为尚未完全成熟的产业，在技术等方面并未与发达国家形成较大规模的技术差距。广东省 LED 企业可以抓住生产性服务业转移的机遇，引进高端企业，通过自主创新和引进消化吸收来提升技术或突破现有技术，进而有望打造成具有国际竞争力的 LED 产业。其二，广东政府大力推进战略性新兴产业发展的举措，为 LED 产业发展提供了机遇。"十二五"是我国进行产业结构调整的关键时期，我国将围绕培育战略性新兴产业和改造提升传统产业的各项政策措施加紧落实。同时，随着《珠江三角洲地区改革发展规划纲要（2008－2020 年）》全面贯彻实施，将进一步加快珠三角地区的改革发展。由于调整产业结构必将带来产业发展资源和要素的整合，广东省有望通过区域统筹与协调优化既有 LED 产业体系，有机会通过推进 LED 产业跨越式发展以辐射带动相关产业转型升级，推进先进制造基地和现代产业集群的建设。其三，广东省政府正以标准化战略推动 LED 产业向创新驱动模式发展。近年来，为规范 LED 市场健康发展和引领广东 LED 产业抢占国际市场，广东省围绕"标杆体系"和"标准光组件"提出了技术标准化的战略，以带动广东省 LED 产业技术创新的发展。由于标准是创新成果向规模化生产的桥梁，因此标准化战略的推广将标志着广东省 LED 产业的创新驱动发展模式日趋成熟。

广东 LED 产业在面临许多重大发展机遇的同时，也将面临一些严峻的挑战。一方面，国内企业受到专利壁垒的制约，亟须构建专利防御体系。由于广东省 LED 企业主要位于产业链中下游，以各种的封装和 LED 应用为主，产品附加值偏低，而且绝大多数为中小型企业，因而在技术、资金等多方面存在较大的发展局限。如果一旦国外实施新的技术要求时，将对广东省这类 LED 企业形成高度的专利壁垒。现阶段 LED 照明技术的核心专利大多由日本、美国和德国等大型企业控制，这些企业利用自身的核心专利在全球范围内以横向扩展和纵向扩展的方式已布局了严密的专利网，这对于广东省 LED 产业向高端发展产生了极大的挑战，亟须构建自身的专利防御体系。另一方面，LED 产业价格竞争压力较大，亟待增强技术和应用创新。目前广东省 LED 企业多集中在中下游领域，产品同质化问题趋于严重，缺乏技术和应用创新。这一现象主要是由于小企业缺少先进的设备和核心技术，从而导致 LED 产品质量无法得到广大消费者的充分信赖，抑制了 LED 市场的推广。而且，一些小型企业为了在竞争环境下求得生存，便采取价格战的方式赢得市场份额，这进一步加剧了 LED 市场的恶性竞争。另外，广东省 LED 公共服务平台建设落后。在广东省 LED 产业加快向理性增长阶段转变的过程中，缺乏与其配套的人才、融资、行业标准、资本服务、检验测试等方面的公共服务平台，使得广东部分地区出现 LED "空头支票"和中小企业三角债务等问题，成为当前广东省 LED 产业转型升级面临的重大掣肘。

6.2　广东 LED 企业并购

受全球整体经济环境向好驱动的影响，我国 LED 照明产品出口市场需求依旧良好。以主要的出口目的地美国为例，根据 CSA Research 数据显示，自 2012～2013 年上半年，我国出口美国 LED 照明产品数量一直保持高达 200% 左右的增长率，2014 年上半年我国照明产品出口总额达到 180 亿美元，同比增长约 16%。即 2012～2014 年对美整体出口额翻超超过两倍。值得关注的是，在我国对美出口金额高速增长的同时，出口 LED 照明产品价格却呈现持续下降的趋势。具体来看，从 2012～2013 年上半年，同期的国内 LED 照明产品价格以 10% 左右的速度震荡式下滑，进入 2013 年下半年后，整体价格下降趋势有所收缓。虽然这种"量涨价跌"的模式并没有拉低对美出口的总金额，却使得许多 LED 照明出口企业走上薄利多销之路。特别是对占据全国 LED 出口额首位的广东省企业而言，无疑更是如履薄冰。

综观整个产业链，广东部分 LED 企业陷入"增收不增利"的行业困局。从上游产业链看，基于 LED 背光渗透率趋近饱和、投资过热的原因，芯片产能处于供过于求的状况。相比较之下，在封装与应用中下游领域，虽然其技术门槛较低，但竞争相对更为激烈。《广东省 LED 产业发展战略研究报告》分析显示，与 2011 年相比，德豪润达、国星光电等知名企业 2012 年的营业收入和净利润都出现了明显下滑。就 2013 年而言，广东省 14 家重点 LED 上市公司平均毛利率 27%，较 2012 年下降 0.69 个百分点，低于全国平均水平 4.05 个百分点；平均净利率 7.33%，较 2012 年下降 1.41 个百分点，低于全国平均水平 6.61 个百分点。其中定位中游产业链的瑞丰光电，2010～2013 年三季度的销售毛利率下降了 10 个百分点（分别为 30.97%、27.15%、22.10%、20.98%），鸿利光电、佛山照明等部分下游企业也表现出同样的盈利能力偏弱的现象。并且，一些下游低端企业因无法满足消费者需求，引发的一系列行业内产能过剩、企业间恶性价格竞争等事件，导致产品价格不断下降，利润空间被严重压缩，甚至有些企业仅能获得不到 1/5 的毛利率。加之，一些无技术背景的中小企业不断进入，整个行业面临低端质量的信任危机。由此可见，广东 LED 产业发展至今竞争愈发激烈。无论是往日风光无限的龙头企业，还是当下本就生存艰难的中小企业，全都深陷于整个产业链残酷的价格战漩涡中，面临优胜劣汰重新洗牌的考验。

随着全球经济发展，LED 照明行业市场需求不断地扩张与细分，我国 LED 产业即将迎来"新常态"下的爆发式发展。在这渐趋"常态"的过程中，广东 LED 企业不得不纷纷加紧寻求突围之路。在探寻的道路上，并购无疑被认为是抢占行将放大 LED 照明市场最便捷、最有效的整合方式。

所谓并购，指的是企业兼并（merger）和企业收购（acquisition）的总称，国际上通常把这两个词汇组合起来，简称为"M & A"。兼并是指两家或更多的独立企业公司合并成一家企业。收购是指一家企业以现金、证券或其他形式购买目标企业的资产或股权，从而获得该企业一定程度控股权的交易行为。按照收购对象的不同，可具体划分为资产收购（asset acquisition）和股权收购（stock acquisition）两种形式。资产收购指的是企业通过购买目标企业的全部或部分资产的经济行为，股权收购则是指企业通过购买目标企业的全部或部分股票/股份以实现控制该企业的经济行为。兼并与收购二者之间的根本区别在于：其一，被兼并企业其法人实体已不复存在，而被收购企业法人实体仍可存在；其二，兼并企业成为目标企业的所有者和债权债务的承担者，而收购企业成为目标企业的新股东，以收购出资的股本为限承担目标企业的风险。由于兼并和并购两种行为常常交织在一起，在运作过程中它们的联系远远超过其区别，因此常被学术界和实业界结合在一起使用，统称为"并购"。

根据并购企业与目标企业的行业关系，并购行为可具体划分为横向并购、纵向并购以及混合并购三种形式。横向并购是指并购双方在并购前所经营的业务相同或相似，互为竞争关系。纵向并购是处于同一产业链条不同位置上的企业之间的并购活动。基于并购方向的不同，纵向并购又可细分为向产业链上游环节和向产业链下游环节的延伸。而混合并购指的是不同行业企业间的并购行为。三种类型的并购活动带来的效应有所不同。其中，进行横向并购的企业可以通过各方资源的重新组合，扩大现有市场份额，实现专业化分工，形成规模经济效应。由于纵向并购是生产或销售紧密相关的上下游目标企业间的兼并或收购，因此并购后的企业将有利于强化生产与销售过程中相关环节的配合，形成产销一体化，极大降低了交易费用。混合并购则多是以原有产品或服务为基础，切入尚未渗透的经营领域或尚未进入的地区市场，也可采取多元化的发展战略扩大可涉足领域，使得合并企业的经营风险分散化，产生范围经济。

6.2.1　国内并购

继飞利浦、隆达电子等各大巨头收购 LED 企业事件频频发生后，整个产业链群雄逐鹿，竞争愈发激烈。据高工 LED 产业研究院（简称"GLII"）统计显示，截至 2014 年 11 月，LED 照明行业相关概念股就超过了 80 只。当中通过 LED 产业链相关概念上市的企业达 20 多家，企业经营范围多为 LED 芯片、封装、显示屏、户外照明、配套材料和设备等业务领域①。仅以 2014 年为时间点回顾我国 LED 照明行业并购事件，相关的并购案例多达 100 项，并购金额超过 100 亿元人民币。其中 LED 上市企业的并购个案占据 20 多项，并购金额高达 60 多亿元②。在众多的并购事件中，也不乏广东省 LED 企业的身影，并且占有相当大的比重。

（1）LED 产业上游企业并购行为

并购整合已成为众多 LED 产业链上游企业的首要选择。对于进入 LED 业务起步较晚的德豪润达来说，通过不断采取多样的技术手段早已形成"小家电 + LED"双主业的经营格局。为巩固现有竞争地位，德豪润达进行了多项纵向并购活动来拓展其产业链条。自 2009 年在大股东的撮合下引入战略投资者广东健隆达光电科技有限公司（简称"广东健隆达"）后，又出资亿元控股台山健隆并受让广东健龙达、恩平健隆两家公司与 LED 业务相关的全部固定资产，成功涉足 LED 行业封装领域③。此后，德豪润达为缓解 LED 芯片产能释放，积极开拓 LED 下游应用市场。2009 年 8 月收购深圳锐拓显示技术有限公司，在 2012 年年底通过全资子公司香港德豪润达以 13.4 亿元获雷士照明④20.05% 股份，成为其第一大股东；相继与伊莱克斯、惠而浦世界知名电器制造商达成战略合作协议，获得"AEG"以及"WHIRLPOOL"品牌在海外相关国家的使用权，并在美国、日本、中国香港、中国台湾、泰国等多个国家和地区设立销售子公司，逐步完善并形成了上游芯片、中游封装和下游照明应用的全产业链整合。从产业格局分布上看，德豪润达着重上游芯片和下游渠道两部分的发展，而对中游业务投入稍显薄弱，呈现"哑铃型"的产业结构。

LED 电源领域的领军者茂硕电源，近年来并购动作也不断发生。2014 年

---

① 高工 LED，http：//news. gg-led. com/asdisp2-65b095fb-57624-. html。
② 高工 LED，http：//news. gg-led. com/asdisp2-65b095fb-57845-. html。
③ 资料来源：经济观察网，http：//www. eeo. com. cn/2014/0619/262142. shtml。
④ 雷士照明在全国拥有 36 家运营中心和 3000 多家品牌专卖店组成完善的客户服务网络，在全球 30 多个国家和地区均设立了经营机构。2014 年 5 月，德豪润达增持雷士照明 6.86% 的股权，最终合计持有雷士照明 27.10% 的股权。

11 月，茂硕电源借助原有产业优势，"走出去"另辟蹊径开拓省外市场。茂硕电源采取定增和现金支付的方式，向方笑求、蓝顺明等购买其合计持有的湖南省方正达电子科技有限公司（简称为"方正达"）55% 股权，交易价格约达 1.92 亿元。方正达是一家以生产销售柔性印制电路板（FPC）为主业的企业，其产品主要应用于节能照明领域，是加工 LED 灯带的核心原材料[①]。此次收购，对于一直致力于 LED 驱动电源领域研究的茂硕电源来说，将会进一步优化供应链结构，提高盈利能力。一方面，由于双方具有众多共同的客户和潜在目标客户群，可以借助并购这一资本平台整合彼此相关的行业资源及业务流程，扩大现有业务规模，实现协调互补的高效发展。另一方面，双方的业务均已涉足 LED 照明与智能可穿戴结合的市场领域，通过联合将有利于培育新的利润增长点，完善产业链条。随后，茂硕电源又加紧与省内 LED 企业联手合作。于同年 12 月底以 2078.95 万元投资参股 LED 自动化设备制造商——深圳连硕设备技术有限公司（简称为"连硕设备"）。并购后的企业将拥有定制化的自动化制造设备，自动化比例大幅提升，有助于改善和缓解当前经营成本高的问题，进一步巩固了 LED 照明驱动电源领域的竞争优势。并且，连硕设备又为台湾康舒、长方照明、雷曼光电和创维等多家企业的供应商，拓展和加强了企业既有的销售网络。此外，茂硕电源还在发展 LED 驱动电源领域的基础上试图展开新一轮的产业升级，即布局新能源产业[②]。2014 年 5 月，该企业及其控股子公司深圳茂硕投资发展有限公司（简称"茂硕投资"）与深圳市远致富海投资管理有限公司（简称"远致富海"）签订《合作框架协议》。双方将在多领域寻求合作，着重投资光伏发电、合同能源管理（EMC）节能应用、新能源汽车充电桩等新能源应用领域，力图创造新的业务增长点，实现 LED 驱动电源领域向新能源领域的产业转型。

（2）LED 产业中游企业并购行为

针对处于 LED 产业链中游的封装企业而言，在受到价格打压的基础上，又接连遭到产业链上下游企业的两头挤压，大部分企业一度出现"增收不增

---

① 东方财富网，http://finance.eastmoney.com/news/1354，20141118447235893.html。

② 每经网，http://www.nbd.com.cn/articles/2014-10-29/872137.html。东方财富网，http://finance.eastmoney.com/news/1354，20140604390065344.html。

利"的现象。面对行业困境，许多广东省 LED 封装企业纷纷加入到并购的大军中以求抱团取暖。

主营白光 LED 封装业务的鸿利光电，继《广东省推广使用 LED 照明产品的实施方案》出台后，从 2012 年就开始计划向下游 LED 通用照明和汽车照明领域拓展延伸。在巩固和加强 LED 封装领域领军地位的同时，选择与其互补性较强的同行以及下游优质的 LED 细分领域企业并购重组，实现产业链的战略布局和优化整合工作。在先后增资重盈工元节能科技有限公司、入股东莞鑫诠光电技术有限公司强化 LED 照明工程领域市场开拓外，鸿利光电 2013 年基于原持有广州市佛达信号设备有限公司（简称为"佛达信号"）62% 股份的基础上以自有资金方式收购剩余股权，从而持有全部股权。成为其全资子公司的佛达信号将为鸿利光电进一步向 LED 汽车照明领域发展保驾护航，以形成与 LED 封装主业相辅相成的配套供应链，完善企业的产业链结构①。2014 年又以 1.7 亿元资金收购深圳斯迈得光电子有限公司（以下简称"斯迈得"）100% 的股权②，进行外延式扩张。收购后斯迈得的管理团队将纳入上市公司，并在产品、客户、销售渠道等多方面进行互补性的深度整合。这不仅有助于增强斯迈得的电视背光和中小尺寸背光应用类封装产品的产能，而且鸿利光电借助斯迈得较为完整的 EMC 系列产品生产线将能切入和扩大 EMC 式封装产能，提高并购企业的市场份额，强化协调效应。随后，又再度横向收购东莞市良友五金制品有限公司 51% 股权。被收购企业主要专注于封装领域 LED 支架的研发、生产和销售业务，双方的融合降低了企业 LED 封装原材料的成本，进一步巩固了白光封装市场的龙头地位。至此，鸿利光电通过多种并购方式基本实现了提升产业整合能力的战略愿景。

同为封装领域的长方照明和万润科技均采用纵向并购的方式强化自身优势。以 LED 封装为主营业务的长方照明，2014 年上半年宣布拟以 5.28 亿元收购深圳康铭盛实业有限公司（简称"康铭盛"）60% 的股权。康铭盛是 LED 移动照明应用类企业，国内市场采取经销商的销售模式，渠道覆盖国内多个省、直辖市、自治区；海外市场则以贸易商为主，销往东南亚、中东、

---

① LED 在线，http://www.ledinside.cn/news/20140804-31807.html。
② 高工 LED 网，http://www.gg-led.com/asdisp2-65b095fb-52334-.html。

南美、非洲等 40 多个国家和地区。长方照明欲通过此次收购加强双方生产过程各环节的配合，减少产品流转的中间环节，达到协作化生产；同时拟在已有的 LED 室内照明基础上拓宽其产品线，覆盖或延伸到 LED 产业链下游的移动照明应用领域，进而实现产业链的垂直整合。但由于其收购价格过高，引发了市场质疑。当年 8 月参与重组的有关方面涉嫌违法遭稽查立案，公司并购重组申请被暂停审核，向低端照明转型的战略设想被迫暂缓。2014 下半年，万润科技也开始利用外延并购整合与其走同样中高端路线的日上光电，收购其 100% 股权并提供补充流动资金。日上光电作为国内 LED 广告标识照明领域的领军企业，具有较高的品牌知名度。通过此次收购，万润科技的光源器件产能将得到充分利用，日上光电也能得到价低质优、供应及时的原材料，实现中下游领域企业之间的快速整合，从而在成本控制方面拥有比其他竞争对手更大的优势，形成规模优势。

此外，一直强调定位 LED 封装中游市场的瑞丰光电，并未向其他 LED 企业一样延伸到上下游产业或跨向其他行业领域，而是选择专注的加强 LED 背光源封装实力。2014 年 2 月横向收购深圳市玲涛光电科技有限公司（以下简称"玲涛光电"）13% 的股权，在既有的中大尺寸背光源细分市场上，通过强化技术突破目前产能瓶颈，并以玲涛光电为主体切入手机、MP3/4、PAD、数码相机和平板电脑等市场，拓展小尺寸背光源领域。

并且，随着 LED 上游产业不断向下延伸整合，终端市场逐渐开阔、价格愈见下滑，一些非上市公司也在寻求资本的庇护，加入到并购与被并购的潮流。例如，深圳市源磊科技有限公司被福建福日电子以总价 1.2 亿元收购其 51% 股权。

（3）LED 产业下游企业并购行为

LED 下游环节的企业同质化产品竞争愈发激烈，也受到了价格不断降低的影响，许多上市公司为谋求持续长久发展，采用横向并购或混合并购的行业间整合完善产业链，成为整个产业链当中增长最快的环节。

位于深圳的珈伟股份①，多年发展过程中主要布局海外照明市场，尤其是

---

① 中华网财经，http://finance.china.com/fin/ssgs/201502/10/0191899.html。

北美市场，积累了十余年的海外市场开拓经验。该公司近期为加速进入国内市场的步伐，实现国内与国外共同发展的战略愿景，于 2014 年 5 月与中山品上照明有限公司（以下简称"品上照明"）全体股东签署了股权转让协议，以 1.23 亿元收购品上照明 100% 股权。品上照明是一家因转型失利而发展受阻的集生产、研发和销售于一体的国内知名照明企业，产品涵盖商业照明、LED 照明、建筑电气、户外照明、光源电器五大门类，开拓市场经验丰富并具有比较完善的市场布局和经销网络。珈伟股份此次横向并购行为，一方面有助于提升国内市场销售规模，强化国内商业照明市场的发展，从而降低或缓解企业海外市场占比过高的风险，另一方面力图双方能够在业务方面扩充 LED 家居照明的产品线，实现较强的协同效应，以提升企业盈利能力。

作为业内领先企业的雷曼光电早已开启了应对策略，一直在着手加速 LED 显示屏的国内布局，通过横向并购和纵向并购的方式增强企业实力。雷曼光电全称"深圳雷曼光电科技股份有限公司"，是一家集中经营 LED 显示屏的上市公司。2014 上半年通过现金出资以及增资的方式获得深圳市康硕展电子有限公司（以下简称"康硕展"）51% 的股权，成为其控股股东。此次收购，雷曼光电将借助康硕展的优势，注重创意 LED 显示屏业务发展，尤其是拓展异形显示屏细分行业，完善企业产品结构；同时雷曼光电的 LED 封装研发和技术优势可以与康硕展形成协同互补效应，有利于整合行业优势资源。随后，雷曼光电又利用自身的资金优势，通过转让加增资的方式，于同年 7 月收购了豪迈瑞丰科技有限公司（以下简称"豪迈瑞丰"）。以海外出口 LED 户外照明产品为主营业务的豪迈瑞丰，拥有一批较成熟的海外照明客户，具有较强的海外市场拓展能力①，对其收购将能扩大雷曼光电的经营范围，加快实现 LED 照明战略目标的脚步。令人可惜的是，双方的并购重组并未达到预期的整合效果。豪迈瑞丰由于经营不善引发债主聚集雷曼光电，以及后续的人员调整事件都或多或少影响了雷曼光电的发展步伐。

联建光电近期在巩固现有市场份额基础上开始布局户外传媒，通过横向和混合并购将户外传媒整体产业链的资源优势与既有企业业务融合，进而实

---

① LED 网，http://www.cnledw.com/info/newsdetail-40044.htm。

现全新媒体环境下的整合传播。联建光电先后并购了上海友拓公关顾问有限公司（简称"友拓公关"）和深圳市易事达电子股份有限公司（简称"易事达"）各 100% 股权，并募集配套资金①。对于多年从事 LED 户外显示屏和室内高清屏研发与生产的联建光电来说，重组完成后，企业将借助易事达 LED 高清节能全彩显示屏的产研销一体化构筑产能升级；并利用友拓公关的服务能力树立公企业品牌形象，通过线上线下的双向互动传播为品牌客户提供全方位的服务，力求在巩固和提升 LED 显示应用领域竞争优势的同时，实现构建大户外传媒产业链的战略愿景。

对于早已进入 LED 照明行业的上市公司勤上光电来说，近些年表现却有些疲软，下游渠道四处碰壁。为打破这一困局，勤上光电不得不加紧企业间的并购重组来弥补弱势。2014 年年底，先以自由资金收购 LED 显示屏应用服务商北京彩易达科技发展有限公司（简称"彩易达"）51% 股权。同时，宣布收购深圳联合聚创科技发展有限公司、中山市一声喊照明灯具有限公司，以及深圳万城节能股份有限公司三家照明企业。这几家企业的业务范围均涵盖 LED 灯具或节能产品销售，其中后两家企业渠道优势尤为明显。借助多项纵向并购动作，勤上光电迅速获得了各方的优质渠道资源，优化了企业的产业布局，为 LED 显示屏市场的开拓和进一步的市场细分打下坚实基础。

而且，在 LED 产业普遍并购扩张的发展趋势下，广东省的一些小型 LED 企业和低端弱势企业也开始试图通过横向并购后的整合加速发展。深圳市洲明科技股份有限公司（简称"洲明科技"）为强化自身 LED 显示屏市场地位，收购深圳蓝普科技有限公司（简称"蓝普科技"）100% 股权。专注于 LED 显示屏产品与服务的蓝普科技，是行业内高清小间距的领先企业。整合后的企业将共同进行研发、营销和生产，通过双方多方面的深度整合来控制成本和费用；并借助蓝普科技已有的项目资源及业务网络的相关优势，透过营运范畴的扩大，增强 LED 显示屏规模，提高企业在高清小间距产品以及海外高端租赁 LED 显示屏等细分市场的竞争力，增强企业风险管理的能力②。从事低端照明的佛山照明作为照明产业的龙头企业，并未急于将传统业务更换成

① 新浪家居，http://jiaju. sina. com. cn/news/20141204/393669. shtml。
② 半导体照明网，http://lights. ofweek. com/2014-10/ART-220001-8440-28889132. html。

LED 业务，而是一直在谋求合适的时机与外界合作切入 LED 行业。2011 年，该公司试图通过与丽嘉科创有限公司（香港）合资的方式打破进军 LED 市场而缺乏相应技术储备和支撑的困局。可惜的是，合资后的广东佛照新光源科技有限公司最终以亏损 116 万元收场。此后，佛山照明仍未放弃对 LED 照明业务的部署。2014 年公告称将拟收购苏州盟泰励宝光电有限公司（以下简称"苏州盟泰"）。苏州盟泰是一家专注于 LED 商业照明产品和工程产品开发与生产的专业公司，2013 年因其生产管理及产能不足的问题亏损严重，经营出现困难，部分股东意欲转让股份。佛山照明看中该公司较强的研发与创新能力，意图借助其技术力量与自身原有的传统渠道优势相结合，来弥补企业 LED 研发力量和技术储备不足的现状，发展 LED 照明业务。2013 年 3 月，佛山照明曾与苏州盟泰签订专利实施许可协议，获得全玻璃直管形 LED 灯专利使用权。完全收购后，对未来继续使用全玻璃直管形 LED 灯专利和其他专利的举措将进一步得到保证，并拟设立佛山照明（苏州）科研中心作为企业在长三角地区的研发基地，加强公司在 LED 照明方面的研发力量，使其在行业洗牌、市场集中度提升进程中保有优势。

另外，还有少数广东省 LED 非上市公司在竞争浪潮中消亡或是被收购。例如，深圳市金达照明有限公司由北京利亚德光电股份有限公司（简称"利亚德"）通过发行股份及支付现金方式收购并取得 100% 股权，成为其全资子公司。

6.2.2 海外并购

广东省 LED 企业在国内行业并购动作愈发频繁的同时，也在借助《工业转型升级规划（2011－2015 年）》以及"一带一路"政策机遇开展国际化的市场布局。自中共十八大以来，经济转型升级已成为国家发展的重中之重，尤其是新型产业的转型升级。LED 行业作为新型产业的一部分，具有技术含量高和发展快速的特点。伴随着近几年来 LED 照明需求的快速提升，一些上市企业依托其资本市场在国内铺设渠道抢占市场份额的同时，也在扩张延伸至海外市场，拓宽企业产业链条。海外并购逐渐成为广东省 LED 企业寻求

"走出去"的主要方式。

目前广东省 LED 企业海外并购的举动多发于中游上市企业当中。例如，雷曼光电 2012 年完成了对德国 Ledman Europe Gmbh（即"雷曼欧洲有限公司"）的股权交割事宜，持有其 51％的股份。完成收购后的雷曼光电，将有利于欧盟市场 LED 产品销售和市场的开拓。而 2014 年 3 月茂硕电源旗下的全资子公司茂硕能源科技（香港）国际有限公司与美国 Douglas C. Su 及 Brilliant Info Corporation（以下简称"Brilliant 公司"）签订《股票认购协议》，拟以不超过 100 万美元分阶段认购 Brilliant 公司 55％股权，继而茂硕电源将拥有 Brilliant 公司的 100％权益。

此外，下游环节的珈伟股份也在积极筹划拓展欧洲市场。2014 年 9 月通过全资子公司收购欧洲 Lion & Dolphin A/S 公司（简称为 L & D）的 100％股权。收购后的珈伟股份拥有"金霸王"照明品牌除中国之外的全球授权，实现了"金霸王"照明品牌以及公司自有品牌的全球销售，全球化销售网络的战略布局逐渐浮出水面。在完成多次国内并购的基础上，珈伟股份在国内和海外的市场布局及销售网络已日趋合理。2014 年度 LED 照明业务与去年同期相比实现收入增长 41.98％，占公司整体业务收入的比重由 2013 年同期的25.78％提高至 34.47％，其中部分 LED 商业照明产品有着较高份额的市场占有率。综观广东省 LED 企业的并购活动，时间多集中于 2013～2014 年期间，涉及并购的企业包括德豪润达、珈伟股份、茂硕电源、雷曼光电、万润科技、鸿利光电、联建光电、长方照明、洲明科技等十多家企业，其中 LED 上市公司表现尤为积极。在整个 LED 行业加速"洗牌"的大背景下，并购已被众多企业视为业务扩张和组织变革的重要发展战略，是企业进行"强强联合"与"弱强组合"提升竞争能力的重要手段。

广东省 LED 产业链不同位置上企业的并购情况略有不同。具体来看，LED 产业链上游环节由于投资过热造成价格下降，主要是具有竞争实力的上市公司采取纵向并购提高经济协作效应。从现阶段来看，纵向并购多为从上游环节向中游、下游环节的整合，由下游环节向上游环节的并购行为较少。而 LED 下游企业受到同质化产品竞争激烈的影响，如果一直尚未形成渠道优势且转型缓慢的企业将会在市场中逐渐消亡。尤其是那些既无法扩大规模，也缺乏资金实力夯实渠道的非上市企业。这些企业被具有实力的上市企业或传统照明巨头收购是必然之势。另外，甚至出现了一些盈利能力稍强的小型企业并购规模虽大但盈利能力较弱的企业的情况，如洲明科技收购蓝普科技。因此，许多封装企业往往倾向采用多次横向或纵向并购的复式整合，或是横纵式的并购模式来整合优化资源，也有少数企业会选择利用混合并购来扩大可涉足的行业领域。对于同时受到上下游企业双向挤压的 LED 中游企业而言，则多通过横向并购和纵向并购的方式向规模化发展。其中，横向并购因其能够有效地快速扩大企业规模，形成垄断势力而被不少 LED 企业所采用。

从企业经营范围来看，现有业务涉及领域较多的企业，一般会适当收缩既有战略，选择在更具竞争力的领域集中发力；或者是倾向采取分阶段逐一强化各领域的发展模式。通过并购优质企业或存在部分核心竞争力的企业来弥补自身短板实现产业链一体化的商业模式，或者是直接收购海外企业开展国际化的战略布局，稳健的拓展市场。而业务单一的企业则倾向针对某一领域深入发展，多是通过横向并购扩展自身细分领域、强化细分市场竞争力，从而实现 "1 + 1 > 2" 的协同效应。值得注意的是，未见其所有的并购都是企业做强做大的良方，少数 LED 企业在并购过程中由于资本市场、管理模式或企业文化等方面融合的问题，可能会无法发挥并购带来的正向效应，甚至会抑制或影响企业发展的步伐。

6.3　国内外并购提升广东 LED 企业国际竞争力

继各国政府"禁白"节能减排政策的落地实施，以及人们对 LED 照明认知度和接纳程度的不断提升，LED 行业经过几年来的快速发展，已呈现出较好的成长性。广东省企业为抓住 LED 市场需求增长的机遇，也纷纷加入到 LED 行业。但是 LED 行业各环节产能过剩，使得企业间的竞争日趋白热化，呈现出需求增长与竞争激烈并存的产业格局，企业之间并购整合的事件持续发酵、层出不穷。无论是横向整合或纵向收购，还是跨界并购，都为广东省

LED 产业发展带来了新的契机，同时也为参与并购的企业赢得了更多的市场资源，获得并提升了国际竞争力。

具体来看，广东省 LED 企业国内外并购行为的激增，主要带来以下几个方面的竞争优势：

第一，技术优势。技术差距是导致广东省 LED 企业在全球价值链中处于低端环节的根本原因。LED 企业通过国内外并购，可以迅速实现全球范围的资源整合；获取与公司业务相关的上下游新技术或是与核心业务无关的新技术，以及相应的 R & D 资源，形成比同行业其他竞争对手较强或更强的创新能力和技术能力，从而广东 LED 企业基于一系列不断的技术整合，在价值分工过程中逐渐形成了核心竞争能力，有走向全球价值链高端环节的趋势。

第二，规模优势。规模经营在经济全球化背景下具有重要地位。因此，许多广东省 LED 企业在进行国内外并购中多以扩大规模为目的，发挥集团共同作战的优势，减少企业运作的脆弱性，形成管理与运营上的协同效应。尤其是对于中等规模的 LED 企业而言，兼并和收购是达到企业所需规模以提高国际竞争力最有效、快速的手段。而且，企业除了借助国内外并购扩张规模外，也可利用并购的资本输出达到企业重构生产和投资布局，寻求内部优势化，形成与全球价值链的全面对接，进而加快广东省 LED 企业"走出去"的步伐。

第三，区位优势。由于广东省 LED 企业在劳动力、政策引领、地理位置等方面具有较强的区位优势，通过国内外并购将进一步整合全省 LED 产业链的资源和优势，创造 LED 企业新的利润增长点。目前，广东 LED 产业基地已初步形成"1 + 5"的发展格局，集聚了大批的配套企业和高层次人才，并有望借助人才区位优势引领产业发展，吸引海外优质的跨国公司进驻产业园区。而且，政府的政策支持对于 LED 推广应用起到了明显的带动作用。关于印发的广东省《省实施方案》以及《关于进一步加大工作力度确保完成推广使用 LED 照明产品工作任务的通知》推动了广东省 LED 公共照明领域的应用，并逐渐向室内照明领域、民用和商业领域扩展。加之，《珠三角地区改革发展规划纲要》的提出、《两岸经济合作框架协议》的签署，以及建设"一带一路"发展规划的出台，广东省得天独厚的地理优势和资源优势将为 LED 企业创造新一轮的发展动力和增长点。未来可基于互通互联的产业集聚优势，通过并购的方式带动 LED 行业转型升级，提升整个产业的综合竞争实力，完成广东省 LED 全球价值链的重构。

另外，在 LED 整个行业逐渐成熟过程中，未来 LED 行业的进入门槛会不断增高，兼并整合是一个必然的过程。由于资源往往朝向最有效的配置方向转移，因而广东省 LED 企业在这种竞争性的"强留弱汰"大潮中，可能会被划分为两类企业。一类是以技术为主要驱动力的 LED 企业，基于一定的资本优势进行上游或中游业务的经营，另一类则是以市场差异化为核心，以个性定制为发展趋势的 LED 企业，主要从事下游的创造型应用领域。

第 7 章　政府和中介机构的作用

7.1　广东省科技厅对于 LED 产业发展的规划模式的转变

LED 产业作为新兴产业，是在市场与政府政策共同构筑的环境中形成与发展的，在不同程度上受到市场与政府政策的共同作用和影响。新兴产业的这种形式与发展模式，是一种市场推动与政府拉动相结合的模式，它可以在很大程度上克服单纯市场形成模式和单纯政府培育模式的不足，而且把两者的长处结合起来，形成市场拉动与政府推动的合力，从而更有利于新兴产业的形成与发展。这种市场推动与政府拉动相结合的具体方式有两种：一是政府先进行选择、培育、扶持，然后再接受市场的选择与检验；二是先让市场自发选择，然后政府力量再介入进行培育、扶持。

新兴产业的发展受到诸多外部因素的影响与制约。一般而言，影响制约新兴产业形成与发展的主要因素包括：新兴产业的发展前景及其市场潜力、新兴产业的创新环境与基础条件、新兴产业投入要素的供给状况以及有关新兴产业的政府政策导向等。正是由于新兴产业的发展受到诸多外部因素的影响与制约，所以要求政府必须针对影响新兴产业发展的因素，采取相应的对策措施，以创造和培育新兴企业发展的良好环境。

一是政府提供政策引导和服务。政府为新兴产业提供的政策包括财政税收优惠政策、产学研政策、知识产权保护政策、人才引进和培养政策。公共政策的制度激励了企业创新，为创新提供帮助的政策机制包括税收信用和研发、发展、示范的资金。政府通过政策引导新兴产业朝健康方向发展的同时，还应该构建起公共服务作用机制。首先，政府应改变职能，积极构建协调、高效、透明和规范的行政服务体系，提供"一站式"服务，提高办事效率，降低企业运营的制度成本；其次，政府还应做好协调沟通的工作，通过协调相关职能部门，建立行业协会，促进新兴产业的发展；最后，政府要加大公共产品和准公共产品的供给力度，新兴产业内部的主体是中小企业，单个企业很难自主提供一些必要的设施和产品，因此，政府要加大基础设施投入。在环保、人才培养、信息服务等公共产品或准公共产品为产业集群发展提供有效保障，尤其要着重加大对产学研平台、信息基础、物流平台、关键共性技术、区域品牌宣传、质量保证体系建设等的保障力度。

二是政府对新兴产业市场进行监管。一方面，在产业集群发展过程中，政府要重视和培育本地企业之间的产业分工网络化联系，以降低对外来资本和创新的依赖性。为增强企业应对不正当竞争的能力，提高竞争的有效性和协作的可能性，需要增强本地企业之间的联系与信任程度。只有加强本地企业网络化联系，形成自组织产业集群，才能维护本地企业之间健康的竞争与合作，提高本地自主创新能力。通过建立集群内正式或非正式沟通机制，促成集体学习机制；搭建产业集群技术学习平台，建立合理有效的知识溢出规制和流程，来推动集群内部的集体学习行动。另一方面，根据产业集群发展的社会关系等特点，通过座谈会等形式，增强企业家的地缘、学缘、行缘等意识，强化产业集群的情感氛围，增进厂商之间的了解和信任，丰富本地的社会资本；加强产业集群内部团队精神的培育，协调厂商之间的共同行动，形成厂商之间良性的竞争与合作格局；营造一种产业氛围，培育企业文化认同，文化认同是企业在文化上的一种归属感，企业文化应与区域文化相协调，促进企业认识到自己属于所在的区域，认识到区域竞争力对企业的竞争优势有举足轻重的影响，认识到植根本地在其发展战略中的意义，推动企业将企业的生产、研究、开发都置身于与周围企业的联系之中，自觉融入当地经济活动之中，以提高竞争力。

基于此，广东省科技厅在广东省委省政府的领导下，结合广东省自身的实际情况，走出了一条具有广东特色的推进 LED 产业发展的道路。

2008 年，广东省委省政府在全国率先将 LED 产业与新能源汽车产业、高端电子产业一起列为战略性新兴产业。按照国家的划分标准，LED 产业本应划分到高端电子产业里面，而广东省委省政府单独将 LED 产业提出来，足以看到其对 LED 产业发展的重视程度。LED 产业发展的规划由广东省科技厅负责牵头，在战略布局、资金投入、技术攻关、标准建设、推广应用等方面进行整体的部署。

2009 年，广东省科技厅牵头发布了《广东省 LED 产业发展技术路线图》，将其产业链的关键技术瓶颈列出，实行核心技术攻关和推广应用"两端突破"，推动创新链与产业链"双链融合"。

2010 年，为深入贯彻落实广东省委省政府关于发展 LED 产业的决策和部署，做大做强 LED 产业，优化 LED 产业发展政策环境，全面提升广东省 LED 产业自主创新能力和产业竞争力，推动节能减排和战略性新兴产业发展，加快转变经济发展方式，广东省科技厅制定了《广东省人民政府关于加快发展 LED 产业的若干意见（讨论稿）》，该意见从总体上阐明了加快 LED 产业发展的重要意义、指导思想、基本原则和主要目标，并提出了具体的发展建议。

一是建立健全产业技术创新体系，努力提高自主创新能力：强化关键共性技术科研攻关；培育发展一批 LED 创新型企业；加强知识产权和技术标准工作，鼓励企业积极研发 LED 核心技术，申请专利。

二是建立 LED 照明产品应用推广体系，促进市场健康有序发展：加强 LED 照明产品应用推广的规划导向和行政督促；组织实施 LED 照明产品应用试点示范工程；鼓励实施新型商业推广模式；广泛开展 LED 产品宣传推广活动。

三是建立健全产业支撑配套体系，推进产业集群发展：推进关键装备引进吸收再创新；建立健全产业公共服务平台；大力推进 LED 产业园区建设；加强 LED 人才队伍建设。

四是积极实施财税金融激励政策，引导更多社会资金投向 LED 产业：认真落实相关税收扶持政策；积极推进政府采购 LED 产品政策；建立健全投融资机制。

五是加强组织领导，形成 LED 产业发展合力：加强统筹协调工作；加大政府财政投资力度；组建广东 LED 产业协会；加强区域和国际交流与合作。

2010 年以来，广东省政府每年投入 4.5 亿元支持 LED 专项发展，至今已累计投入 18.3 亿元覆盖全产业链各关键领域，并带动企业和社会投入配套资金 250 亿元。另外，LED 核心技术被列入广东省引进的创新团队范围，3 个团队获得广东省政府 1.15 亿元的资助，其中包括获得蓝光诺贝尔奖的中村修二领衔的团队。

除了广东省政府的专项资金支持，负责推进 LED 产业发展的广东省科技厅改变了以往政府无所不能、无所不包的角色，牵头建立了广东省半导体光源产业协会、广东省半导体照明产业联合创新中心两个中介机构，把 LED 产业的技术研发、标准体系的建立与应用、LED 照明示范工程项目的实施等具体职能与工作下放，广东省科技厅主要负责在战略规划方面进行总体的部署与统筹。广东省半导体光源产业协会以及广东省半导体照明产业联合创新中心的建立，充分发挥了中介机构作为政府与市场联结的桥梁的作用，并带动了企业的协同创新：到 2014 年年底，广东 LED 产业在封装工艺及制造技术、MOCVD 系统的研发、新产品开发及标准光组件、产品标准制定、专利技术、产业规模都领跑全国，拥有了一批自主知识产权技术。

7.1.1 广东省半导体光源产业协会

广东省半导体光源产业协会（以下简称"协会"）的业务主管单位是广东省科技厅，协会是由广东省工业技术研究院牵头联合广东省照明电器协会、广东平板显示产业促进会、中山大学佛山研究院、中山市半导体照明行业协会、东莞勤上光电股份有限公司、深圳市 LED 产业联合会、鹤山市银雨照明有限公司、广州市鸿利光电股份有限公司、东莞晶格世纪半导体有限公司、广州赛西光电标准检测研究院有限公司、广州市雅江光电设备有限公司、佛山电器照明股份有限公司等 13 家单位发起成立的社会团体。

协会作为行业性、地方性、非营利性的社会组织，其宗旨是：服务社会、服务产业、服务政府、服务企业。在贯彻执行国家方针政策的基础上，配合广东省政府开展行业管理，加强政府与会员、会员与会员、会员与社会之间的沟通与协调，密切行业国内与国际之间的合作，维护会员企业合法利益，充分发挥桥梁纽带作用。积极推动广东省半导体光源高新技术产业发展，通过结合相关产业，推动产业上、中、下游资源整合，以提升行业及会员的国际竞争力，进而提升广东省半导体光源产业核心竞争力，增强广东省经济发展实力。

协会的具体业务范围包括：

一是宣传、贯彻执行国家和广东省半导体光源相关产业的政策、法规。向政府有关部门反映会员的愿望和要求，争取运用政府项目资金、研发基金。协助会员解决发展中遇到的问题，维护会员的合法权益。搭建企业联系沟通政府平台。

二是协调产业内外关系，提高广东省半导体光源产业自律性，提倡公平竞争，维护产业利益。协调社会资源，提升会员群体竞争力。协调、发展与国内外标准、知识产权等相关组织的关系，开展多种形式的合作交流。

三是组织本产业国内外展览、展示、展销、交流会。开展科技交流和经验交流活动。争取与国外同行同业者的交流合作，开拓国内外市场。推动产业链配套完善、技术进步和管理的现代化。

四是协助政府相关部门对半导体照明产业发展实行行业管理，发挥行业渠道优势，推动广东省半导体光源产业规范建设，完善产业链。

五是协调企业与金融机构的关系，搭建企业融资平台。

六是研究解决半导体光源科研成果产业化，推进半导体光源产业商品化。承担会员企业委托的项目评估、技术咨询、产品认证及评测、专业人才培训服务。研究产品生产新材料、新工艺、新设备，搭建技术平台。搭建产业营销平台。

七是创建协会成员产品品牌，发布协会产品品牌标识。

八是建设产业信息平台，介绍最新产业动态、国内外技术发展、新技术、新工艺、示范工程，引导产业技术进步，为会员单位提供国内外技术和市场信息。

九是建情报资料室，开展产业情况调查，对产业基础资料、技术情报和经济信息进行搜集与整理、统计与分析，研究广东省半导体光源产业发展方向，提出产业中、长期发展规划的咨询建议，对产业实行指导服务，为政府部门的决策提供参考。

协会在具体的业务范围之内，配合广东省委省政府、广东省科技厅重点开展了两项工作推进广东 LED 产业的发展，一是 MOCVD 设备的研发，二是 LED 产业标准体系的建立。

MOCVD 设备的研发。MOCVD 是在气相外延生长（VPE）的基础上发展起来的一种新型气相外延生长技术。MOCVD 设备是 LED 产业链最前端的核心装备，全球主要只有美德日几家企业生产，而中国却是全球最大的应用市场，这严重制约了中国 LED 产业的健康发展。为了解决 MOCVD 设备生产这一核心问题，广东省科技厅与中科院半导体研究所、广东省工业技术研究院、国家半导体照明工程研发及产业联盟共同组建了广东半导体照明产业技术研究院和广东省中科宏微半导体设备有限公司。

广东半导体照明产业技术研究院作为广东 LED 产业的共性技术创新平台，是一所多方参与、开放共享的非营利机构，以 MOCVD 等重大装备国产化为突破口，加快推进上游核心技术攻关及产业化。目标是建设覆盖基础原材料、重大装备、外延工艺技术、芯片、封装及应用技术等各环节的公共技术平台，为广东省乃至全国半导体照明产业的可持续发展提供技术支撑。广东省中科宏微半导体设备有限公司采用开放式的建设模式并实行股权激励，先期以中国科学院半导体研究所作为技术提供方，广东半导体照明产业技术研究院以重大专项的形式，重点推进 MOCVD 设备项目国产产业化。

广东半导体照明产业技术研究院和广东省中科宏微半导体设备有限公司的建立，有效集聚和整合了中科院系统以及广东省内工程化创新资源，在 LED 产业高端环节的外国专利壁垒和市场垄断中率先突围，并与中下游环节的既有优势形成掎角之势，形成完整的自主创新 LED 产业链，为推动中科院重大创新成果在广东转化提供了样板和示范。到 2014 年年底，广东省中科宏微半导体设备有限公司共承担了 3 项国家重点科研项目，自主研发出商用蓝光 MOCVD，市场占有率居同类国产设备的领先位置，突破了我国 LED 高端装备受制于人的"瓶颈"，迫使外国生产商将设备大幅降价，推进了 LED 产业的发展。

LED 产业标准体系的建立。广东省从 2008 年开始启动 LED 照明示范工程建设应用试点，到 2012 年，全省公共照明领域普及 LED。在此过程中，广东省科技厅以及广东省半导体光源产业协会创造性地提出了 LED 照明产品评价标杆体系的概念，以"绿色照明示范城市"建设为抓手，通过推行一系列的政策措施，推进建立 LED 产业标准体系，促进 LED 产业不断快速、健康地蓬勃发展。

2010 年 8 月，广东省科技厅发布了《关于推广应用 LED 照明产品评价标杆体系的通知》，通知明确提出广东省各地方政府部门的主要任务是运用标杆体系高标准建设绿色照明示范城市、建立健全标杆体系的检测发布机制、推进标杆体系的标准化工作、完善标杆体系的技术支撑，要求加大对标杆体系建设的投入，重点支持检测设备购置、实验室建设、人才培训等。"绿色照明示范城市"专项项目经费可用于组织开展产品标杆体系检测。积极探索标杆体系建设的多元化投入机制，引导社会资金投入标杆体系建设。通知推出了《广东省 LED 路灯产品评价标杆体系管理规范（暂行）》，并公布了广东省 LED 路灯产品评价标杆体系评测受理单位及首批检测机构。

2010 年 10 月，广东省科技厅发布了第一批《广东省绿色照明示范城市推荐采购产品目录》，并明确要求绿色照明示范城市实施单位必须采用列入《产品目录》的 LED 路灯产品。之前安装的 LED 路灯，必须进行标杆体系检测，检测结果报送省科技厅备案。标杆指数及《产品目录》原则上每半年公布和认定一次，《产品目录》自公布之日起有效期为一年。新的标杆指数发布后，依企业申请，同批次产品相同项目的检测结果继续有效，可直接进入新一轮标杆体系评测。LED 产业标准体系迈开了实际操作的第一步。

2010 年 12 月，广东省科技厅发文确定标杆体系的管理执行机构是广东省半导体光源产业协会，标杆体系检测的申请受理工作由广东产品质量监督检验研究院、广东省质量监督光电产品检验站负责，LED 产业标准体系管理制度进一步明确与完善。

2011 年 8 月，广东省科技厅发布了《关于进一步推进"绿色照明示范城市"建设的补充通知》，通知提出要在坚持"目标进度"与"质量优先"的前提下，科学运用"合同能源管理＋供应链＋金融"模式，进一步推动"绿色照明示范城市"建设，同时要求各地科技主管部门积极配合供应链管理公司，做好工程招标、成本核算、质量控制和一致性检查、补贴发放、项目验收等项目监管工作。

2012 年 5 月，广东省政府正式印发《广东省推广使用 LED 照明产品实施方案》，方案提出目标任务包括：3 年普及公共照明领域 LED 照明，加快普及社会 LED 照明，统筹城乡推广应用，实现节能及产业发展综合目标。要求各地方政府及部门采用合同能源管理运作模式，实施节能服务公司公开招标遴选，发挥电网作为电力需求侧管理实施主体的作用。在政策保障方面，要落实国家和省财税激励政策，落实地方财政支持及会计核算政策，加强公共照明领域配套审核及准入把关。

在广东省科技厅的指导下，广东省半导体光源产业协会在推进标杆体系建设的过程中，不断对体系的管理规范进行修订，于 2012 年 8 月发布了《2012 版广东省 LED 照明标杆体系管理规范及实施产品评定的通知》，通知要求未来三年广东全省公共照明全部采用 LED 照明，并要求必须采用广东省 LED 标杆体系推荐采购目录里的 LED 照明产品，与通知一起发布的还有一系列管理及具体操作文件，包括：《广东省 LED 室内照明产品评价标杆体系管理规范及附录》《广东省 LED 路灯产品评价标杆体系管理规范》《广东省 LED 隧道灯产品评价标杆体系管理规范》《广东省 LED 照明产品标杆体系评定申请细则及评定流程》等。

随着标杆体系的不断推进，广东 LED 标准体系日益健全，标准化建设取得阶段性成果。一是"国家半导体照明综合标准化示范区"建设进展顺利，到 2014 年年底，广东省已完成国家标准提案 1 项、发布地方标准 12 项、报批地方标准 10 项、征求意见待审 12 项、新立项 19 项。二是标杆体系在全国范围内顺利推广、影响力进一步扩大。上海、福建、江苏、湖南等地相继考察学习广东经验，纷纷表示与广东开展合作的强烈意愿。顺此形势，协会一方面积极做好工作对接，另一方面对原有体系进行完善与适应性调整，协会于 2014 年 10 月顺利进行理事会换届，新的管理框架、技术体系等即将发布。到 2014 年底，协会已发布了广东省 LED 室外产品标杆体系产品目录 16 批、室内照明产品标杆体系产品目录 12 批，累计推荐广东省 LED 照明产品标杆体系产品 3468 个，有力地保障了 LED 照明改造工程质量。

以标杆体系为基础的广东省 LED 照明示范工程建设取得了良好的成效。截至 2014 年，广东全省安装 LED 室内照明产品超过 200 万盏、LED 路灯应用路段近 3 万公里，总体节能超过 55%；全省共有 LED 规模企业 4000 余家，带动相关就业近 300 万人，其中 LED 上市企业达 25 家，占全国 LED 上市公司总数的六成。广东省已基本形成了上中下游完整的产业链，成为我国 LED 产业技术创新、标准制定和应用的主导力量。

7.1.2　广东省半导体照明产业联合创新中心

广东省半导体照明产业联合创新中心（以下简称"中心"）由广东省科技厅发起，由国家相关部门参与，省内科研机构、省内半导体照明上市企业、龙头企业共同出资成立，注册资金 6300 万元人民币，一期投资 1.2 亿元。中心主要面向产业链各个环节的创新需求，系统集成有效创新资源，完善创新服务功能，营造创新环境，建成广东 LED 产业发展战略智库、信息交互枢纽、检测认证基地、技术创新桥梁、金融服务尖兵、人才培养高地和成果展示舞台。

中心以广东新光源产业基地为依托，通过与台湾工研院、香港应科院、国家半导体照明工程研发及产业联盟、清华大学、浙江大学等科研机构携手合作，汇集国际国内半导体照明巨头企业、科研团队和院所入驻中心，形成具有先进创新能力、创意服务能力和较强辐射带动能力的创新策源地，打造覆盖研发外包、检测检验、展示交易、教育培训、市场推广和金融支持等环节，面向广东、辐射全国、影响世界的 LED 产业创新服务集群。

中心发起单位包括广东省科学技术厅、佛山市科技局等政府部门，广东省半导体光源产业协会、国家半导体照明工程研发及产业联盟、广东省工业技术研究院等研究及非盈利机构，以及广州鸿利光电股份有限公司、广东国晟投资有限公司、木林森股份有限公司等企业，聚集形成了一个"政产学研"协同创新发展的大平台。

中心汇聚整合资源，通过八大平台的建设，构建国际化全球化的"产业共性技术联合攻关与技术发展平台"，全方位推进 LED 产业的发展。

一是核心技术攻关与共性技术协同创新平台。围绕 LED 产业链关键环节、战略产品研发，组织产业链上下游或技术互补型企业、有关高校、科研机构等结成联盟，联合开展核心技术攻关，重点开展 LED 照明标准光组件等重大项目的共性技术协同创新，组建 LED 照明标准光组件应用推广联盟，加速 LED 中间件的配套和对接，加速成果转化，拓展产品链条，形成基于自主知识产权的技术规范体系和产品体系。

二是战略研究平台。参与《广东省 LED 产业技术路线图》的修订，跟踪技术、产业发展的最新态势，研判诱发 LED 产业变革关键性技术的走势与影响，强化技术战略研究对产业发展的引领作用。发布《广东 LED 产业发展年度报告》，定期发布行业运行监测报告，开展细分市场研究，建立战略专家委员会、技术专家委员会，横向联合高校、证券、投行、咨询等专业机构的研究力量，搭建外脑和协作平台。

三是品牌策划平台。组建中国 LED 产业品牌俱乐部，开展《中国 LED 产业 IPO 财经公关报告》《中国 LED 企业品牌发展研究报告品牌智库系列》的编辑工作，出版《广东 LED》杂志，并致力于行业品牌解决方案及危机公关的研究，为政府及企事业单位提供营销实战咨询、品牌战略规划、公关推广执行和活动策划等系列服务。推动我省 LED 企业从广东制造到广东名牌、广东智造转变。

四是知识产权服务与运营平台。基于国内外 LED 重点市场，建立 LED 专利的专题数据库，发布《LED 产业专利发展趋势及建议报告》。根据广东 LED 产业的需求，对专题数据库进行技术分类，形成全面、系统的专利分析体系。以广东 LED 产业为依托，以"标准光组件"为切入点，以中下游产品为主导，以国家标准为目标，形成一些"必要专利"，并以此为依托，成立专利运营基金，联合大学、科研机构、企业等优质资源成立专利联盟，形成良好的商业模式。

五是人才公共服务平台。在产业共同需求的基础上整合优势资源，从广东省半导体照明产业技术及综合人才需求出发，借鉴国际先进专业人才服务模式，通过政府引导、市场化运作形式，整合现有科技服务机构的培训资源，研究与建立适应省半导体照明产业专门技能人才引进及培养模式。平台包括人才数据对接、人才综合培养和人才信息交流三大服务集群，包含了人才资格鉴定评估、行业人才数据库、LED 行业培训体系开发等 16 项服务内容，力争构建集人才引进、评价、培训和服务为一体的，具有综合性、开放性特点的一站式服务平台。

六是应用推广与创意设计平台。对 LED 产业的科研技术成果进行有效的组织推广，并促成相应的交易平台建设，促进 LED 产业市场成熟度。并以市场为导向，以可持续性设计理念及共性应用技术为支撑，为公众提供专业的照明应用设计、绿色照明示范工程系统管理实施及产业技术成果展览展示解决方案等多元化的服务，致力于全面提升广东 LED 照明产业在应用技术层面的市场竞争力，推动 LED 照明产品普及应用及行业的可持续发展。

七是投融资服务平台。进一步完善中小企业创新创业机制，重点扶持具备自主知识产权和先进技术研发及产业化能力的科技型企业，加强面向 LED 中小型企业的信用担保和金融支持，解决中小企业创新创业融资瓶颈；鼓励 LED 中小企业兼并重组，扩大生产规模。

八是国际合作交流平台。通过国际合作，积极跟踪国际 LED 产业巨头、大学及科研机构的战略布局。通过项目引导，协助建立广东 LED 产业战略研究专业团队和专家智库、研发数据库（knowledge base），加强资源的共享，组建粤港台 LED 产业协同创新联盟，打造产学研相结合、多行业多学科合作的开放性国际合作与咨询服务平台，快速提升企业产品研发与创新价值。

7.2 中介组织发展与广东省政府职能转变的关系

7.2.1 中介组织的定义及特征

中介组织是指介于政府与企业之间、商品生产者与经营者之间，并为其服务、咨询、监督、公证、自律、协调的社会组织，一般来说包括各种行业协会、专业协会、商会、综合性协会、联合会、促进会等。中介组织具有非政府性、自治性以及非营利性的特征。

非政府性包括三层含义：一是中介组织的产生以社会旨趣而不是以国家职能为基础。政府是国家意志的体现，国家意志通过各级各类国家机关、政府机构以及国有事业单位行使的各种政府职能体现出来。中介组织的存在基础不同于政府，它不是履行国家公共职能的工具，而是存在于经济领域中的一定人群或组织依据他们共同的兴趣、意志、利益、志向、愿望等自发组建的社会组织。它赖以产生、存在和发展的基础不是国家职能，而是一定的社会旨趣。二是中介组织在体制上和组织上独立于政府之外，并不隶属于国家的政治和行政体系。它不是党政机关及其附属机构，也不隶属于一定的党政机关或受其支配。中介组织依法建立，在资源来源、组织决策及运作机制上都不依赖党政系统，有独立的运行机制和机构，自主经营、自负盈亏，是独立自治的社会组织。三是中介组织在提供公共服务和承担公共责任上区别于政府。中介组织按照组织宗旨提供经济领域的部分公共服务并承担相应的公共责任，而政府提供公共服务和承担公共责任的边界则是国家的制度框架与利益范围。因此，中介组织有可能超越国界提供公共服务并承担公共责任。

自治性：中介组织遵循自治原则，自我约束。政府调控市场的部分职能让渡给中介组织，并不意味着中介组织可以成为"二政府"，由此纳入政府控制的轨道。作为独立的自治组织，中介组织在人事、财务、决策等方面不依附于任何其他的社会组织，具有独立的决策及权力行使能力，能够进行有效的自我管理，摆脱政府的直接干预，自主发展。与市场经济中的企业一样，中介组织也是独立自主的社会主体，它们与政府之间既有功能互补、相互协调的一面，又有彼此竞争，权力制衡、相互监督的一面。中介组织的自治性体现了其独立于政府、独立于企业的社会性格，构成公民社会的自治基础。唯有如此，中介组织才能树立良好的社会形象，拥有较高的社会公信度，承担起协助政府、服务社会的责任。

非营利性：中介组织尽管服务于经济领域，但它仍然属于非营利性组织范畴，具有非营利性组织的根本属性——非营利性。非营利性即不以营利为目的，组织存在的目的不是积累财富或者创造利润，而是实现社会的公共利益。中介组织的资产主要来源于会员各种形式的社会捐赠，这决定了它必须要有利他的、互益性的、非营利性的组织宗旨。资产的公益性及宗旨的非营利性，决定了中介组织的收益应继续用于中介组织的发展，一般来说不得以任何形式转变为私有财产。

7.2.2　中介组织的基本功能

在市场经济体制下，中介组织作为介于政府和企业之间的社会团体，发挥着上通下达，协调配合的桥梁和纽带的作用，其基本功能包括：降低交易成本、避免无序竞争、弥补政府工商政策制度供给不足、改善工商企业经营环境等。

降低交易成本：市场经济的效率主要取决于市场主体获取市场信息的难易程度及成本。经济领域中介组织的一项重要职能就是加强工商业者之间的沟通与联络，通报有关经济信息。他们通过各地的组织网络，以较低的成本搜集经济商贸信息以及形势发展、政策动向和市场需求变化等方面的信息，并借助于会刊、研讨会、信息发布会等形式将之传递给会员，节约了会员获取信息的成本，提高了市场交易的效率。市场经济是诚信经济，市场经济中的主体承担着洽谈交易的成本、执行交易的成本以及一方违约带来的交易风险，市场主体必须具有较高的商誉，这是维系市场经济正常运行的基础。中介组织通过制定行业自律公约，引导业内企业重视商誉建设，提高企业自身素质，并能有效形成会员间相互监督的内部机制，有效地降低了交易成本，防范了市场风险。

避免无序竞争：市场经济是竞争经济，资本的逐利性和企业追求利润的天然属性，使市场竞争容易陷入无序竞争的泥淖，这时特别需要企业在某些方面的联合与协作，以弥补市场经济的缺陷。中介组织作为一种制度安排，为企业之间的合作创造了条件。中介组织可以就生产标准、市场划分、销售价格和竞争规则等方面对业内企业进行必要的协调，通过建立有效的协商机制维护生产和销售的正常秩序，通过会员纠纷协调机制，及时解决会员间的利益纠纷，保证市场竞争的有序性。中介组织引进了近现代工商团体新的组织形式和规章制度，改变了企业自立门户的分散隔离状况，把各行各业纳入统一的社团组织之内和有序管理的法制轨道，促进了企业之间的合作。

弥补政府工商政策制度供给不足：政府通过制定各种法律、政策和法规约束非政府主体的行为，是各种制度安排的供给主体，并因此拥有很大的资源配置权力。但政府提供制度安排需要花费成本，包括搜集信息的成本，制定具体制度安排的成本和推行制度安排的成本等。由于政府提供某些制度安排需要高昂的成本，或受到执政者偏好和有限理性等的影响，政府工商政策制度安排必然存在供给不足。中介组织为了内部会员的利益经常提供一些诸如行规之类的制度安排，在一定程度上弥补了政府政策提供的不足。

改善工商企业的经营环境：良好的经营环境是企业经营成功的重要保证。企业需要不断协调与交易伙伴、顾客、政府部门、有关新闻媒体以及一般公众之间的关系，树立良好的社会形象。企业还需要在内部形成融洽的劳资关系，减少劳动过程中的利益摩擦与纠纷。通过中介组织这种制度安排，可以较好地平衡各利益主体之间的关系，有助于形成一个和谐、自由和公平的企业经营环境。

7.2.3 中介组织发展与政府职能转变的关系

中国正在经历传统社会向现代社会的结构性变动，这种变动的一个核心内容就是政府职能的转变。随着政府行政权力在部分领域空间的缩小和强度的减弱，中介组织在推动新兴产业发展方面将发挥日益重要的作用。政府职能转变的基本方向是：从无所不为的万能政府转变成有所必为的有限政府，把工作内容从无所不包转移到规划制定、经济调节、市场监管、区域协调、社会管理和公共服务等方面上来。具体操作思路就是政企分开、政事分开、政社分开、政府与中介组织分开。中介组织承担政府与社会联结的桥梁的职能，从某种程度上来讲，发展社会中介组织是完成政府职能转变的关键。

在政府职能转变的过程中，无论是向市场，还是向社会转变职能，都需中介组织作为载体，形成政府——社会中介组织——市场（社会）这样一种三层次的联动体系，从而才能使社会发展以一种均衡的状态进行。比较完善的社会结构应该是一种三位一体的结构形式，作为最高权力的执行主体——政府当然应该处于最高位置，发挥宏观管理的作用；市场是经济活动和经济体系的基础；而中介组织联结二者，使整个体系综合完整起来。中介组织要发展壮大，有赖于政府职能的不断转变和下放；政府职能转变也需要中介组织的发展来承接才能不断深入。中介组织建立健全和完善的过程，就是政府职能逐渐转变的过程，同时也是还权于社会、还权于市场、健全法制社会、实现政治文明的过程。

（1）中介组织的发展，有利于政府职能转变，处理好政府与市场的关系

政府与市场关系中存在的突出问题是：政府管了许多不该管、也管不好的事情，"全能政府"的形象还没有从根本上改变。以审批为代表的行政垄断在我国经济生活中还不同程度地存在，市场发育不完善，市场机制配置社会资源的功能不强，市场主体自由进出市场、自由选择市场仍然存在障碍。这一方面表明政府在观念上还不能很好地适应市场经济的要求，仍然习惯于用行政替代市场，另一方面也说明政府职能转变，部分政府职能有序退出经济领域后，由于市场经济体制不完善，市场功能不健全，政府不能有效地驾驭市场经济。中介组织填补了政府职能退出后的管理空白，在沟通政府与市场间关系方面发挥着重要的桥梁作用。

① 中介组织协助政府做好市场管理工作。

经济领域中介组织通过建立职业规范，实现自律，维护了市场经济的正常秩序。通过制定各种行业标准，并组织对业内企业进行行业标准认定，促进了市场成熟，提高了市场运作的规范程度。通过参与价格制定，客观反映市场供求状况，消除价格的不公平竞争，协调企业间利益，实现业内企业的共赢。通过法律赋予或行业规章授权所享有的法律制裁权，可以引导企业诚信经营，并有效地约束市场主体的违法违规行为。

② 中介组织协助政府调控市场经济。

中介组织对市场经济的调控作用处于一种较低的层次，是政府宏观调控功能的延伸和补充，一方面，它作为本地区、本领域市场主体的代表，有义

务将本地区、本领域市场主体的利益需要和政策倾向传递给政府，影响政府宏观经济目标的制定，尽可能将自身的经济目标纳入其中。另一方面，经济领域社会中介组织也是政府宏观经济调控的重要手段，通过诱导使市场主体做出调整。

（2）中介组织的发展，有利于政府职能转变，处理好政府与企业的关系

政府与企业的关系依然存在着政企不分的现象。政府职能缺位、错位与越位并存。越位表现在不该由政府管的事情政府插手了，如地方政府热衷于干预市场经济微观层面的运作，争竞争性投资项目，直接插手企业内部经营管理和人事安排。错位表现在政府和企业、政府和市场分工不清，行使了不应由政府行使的企业职能和市场职能；缺位表现在建立和完善社会信用制度，制定市场游戏规则等方面，政府没有很好地履行职能。非国有企业只有挂靠某个行政或国有事业单位，才能在贷款、税费等方面享有信誉。政府决策尽管从理论上已经摒弃了歧视民营经济的情况，但由于缺乏配套的经济政策，使得国有经济在市场竞争的许多方面仍然处于有利地位，民营经济发展面临着各种各样的实际困难。

出现这种情况的根本原因在于：我国长期实行传统计划经济，经济所有制形式单一，形成了一套以公有制为基础的管理经济的法规、政策、措施和办法。在经济转轨的过程中，政府角色定位有一个逐渐清晰的过程。政府职能转变就是要摆脱"运动员"情结，切实转变观念，为各种经济成分构建一个公平竞争的社会经济环境。由于政府和大量的国有企业或国有控股企业在产权上存在着隶属关系，政府不宜在市场竞争中过多扮演"裁判员"的角色，而应该发挥竞赛组织者和监督者的作用，制定游戏规则，监督游戏过程，保证游戏的公平进行。中介组织具有产权公益性、自治性和非营利性等特点，一定程度上能够担当起"裁判员"的角色，促进各类经济组织公平竞争，共同发展。事实也是如此，凡是公有经济强大的地方，民营经济发展都受到极大的抑制，而民营经济发达的地区，经济领域社会中介组织一般都非常活跃，有较强的凝聚力和公信力，地方经济一派繁荣。

① 政府在促进中介组织发展中的作用。

中介组织的发展应该走自我完善，自我发展的道路，这是由其自身性质

决定的。但政府作为国家权力的代表，在中介组织的发展中发挥着不可替代的促进作用。

加快中介组织的法制建设，建立完善的法治体系。借鉴国际惯例，从我国现阶段的实际情况出发，逐步制定和完善系统配套的能够满足中介组织健康发展需要的法律法规体系，并加强监督机构和执法机构建设，使中介组织的活动真正做到有法可依，有法必依；同时把中介组织的资格审查和执业登记作为一项重要工作来抓。中介组织也要加强自身建设，在人员培养、制度建设、自律方面都要逐步完善。

规范政府与中介组织之间的关系，保证中介组织的独立性。从机构形式和组织制度上，要摆脱中介机构与政府部门的从属关系，割断其与政府和其他企事业单位的联系，实现真正的脱钩。中介组织内部实行一套自我管理，自我约束的组织制度，无须与政府系列相一致。对承担一定社会公共管理职能的中介组织，在其成长壮大过程中，政府部门要根据其业务开展情况，作用发挥好坏，制定扶持政策，奖优汰劣，给予发挥了应有作用的中介组织一定的经费补贴，弥补其运作初期可能出现的经费短缺，保证中介机构的正常运转。

政府要根据需要和成熟程度，对中介组织的发展进行统一规划。优先、重点发展与市场经济关系较为密切的中介组织，并对现有中介组织进行改造和优化，避免一哄而起，把中介组织纳入有序发展的轨道。

② 中介组织发展与广东省政府职能转变的实践。

广东省政府在规划发展 LED 产业时，首先明确了省政府的职能就是制定总体战略发展规划，营造良好的产业发展环境，通过政策创造产业发展的契机，做好市场的监督管理，提供全方位的社会管理与公共服务。为此，广东省政府首先明确了重点发展 LED 产业的目标，同时发布了《广东省 LED 产业发展技术路线图》，使得 LED 产业发展有章可循；其次，以"绿色照明示范城市"项目为契机，促进 LED 产业的发展；与此同时，通过专项资金支持，推动 LED 产业的技术创新与发展。在此过程中，为避免产生政府职能错位、越位的老问题，在广东省政府的支持下，广东省科技厅与 LED 相关企业、高校及研究机构等协同建立了两个重要的中介组织，一是广东省半导体光源产业协会，二是广东省半导体照明产业联合创新中心。两个中介组织是协同创新的产物，两个中介组织充分发挥了政府与企业之间桥梁的作用，并担当了各自不同的角色与任务。其中，广东省半导体光源产业协会主要承担了技术的研发、指标体系的建立与管理等工作，更偏向于技术；广东省半导体照明产业联合创新中心则更侧重于通过协同创新，为 LED 产业发展提供全方位的技术、信息、融资、人才等公共服务。两个中介组织相辅相成，互相促进发展；也正是有了这两个中介组织，使得广东省政府能专注于对产业发展的宏观把控。广东 LED 产业就如同一只飞鸟，两个中介组织就如同飞鸟的翅膀，在广东省政府的把控下，这只飞鸟越飞越高、越飞越远。

第 8 章　广东省 LED 产业案例研究

8.1　DHRD 案例研究

8.1.1　DHRD 发展现状

（1）DHRD 基本情况

广东 DHRD 电气股份有限公司于 2004 年在深圳证券交易所上市，是一家以小家电、LED 和新能源相关业务为主的集团性公司。DHRD 目前拥有全资及控股企业 10 余家，2008 年销售额超过 26 亿元人民币，员工总数近 10000 人，主要业务包括 LED 芯片、LED 外延片、LED 照明、LED 显示屏、LED 封装、LED 设备以及厨房小家电的制造和服务。DHRD 连续多年被评为"广东省百强民营企业""广东省高新技术企业""珠海市十强民营企业"等，是珠海市规模最大的民营股份制企业。

（2）DHRD 的年报分析

在经历了 2008 年的国际金融危机以后，DHRD 管理层在 2008 年进行了战略的反思和调整。管理层认为，公司从 2004 年上市以来，主营业务一直就是小家电行业。小家电行业是一个前景光明的行业，要做好几年甚至几十年的研发及品牌渠道建设的准备；同时，在坚持小家电为主业的基础上，以引进战略投资者的方式切入 LED 光电子高新技术产业，争取在 3～5 年的时间里面形成小家电产业与 LED 产业双主业的产业布局。

受国际金融危机的影响，DHRD 的营业收入在 2009 年有一个较大的波动，营业收入跌至 2007 年的水平，在 2010 年才恢复到了 2008 年的水平。从

表 8 - 1 的数据可以获知，2009 年 DHRD 的总营业收入在 19.2 亿元，2010 年总营业收入为 25.9 亿元，2011 年营业收入增长到了 30.7 亿元，在这 3 年时间里面，营业收入增长巨大，每年有 5 亿~6 亿元的营业额增长。然而，2012 年的营业收入较 2011 年有一个较小的回落，营业收入下跌了 3 亿元左右，在 27.5 亿元。2013 年营业收入又有了较快的恢复，达到了 31.3 亿元。

表 8 - 1	DHRD2009 ~ 2013 年的营业数据			单位：亿元	
项目	2009 年	2010 年	2011 年	2012 年	2013 年
总营业收入	19. 22	25. 95	30. 65	27. 58	31. 30
总营业成本	18. 50	25. 89	29. 20	27. 81	33. 76
总营业利润	0. 74	0. 05	1. 46	- 0. 24	- 2. 00
利润总额	0. 93	2. 66	4. 52	2. 00	0. 32
毛利率	3. 85%	0. 21%	4. 75%	- 0. 88%	- 6. 38%

注：原始数据来自其历年年报，作者对相关数据进行了适当的处理。

从总营业利润来看，2009 ~ 2011 年 3 年间，营业收入大于营业成本，营业利润是正的。然而在 2012 年和 2013 年间，营业成本超过了营业收入，说明营业利润为负的。

从利润总额数据看，2009 ~ 2013 年的 5 年中，对比总营业利润和利润总额的数据，利润总额相比其对应年份的总营业利润都是要大的。这说明公司在非营业中获得的利润弥补了营业中的亏损，并且能够获得正的现金流。

（3）DHRD 的 LED 业务发展情况

从表 8 - 2 可知，公司管理层在 2009 年的转型中，LED 作为光电子高新技术产业，其毛利率是十分高的。在 2009 ~ 2013 年之间，年均毛利率达到了 33.3%。

表 8 - 2	DHRD 的 LED 业务			单位：亿元	
LED 项目	2009 年	2010 年	2011 年	2012 年	2013 年
营业收入	1. 72	3. 64	9. 13	10. 07	14. 39
营业成本	1. 05	2. 56	5. 62	6. 67	10. 67
营业利润	0. 67	1. 08	3. 50	3. 41	3. 72
毛利率	38. 77%	29. 58%	38. 40%	33. 83%	25. 84%

注：原始数据来自其历年年报，作者对相关数据进行了适当的处理。

从营业收入角度看，2009~2013 年中，LED 业务从 2009 年 1.7 亿元增长到了 2013 年的 14.4 亿元，增长近 8.5 倍。从营业利润和毛利率的数据中可以看出，新进入的 LED 行业在利润的上是十分丰厚的，近五年的毛利率维持在一个较高的位置。对比表 8 - 1 和表 8 - 2 的数据，2008 年金融危机以后，绝大多数的营业利润都是来自 LED 业务，可以说 LED 业务是 DHRD 的现金牛。当然了，公司管理层的战略调整，利用 3~5 年再造一个主营业务的战略目标已经达到了。

8.1.2　DHRD 在产业链上的位势分析

在 2008 年金融危机以后，管理层对公司未来发展战略进行了反思和调整，在 2008 年年报中便提出了进入 LED 行业的战略目标。全球气候变暖已威胁到人类社会的生存与发展，减少温室气体（主要是二氧化碳）排放、发展低碳经济是不可逆转的大趋势，因此未来低碳经济面临重大的发展机遇。LED 产业属于低碳经济的绿色照明范畴，具有节能、环保、寿命长、废弃物不含铅、汞等有毒有害物质等优点，对减少环境污染、节约电能从而减少碳排放都具有重要的意义，在背光源、显示屏、特别是对传统照明光源的替代上具有极大潜力及广阔的市场发展空间。世界各国都将 LED 产业作为战略性行业加以发展，欧盟、美国、日本等发达国家都相继出台了一系列的政策措施发展 LED 行业。中国政府也认识到了该行业的巨大发展潜力，2009 年及时出台了一系列的政策措施加以扶持，《国家中长期科学和技术发展规划纲要》将半导体照明产品列为 "重点领域及优先主题"，2009 年 10 月，国家发改委联合六部委出台了《半导体照明节能产业发展意见》，提出了发展 LED 产业的一系列政策措施。

综上所述，LED 行业方兴未艾，全球产业规模未来将有可能达到千亿美元，发展前景十分广阔。全球 LED 产业分工中，上游的芯片、外延片技术主要掌握在日本的日亚化学、丰田合成，美国的 CREE 等少数企业手中，日美企业通过申请的大量专利构建了较高的技术壁垒。中游的电极制作、芯片测试等领域韩国、中国台湾等传统电子强国（地区）具有较大的规模及技术优势。而中国国内企业主要集中在下游封装、应用等技术门槛较低的领域，且企业规模小，尚未形成具有规模的领先企业。但是，我们也看到近年韩国和中国台湾企业在 LED 芯片、外延片技术上正在取得突破，核心技术专利申请的数量和质量大幅上升，尤其在最新的大功率 LED 芯片、外延片技术上逐步具备了与日美企业竞争的能力。

以整合企业在产业链上所处的位置划分可分为横向整合，纵向整合以及混合整合三种类型。横向整合是指通过对产业链上相同类型企业的约束来提高企业的集中度，扩大市场势力，从而增加对市场价格的控制力，从而获得垄断利润。纵向整合是指产业链上的企业通过对上下游企业施加纵向约束，使之接受一体化或准一体化的合约，通过产量或价格控制实现纵向的产业利润最大化。混合整合又称为斜向整合，是指和本产业紧密相关的企业进行一体化或是约束，它既包括横向整合又包括纵向整合，是两者的结合。

以整合是否涉及股权的转让可分为股权的并购，拆分以及战略联盟。股权并购是股权并购型产业链整合是指产业链上的主导企业通过股权并购或控股的方式对产业链上关键环节的企业实施控制，以构筑通畅、稳定和完整的产业链的整合模式。拆分是指原来包括多个产业链环节的企业将其中的一个或多个环节从企业中剥离出去，变企业分工为市场分工，以提高企业的核心竞争力和专业化水平。战略联盟型产业链整合是指主导企业与产业链上关键企业结成战略联盟，以达到提高整个产业链及企业自身竞争力的目的。

DHRD 进入 LED 行业是进入一个全新的行业，因此，如何切入 LED 行业并且在 LED 行业能够获得快速的发展是公司面临的巨大的挑战。在经历了 5 年时间的发展，DHRD 有了快速的发展。现在，我们从产业链角度来分析 DHRD 在 LED 行业进行的相关努力。

（1）并购

广东健隆达、恩平健隆分别成立于 2001 年 9 月和 1994 年 12 月，主要从事 LED 封装、LED 显示屏及相关产品的经营，已有多年的 LED 行业经营经验，并形成了一定的行业知名度和客户群体。台山健隆通过购买广东健隆达、恩平健隆与 LED 业务相关的全部固定资产，使其向 LED 封装/LED 显示屏业务领域拓展，有利于降低公司的投资风险。2009 年 4 月，DHRD 控股子公司台山市健隆光电科技有限公司（2009 年 6 月 23 日更名为"广东健隆光电科技有限公司"）分别与广东健隆达、恩平健隆电路板厂有限公司签署了《资产收购协议》，以 10650.93 万元收购广东健隆达、恩平健隆与 LED 业务相关的全部固定资产。

深圳锐拓是国内户外 LED 显示屏领域的领先企业，经过近五年的发展，已经打造形成了一支较为优秀的技术和运营团队，在国际、国内的 LED 显示屏市场具有较强的竞争力，拥有一定的行业知名度及市场份额。2009 年 7 月，DHRD 控股子公司广东健隆光电科技有限公司以 2100 万元人民币收购石深圳市锐拓显示技术有限公司 60% 的股权。收购完成后，广东健隆光电持有深圳锐拓 60% 股权。通过收购深圳锐拓，公司进一步扩展了在 LED 显示屏领域的产能和市场占有率，有利于公司进一步提高前景广阔的 LED 显示屏产品的技术、产能和国内外市场的拓展能力，提升公司的盈利能力，实现公司打造小家电与 LED 产业双主业的战略目标。

（2）新建

在 2009 年对广东健隆达、恩平健隆、深圳锐拓进行并购后，公司获得 LED 多个领域的技术和人才，为公司在全国的布局打下了坚实的基础。从 2009～2013 四年时间的建设，集团已经建成芜湖、大连、扬州、蚌埠、珠海、深圳、中山、惠州八大产业基地，形成了包括外延及芯片、封装及模组、应用产品（照明和显示）、LED 电源、LED 装备等在内的 LED 全产业链布局。2013 年度集团 LED 产业实现营业收入 14.39 亿元，第一次实现了与小家电整体收入规模基本持平的业务格局。至此，公司基本上实现了战略转型，为公司实现五年规划既定的战略目标奠定了良好的基础。

2009 年以独资法人注册成立了芜湖 DHRD。2010 年 10 月 19 日向四名特定对象非公开发行了人民币普通股股票，已将募集资金净额 150637.88 万元全部增资至芜湖 DHRD。芜湖 DHRD 光电科技有限公司，主要业务有 LED 芯片、LED 外延片、LED 照明、LED 显示屏、LED 封装、LED 设备以及厨房小家电的制造和服务。2009 年 10 月在芜湖市设立，注册资本 15.26 亿元人民币。计划 3 年内在芜湖市投资 150 亿元建设完整的 LED 产业链，购地 43 万平方米，建筑厂房用配套工程 31 万平方米，购置 MOCVD 设备 150 台，并配套相应的蓝宝石图形化衬底、LED 芯片生产线，达产后年均销售收入 200 亿元，力争 3 年内成为全球顶尖的 5 大 LED 芯片制造商之一。

2009 年注册成立了扬州 DHRD 光电有限公司。扬州 DHRD 光电有限公司成立于 2009 年 12 月 8 日，注册资本金 4500 万美元。总占地面积 293.5 亩，一期用地 150 亩，二期用地 143.5 亩。一期建筑占地面积 36200 平方米，总建筑面积 110600 平方米，其中厂房面积 86400 平方米，研发中心 3600 平方米，生产楼 20400 平方米，建筑密度 39.1%，容积率 1.2，绿地率 20%。DHRD 领先的技术优势，源于其拥有一支雄厚的科技研发队伍，十分注重技术创新。目前该公司科技研发人员达 350 余人，是行业内规模较大、技术水平较高的 LED 产品研发设计机构，每年自主完成产品开发设计 100～150 项，30% 以上产品开发项目达到了国际先进水平，包括 LED 外延片、芯片的研发、封装技术研发、封装设备研发、清晰显示屏、超高亮背光源和节能照明系统产业化中的应用等。在市场优势上，DHRD 积累了 13 年的小家电销售经验，拥有完整的市场销售网络和团队，这是一般的 LED 企业无法比拟的。

2010 年 3 月，本公司出资 5000 万元成立了大连 DHGDKJ 有限公司，占有其注册资本的 100%。2010 年 10 月，本公司及子公司威斯达电器（中山）制造有限公司分别对大连 DHGDKJ 有限公司分期增资 11200 万元、1800 万元，大连 DHGDKJ 有限公司的注册资本变更为 18000 万元。2010 年 10 月，公司的子公司 DHRD（大连）投资有限公司拟对大连 DHGDKJ 有限公司增资 32000 万元，大连 DHGDKJ 有限公司的注册资本变更为 50000 万元。截至报告期末，大连 DHGDKJ 有限公司的实收资本为 19969 万元，本公司及公司的全资子公司实际出 19969 万元，占其实收资本的 100%。

蚌埠 DHGDKJ 有限公司成立于 2011 年 5 月 5 日，注册资金 3 亿元人民币。在蚌埠国家级高新区征地 600 亩工业用地，规划总建筑面积 28 万平方米，总投资 30 亿元，主要用于 LED 产业基地建设。其中建设 500 条 LED 封装生产线，年产 LED340 亿只；建设 LED 支架项目，年产 36000KKLED 支架；建设 LED 照明产品，年产照明灯具 13000 万只（盏）（见表 8 - 3）。

表 8 - 3   **DHRD 的全产业链布局的公司**

上游（芯片）	中游（封装）	下游	
		显示屏	照明产品
		深圳市锐拓显示技术 有限公司	
芜湖 DHRD 光电 科技有限公司（LED 外延片、芯片、封装及 照明产品）	芜湖 DHRD 光电 科技有限公司		芜湖 DHRD 光电 科技有限公司
大连 DHGDKJ 有限公司 （芯片、外延片）			
	蚌埠 DHGDKJ 有限公司（LED 封装、 应用产品）		雷士照明控股有限 公司（照明）

8.1.3　DHRD 的国际竞争力

通过与韩国 EPIVALLEY 公司的合作，引进技术和培养人才；成立事业部，引进职业经理人。海外营销实行品牌营销和 OEM/ODM 并举的方针。在 LED 产品海外市场拓展方面，公司已分别与伊莱克斯、惠而浦达成协议，取得了 "AEG" "WHIRLPOOL" 品牌在海外相关国家的使用权，并在美国、日本、中国香港、中国台湾、泰国等国家和地区地设立了销售子公司。充分结合 ETI、惠而浦、AEG 品牌的国际市场战略布局，持续深入做好区域市场的开发及拓展，强化优质经销商、代理商的开发与规范化管理工作。进一步深化大客户战略，做大做强 OEM 项目。

同时公司制定了海外路灯、隧道灯市场开发战略，组织力量在海外实施。重点布局战略区域的销售网络，深化与品牌伙伴战略合作，充分挖掘他们的优势，建设和完善代理商体系，加强 OEM 和海外政府合作，注重国际化人才培养，实现国际市场稳定、快速成长，扩大公司品牌的知名度、美誉度。

8.1.4　DHRD 的启示

（1）通过全产业链布局，打通生产及销售关键环节

公司是国内拥有包括外延及芯片、封装及模组、LED 应用产品（照明和显示）、品牌及渠道在内的 LED 全产业链布局的极少数企业之一。目前，公司已经形成了集芜湖、大连、扬州、蚌埠、珠海、深圳、中山、惠州八大区域为一体的生产制造系统，随着这些生产制造系统产能的逐步释放，公司领先行业的规模协同优势已经基本具备。全产业链的垂直整合有利于减少单一产业链环节的采购成本，在终端市场获得结构性成本领先；同时有利于发挥产业链协同效应，为统一的终端成本目标展开产业链各环节的成本创新，获得比上下游标准品采购更大的创新空间；此外，公司能够准确把握终端市场信息，降低产业链过度采购带来的库存风险。这些优势都是单一产业链环节上的企业很难具备的结构性优势；尤其公司收购并成为雷士照明第一大股东之后，成为国内 LED 行业唯一真正打通生产及销售关键环节的企业。完整的产业布局优势为公司下一步的发展奠定了坚实基础。

（2）引进高水平的研发人才和管理人才，打造中国最强的 LED 芯片研发和管理团队

目前全球技术水平提高速度加快，行业高端人才仍然有限，谁能首先胜出关键在于人才。继续引进高水平的研发人才和经验丰富的管理人才，打造中国最强的 LED 芯片研发和管理团队。

2012 年集团成立人力资源管理委员会，建立了职位体系管理基本框架，理顺集团职位体系双通道；提炼出集团企业文化建设纲要，确立企业文化建设的方向、步骤和控制节点，并在集团内部逐步推行；完成集团考核激励框架方案的编制及集团专项考核方案制订，首次将各区域平台公司及总部职能部门也纳入考核范围，正式开展集团考核激励体系建设工作。

（3）建立境外研究团队，开展产学研合作

公司共拥有研发技术人员 800 余人，其中包括从美国、韩国、中国台湾等国家及地区引进的全球范围内顶尖的 LED 科学家、工程师；同时公司通过与高校开展产学研合作，极大地增强、壮大了公司的研发团队及研发能力。公司及控股子公司在 LED 业务方面已先后取得了数十项专利技术。形成了以"中央研究院"为核心，芯片、封装及照明研究所互相协作的 LED 研发体系，技术创新能力位居行业前列。截至 2013 年年末，公司已获得专利 551 项，其中发明专利 49 项。

8.2　MSDY 案例研究

8.2.1　MSDY 发展现状

（1）MSDY 基本情况

MSDY 科技股份有限公司成立于 2006 年 3 月 27 日，于 2007 年 12 月 26 日整体变更为股份有限公司，2012 年 3 月在 A 股中小板块成功上市。MSDY 的主营业务为开关电源的研发、生产及销售，主营产品包括消费电子类电源和大功率 LED 驱动电源。MSDY 是国内领先的高可靠、智能化、高效节能开关电源制造及解决方案提供商。大功率 LED 驱动电源主要包括大功率 LED 路灯驱动电源和大功率 LED 隧道灯驱动电源，主要配套于 LED 路灯、隧道灯、LED 景观照明投光灯、洗墙灯及 LED 工矿灯、室内大功率 LED 筒灯、商用 LED 平板格栅灯及太阳能 LED 路灯。

（2）MSDY 的年报分析

① 主营业务分析。

MSDY 科技股份有限公司 2009～2014 年营业数据见表 8 - 4 和图 8 - 1，2009～2014 年，MSDY 的营业收入从 2.85 亿元增加到了 6.28 亿元，增长了 2.2 倍。

表 8 – 4 MSDY 营业数据 单位：亿元

项目	2009 年	2010 年	2011 年	2012 年	2013 年	2014 年
营业收入	2.85	4.87	5.55	5.50	6.07	6.28
营业成本	2.21	3.60	4.02	4.29	4.78	5.36
营业利润	0.25	0.53	0.62	0.48	0.159	– 0.63
利润总额	0.27	0.53	0.54	0.54	0.26	– 0.59

注：原始数据来自其历年年报，作者对相关数据进行了适当的处理。

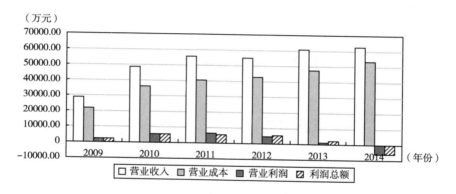

图 8 – 1 MSDY 营业收入数据

在营业成本方面，MSDY 也从 2.21 亿元增长到了 5.36 亿元，增长 2.4 倍，相对于营业收入来说，营业成本的增幅更快。然而，其营业利润在 2009～2011 年之间保持增长后，从 2009 年的 2490 万元增长到了 2011 年的 6174 万元，之后 2012 年开始，出现了巨大的下滑，从 2012 年的 4764 万元下跌到了 2013 年的 1587 万元，到了 2014 年，MSDY 甚至出现了 6309 万元的亏损，这对于 MSDY 来说，虽然毛利润为正，但是其营业利润却出现了亏损，这说明 MSDY 在其他方面出现了相关的问题。

② 消费电子类电源。

MSDY 科技股份有限公司 2009～2014 年消费电子类营业数据见表 8 – 5 和图 8 – 2，2009～2011 年，从 2.11 亿元增长到了 4 亿元，但是在 2012 年公司在该主业上出现了一个收入下跌，从 2011 年的 4 亿元下跌到了 2012 年的 3.49 亿元，之后的两年时间，公司的营业收入又缓慢地增长，2014 年 MSDY

在消费电子类产品的收入到了 4.1 亿元，恢复到了 2011 年的水平且有小幅的增长。

表 8 – 5		MSDY 的消费电子类营业数据			单位：亿元	
消费类	2009 年	2010 年	2011 年	2012 年	2013 年	2014 年
营业收入	21114.09	35836.07	40006.32	34940.79	37765.58	41009.28
营业成本	16817.63	27761.13	30417.10	29596.66	31574.47	36082.13
营业利润	4296.46	8074.94	9589.22	5344.12	6191.11	4927.15
毛利率	20.35%	22.53%	23.97%	15.29%	16.39%	12.01%

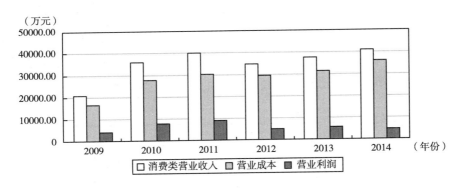

图 8 – 2　消费类产品营业数据

在营业成本方面，2009～2011 年之间，营业成本随着营业收入地增长也在不断地增长，但是从其毛利率的数据看，2009～2011 年的毛利率数据分别是 20.35%、22.53%、23.97%，这说明在这三年间，营业收入增长大过营业成本的增长，公司运营良好。但是从 2012 年开始，营业收入的下跌后，营业成本下跌幅度小于其下跌幅度，因此，在毛利率上面的数据如下：15.29%、16.39%、12.01%。相对于 2011 年的 23.97% 有了较大幅度的下滑。

③ LED 类电源分析。

MSDY 科技股份有限公司 LED 类产品 2009～2014 年营业数据见表 8 – 6，2009 年 MSDYLED 类电源产品的营业收入只有 3177 万元，到 2013 年和 2014 年，LED 类电源产品的营业收入分别是 2.23 亿元和 1.85 亿元。虽然 2014 年

MSDY 在 LED 类产品的收入较 2013 年有下滑的迹象，但是从 2009～2014 年 5 年间，公司在 LED 类产品的收入增长了 5.8 倍，增长幅度巨大。

表 8 – 6　　　　　　　　　　MSDY 的 LED 类产品营业数据　　　　　　　单位：万元

LED 类	2009 年	2010 年	2011 年	2012 年	2013 年	2014 年
营业收入	3177.13	11506.38	14881.63	18526.22	22253.53	18468.10
营业成本	1754.11	7267.46	9483.66	12451.72	15773.74	14665.86
营业利润	1423.02	4238.92	5397.97	6074.50	6479.79	3802.24
毛利率	44.79%	36.84%	36.27%	32.79%	29.12%	20.59%

　　MSDYLED 类产品 2009～2014 年营业数据趋势见图 8 – 3，在 2009～2013 年间，营业利润每年都在增长，到 2014 年营业利润有了一个较大的下滑，虽然这里面有营业收入下跌的因素影响。从毛利率指标看，随着年份的增长，MSDY 的毛利率每年都下滑，这也是受到目前 LED 行业大趋势的影响。

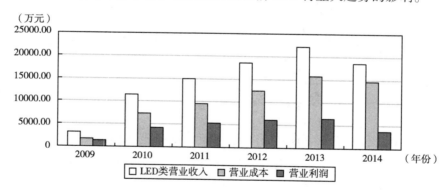

图 8 – 3　LED 类产品营业数据

8.2.2　MSDY 在产业链上的位势分析

（1）MSDY 的技术研发

① 技术引进和消化阶段（2008 年 5 月～2009 年 8 月）。

我国 LED 照明市场自 2008 年开始起步发展，随后，由于 LED 照明在节能、环保及使用寿命等方面的优异特性，在国内得到快速发展。2008 年 12

月，科技部提出开展"十城万盏"工程，并在 2009 年进一步扩展至"五十城二百万盏"的规模，LED 照明行业得到空前的发展。在 2008 年之前，MSDY 当时主要专注于消费类电子领域，同时也发现了 LED 驱动电源的市场潜力，但在 LED 驱动方面的技术储备不足。MSDY 引入英飞特技术能够快速切入 LED 电源行业，在市场占据一席之地，获得先发优势。基于上述情况，在 2008 年年初 MSDY 正式与英飞特合作，借助英飞特的技术力量，MSDY 得以快速切入 LED 行业，并抓住市场快速发展的机遇，获得了先发优势。

而英飞特的实际控制人华桂潮博士，毕业于美国弗吉尼亚理工大学电气工程专业，博士研究生，教授级高级工程师，具有在中国和美国数十年进行电源研发的经验，英飞特的 LED 电源技术来源于华桂潮博士及其带领的团队进行的自主研发。英飞特成立于 2007 年，业务重心集中在 LED 驱动电源的研发设计方面，在行业内较早的引用了业界通用的 LLC 谐振技术的拓扑结构，并进入了 LED 电源市场领域，但其在 2008 年之前没有制造工厂，将设计方案产业化的能力较弱；合作采取由英飞特提供相关产品技术，MSDY 进行生产和销售，并根据相关产品的销售额提取技术使用费的方式进行。同时双方还约定，对于部分型号产品，英飞特需额外收取一次性技术使用费。

在与英飞特技术合作过程中，MSDY 逐步熟悉 LED 电源领域的有关技术，构建自身研发团队，为目前的自主研发奠定基础 MSDY 今天在 LED 电源行业的技术优势和独立开发能力与当初引进英飞特技术密不可分。在与英飞特技术合作过程中，MSDY 借助恒压源、高电压单路恒流源及低电压多路恒流源等三类合作研发产品的技术基础，通过消化吸收再创新，独立开发出自己的产品线，在防雷等级的提升、灌胶技术及工艺结构的改善、安规认证范围的扩展、输入过压保护等技术方面均取得长足进步；另外，通过双方的合作，MSDY 的研发队伍得到了锻炼，为自主研发奠定了人才基础，研发能力得到了提升，亦完成了进入 LED 电源领域前期的技术积累，形成了技术储备，获得了具备自主知识产权的研发成果。

MSDY 引入英飞特技术减小了 MSDY 在 LED 电源领域的开发风险。我国的大功率 LED 驱动电源于近年刚刚起步，行业经验积累和技术积累不足，加上该行业对技术研发要求较高、研发周期长、投入较大，因此，新产品开发具有一定的风险。MSDY 通过与英飞特的合作，借鉴了英飞特之前在该领域的研发经验，较快掌握了行业技术特点、难点和产品特性，一定程度上规避了技术开发失败的风险。

MSDY 通过与英飞特的技术合作，快速拓展业务领域，提升公司盈利能力 2008 年，MSDY 与英飞特合作初期，公司原有主导产品消费电子类电源毛利率为 18.86%，通过与英飞特的技术合作，公司快速进入了 LED 驱动电源行业，报告期内 LED 驱动电源产品的毛利率分别为 44.79%、36.84%、36.27%，公司主营业务综合毛利率分别为 22.31%、26.01%、27.27%，2011 年毛利率较 2009 年上涨 4.96%，2011 年毛利较 2009 年上涨 8718.46 万元，其中 LED 驱动电源毛利上涨 3974.95 万元，占毛利增长的 45.59%，随着 LED 驱动电源占主营业务比例的上升，公司整体盈利能力大大增强。

MSDY 引进英飞特的 LED 电源技术用于恒压源、高电压单路恒流源、低电压多路恒流源 LED 驱动电源。2008 年 MSDY 刚引进英飞特技术时，在其技术基础上生产恒压源、高电压单路恒流源、低电压多路恒流源 LED 驱动电源等三类产品是公司 LED 电源产品收入的主要来源，随着公司研发技术实力的提升，公司独立开发出其他系列产品，逐步替代上述三类产品，支付技术使用费产品销售占比也逐年降低。

② 完全独立研发阶段（2009 年 9 月至今）。

从 2008 年 8 月开始，MSDY 逐步建立了 LED 研发中心团队，目前已经发展到 100 余人，其中具有十年以上相关工作经验 16 人，5～10 年相关工作经验 35 人，3～5 年相关工作经验 21 人。

公司设立专门的研发机构负责技术研发工作。为激励技术创新，公司制定了制度，明确了项目总负责人及其他辅助人员的职责，新产品开发流程要求，各配合单位的主要工作要求，清晰明确责权利。从新产品开发管理，到项目开发风险评估，最后到项目成果激励，都以制度的形式予以明确。从公司制度管理上重视开发人员，从而激励开发人员的开发积极性，激发开发人员的创新热情。

在经过一年多的技术消化，公司涉及使用英飞特技术的产品主要包括恒压源、高电压单路恒流源及低电压多路恒流源等三类产品。同时，公司通过自主研发又开发出以下八大类产品，包括：（1）中高电压/高电压多路恒流源；（2）低电压单路恒流源；（3）DC/DC 恒流模块；（4）低电压大电流恒流源；（5）太阳能 LED 路灯恒流源；（6）工矿照明驱动恒流源；（7）室内商业照明恒流源；（8）智能调光解决方案。公司自主研发的八类产品及与英飞特合作的三类产品技术与英飞特技术均存在较大差异。

一是基于英飞特 LLC 谐振半桥拓扑技术和 BOOST 升压型变换器基础上的合作开发产品，该类别产品主要包括恒压源，高电压单路恒流源，低电压多路恒流源三大类。虽然属于双方合作的产品，但 MSDY 通过消化吸收再创新的方式，使得上述三大类产品与英飞特原有产品已经有较大差别。

二是 MSDY 通过自主研发并完全拥有自主知识产权的 LED 电源创新技术产品，该部分产品在技术拓扑结构、使用的 IC 芯片厂商和型号等方面完全区别于英飞特技术的产品，目前已经形成了包括中高电压/高电压多路恒流源等八大类产品。从目前 LED 电源发展趋势来看，中、高电压多路恒流源系列产品具有效率高、成本低、性价比高的优势，代表了未来大功率 LED 驱动电源的发展趋势和市场需求，可以逐步替代恒压源、高电压单路恒流源和低电压多路恒流源系列产品。因此公司通过自身的研发，未来将逐步降低英飞特技术对公司发展的影响。

（2）LED 驱动电源产业链分析

LED 驱动电源是把电源供应转换为特定的电压电流以驱动 LED 发光的电力转换器。通常情况下 LED 驱动电源的输入包括高压工频交流（即市电）、低压直流、高压直流、低压高频交流（如电子变压器的输出）等，而 LED 驱动电源的输出则大多数为可随 LED 正向压降值变化而改变电压的恒定电流源。大功率 LED 驱动电源，是指主要用于 LED 路灯、隧道灯、地铁（轻轨）灯等户外大功率 LED 照明设备的驱动电源，属于开关电源的一种，它的功能是把交流市电转换成直流电，同时完成与大功率 LED 的电压和电流的匹配。LED 驱动电源主要作为 LED 灯的配套设备。作为一种新型光源，LED 灯在节能、环保和使用寿命三个方面与传统的白炽灯、荧光灯相比较具有显著的优势。基于上述优点，LED 照明目前正在越来越广泛的被推广和应用。

① 外部环境因素。

自 2009 年开始，在中央及地方各级政府的推动下，我国 LED 路灯产业开始蓬勃发展。截至 2009 年年底，我国 LED 路灯（隧道灯）的装灯量已达到 25 万盏，占全球的 42%。但由于户外大功率 LED 照明属于新兴行业，在发展初期产品在质量、可靠性等方面也呈现出较多问题。大功率 LED 照明设备主要由 LED 光源、驱动电源、散热器等部件构成。其中驱动电源在工作时需要将 110V 或 220V 的交流市电通过电源供应装置转换为特定的电压电流，每次启动时电流的冲击对电源部件损耗较大；同时，大功率 LED 驱动电源需要在复杂的户外环境中持续工作，其稳定性和可靠性需要面对如高寒、高温、高湿、雷击、腐蚀、电网电压波动等多种因素影响。因此，驱动电源质量稳定性构成了大功率 LED 照明设备寿命的短板。依据行业内多数大功率 LED 照明设备制造厂商内部统计数据显示，LED 路灯、隧道灯故障原因中近七成为驱动电源故障和不可靠。因此，目前大功率 LED 驱动电源成为了 LED 照明大规模推广的"瓶颈"，也是制约 LED 照明产业发展的关键因素。

② 提升产业链上的地位。

大功率 LED 驱动电源主要面临以下技术难点：首先，驱动电源的寿命短，尤其是在高温、高湿、雷电等恶劣环境下寿命更短；其次，转换效率不高，所有未作为光输出的功率都作为热量耗散，电源转换效率的过低影响了 LED 节能效果的发挥；最后，以大调光比对 LED 调光，难以同时保证在高和低亮度时颜色特性恒定。此外，下游客户对 LED 驱动电源的有效功率、恒流精度和电磁兼容的要求也非常高，设计一款性能优良的大功率 LED 驱动电源必须综合考虑以上因素，因此大功率 LED 驱动电源的技术含量很高，也是其成为制约产业快速发展的因素之一。

在大功率 LED 驱动电源领域，由于欧美日发达国家的重心主要放在 LED 上游 IC 芯片产业上，目前并无出现大型的大功率 LED 驱动电源企业。大功率 LED 驱动电源的主要厂家集中在中国大陆及台湾地区。大功率 LED 驱动电源主要应用于 LED 路灯、隧道灯，对驱动电源的技术水平、可靠性要求很高，因此，进入该领域的技术门槛较高。同时，由于大功率 LED 照明行业属于近年来兴起的行业，发展的时间较短（市场在 2009 年下半年才出现跨越式发展），因此，目前国内可提供高可靠大功率 LED 驱动电源的企业数量较少，市场份额主要集中于少数企业，但随着市场容量不断扩大，以及新兴企业逐步进入，市场竞争将日趋激烈。目前 LED 路灯是大功率 LED 驱动电源最主要的应用领域，MSDY 在该领域内的市场占有率名列前茅，领先优势明显。驱动电源是 LED 产业链发展的重要环节，LED 驱动电源的品质直接制约了 LED 照明产品的可靠性，因此，在 LED 产业地位日趋凸显的今天，以 MSDY 为代表的 LED 驱动电源供应商的发展壮大，将明显提升中国在全球 LED 产业链上的地位。

现阶段大功率 LED 驱动电源最主要的用途为大功率 LED 路灯。2009 年以前，国内 LED 路灯的需求很小，2009 年，随着"十城万盏"等扶持政策的出台，LED 路灯的应用自 2009 年下半年起呈现出跨越式增长。在销量方面，深圳 MSDY 科技股份有限公司、明纬企业股份有限公司、中达电通股份有限公司（台达电子集团下属企业）占据前三名的位置，其他企业的产销量较为有限。由于技术、品质和品牌等构建了大功率 LED 驱动电源较高的进入壁垒，因此，拥有领先技术、良好品质、完整的解决方案和售后服务体系的企业将在未来的竞争中占据有利位置，新生产商进入这一领域的难度较大。

8.2.3　MSDY 的国际竞争力分析

公司不断地夯实完善销售服务网络的基础上扩大了经营业务全球化布局，致力于为全球更多客户提供优质、可靠的产品和服务。公司为了在国际上跻身于世界新能源产业领先厂商之列做了以下工作。

（1）发展和深化国际知名企业的战略合作关系

公司在消费类电子和 LED 照明驱动电源领域，进一步发展和深化国际知名企业的战略合作关系。目前已与公司建立联盟伙伴关系的企业有：勤上光电、富士康、比亚迪、真明丽集团、DHRD、GXGD、山东中微、北京朗波尔、西安立明、万润科技、洲明科技、华为、创维、卓翼科技、SAGEM、SEB、SHARP、D - LINK 等。为适应客户市场的全球化运作，在客户工厂处设立配套电源生产基地，以完全支撑客户核心部件的运作需要，从而保障双方在知识和技术方面的密切配合。

（2）品牌建立

公司注重品牌效应，高度重视了品牌对市场竞争力的影响。公司专门成立品牌管理中心，并聘请专业品牌及营销策划专家为公司对品牌进行设计，旨在强化公司在 LED 驱动电源行业的品牌个性。经过全方位的品牌推广，并定期参与国内外有影响力的展会，公司已在国际、国内市场上树立了良好的品牌形象。公司通过加大广告等宣传投入和品牌营销力度，特别是在公司上市成功以后，在提升公司形象和产品影响力方面有了显著的提高。

（3）市场开发及营销网络建设计划

目前，公司已在亚太地区建立了完善的销售渠道，为更快地开拓亚太市场提供了基础保障。公司在大功率 LED 驱动电源市场已占有极高的市场份额，为了更大程度地角逐全球 LED 照明驱动电源市场，公司已在美国、欧洲设立销售公司，全面拓展全球 LED 照明驱动电源市场。除此之外，公司还将建立面向客户照明工程的服务中心，服务中心的服务人员将为客户工程提供全面的技术支持与服务。

为了保证 LED 驱动电源的高可靠和长寿命，公司产品的主要原材料电子元器件大部分采用国外高科技公司的先进技术和产品。2009 年 5 月在香港设立了公司以后，公司通过香港 MSDY 采购电子元器件，逐步构建完善的国际化采购渠道和采购组织。这样一方面采购原材料的可靠性有了保障，另一方面汇兑损益风险也得到了有效的控制。

（4）增值服务策略

公司通过延伸产品服务范围，为客户提供产品以外的增值服务，从战略层面开展与重要客户的合作。如积极参与客户采购行为的标准制定及协助等。

8.2.4 MSDY 的启示

（1）战略定位：专注 LED 电源

MSDY 的相关管理层从事于开关电源的时间都是很悠久的，企业管理层早就注意到 LED 行业中的驱动电源，并且在 2008 年年初就引进了相关 LED

驱动电源技术。在 2009 年以前，国内 LED 路灯的需求很小，2009 年，随着"十城万盏"等扶持政策的出台，LED 路灯的应用呈现出跨越式增长。供不应求的市场状况和快速增长的下游需求使得部分传统电源制造商加快了进入大功率 LED 驱动电源领域的步伐，但由于其在技术和工艺上的特殊性，部分大功率 LED 驱动电源暴露出了较多的问题。主要包括：可靠性低，不良率高，导致维护成本高；效率低，不节能，违背国家推行的节能减排政策；因设计缺陷和材料选用不当，导致效率低、损耗大而发热、温度升高进而引起寿命缩短；防水性能差，易进水致使电源短路失效；防雷性能差或无防雷装置，LED 路灯经常会因雷雨天气等恶劣环境，遭雷击后而批量失效；电网电压一般夜间不稳定，如输入电压范围窄，会导致电源烧坏；电磁兼容性差；低温无法正常工作等。因此，新厂商的进入在一定时期内不会改变高可靠大功率 LED 驱动电源供不应求的市场供求状况。由于技术、品质和品牌等构建了大功率 LED 驱动电源较高的进入壁垒，因此，对于 LED 行业中驱动电源的技术壁垒等因素使得先行进入的企业将在未来的竞争中占据有利位置，后进入的生产商进入这一领域的难度较大。

MSDY 的管理层在 LED 产业发展的初期，就已充分认识到 LED 驱动电源广阔的市场空间，2008 年上半年，本公司快速切入 LED 驱动电源市场，确立了"环保节能、全球领先的 LED 路灯驱动解决方案提供商"的发展目标。随着 LED 路灯产业的快速发展，公司产品开发能力的增强，市场的不断开拓和品牌的不断提升，本公司已拥有了一大批专业市场客户。从事 LED 的厂商对 LED 驱动电源的品质要求很高，注重选择优质的供应商，一旦形成长期合作关系，就不会轻易更换供应商。本公司通过稳定的产品品质、及时的需求供应和良好的服务保障，与本公司客户建立了长期稳定的战略合作关系，这为行业的新进入者设置了较高的门槛。

（2）深化产学研合作，提升企业的创新与科技成果转化能力

开关电源，特别是大功率 LED 驱动电源的生产需要有较强的研发技术实力。研发技术、工艺技术和行业经验都非常重要，需要长时间的行业积累。电源产品与电子技术的进步发展密切相关，近年来，随着我国电力电子技术的快速发展，电源产品也朝着高频化、高功率密度、高功率因素、高效率、

高可靠和高智能化方向发展，因此对研发技术有较高的要求。工艺技术更是需要长期试验和实践经验的积累，如果缺乏有关的质量控制技术，在批量生产中难以保证产品质量和合格率。

MSDY 本身一直从事消费电子类电源的研发、生产等，形成了自身的人才培养及储备机制，公司拥有多名具有丰富工作经验的研发人员，专注于技术研发，在开关电源领域造诣深厚，实战经验非常丰富，能很好地适应市场开发，尤其是公司需要针对用户特殊需求的开发，都能做出快速的技术反映。消费电子类电源与 LED 驱动电源均属于开关电源，基本原理相通，公司在消费电子类电源领域所积累的经验与技术为公司快速进入 LED 驱动电源领域奠定了良好基础。

产品的设计离不开可靠性测试与验证，MSDY 拥有一流的可靠性实验室。MSDY 可靠性试验室始建于 2008 年年底，系由 MSDY 投资，与北京大学深圳研究院合作设立而成，并于 2009 年 4 月投入使用，2010 年 7 月取得多项目击试验认可，2010 年年底公司继续投资，扩大和提升了可靠性实验室水平，并引起多项先进设备，使得公司可靠性实验水平上了一台阶，有效地的保障了 LED 电源产品的可靠性，为 LED 产品的稳定性保驾护航。

2010 年 MSDY 研发中心与权威机构合作，迅速成为国家半导体、广东省及深圳市照明工程研发及产业联盟成员，MSDY 一方面继续深化产学研合作，强化科技支撑，加大与成都电子科技大学、华南理工大学、哈尔滨工业大学、北京大学等国内外知名高校合作力度，寻求更大的智力支持；另一方面以专利技术为基础，积极参与 LED 照明行业标准的起草与制定，使企业的专利技术更多、更快地转化为现实生产力和核心竞争力。如今，MSDY 已参与"十二五"国家科技支撑计划项目及广东省战略性新型产业项目的技术攻关，用自主研发的技术助推整个传统照明企业产业的转型升级，提升我国照明产业的整体竞争力。

（3）重视人力资源的科学管理，建立了合理的绩效考核评估体系

2009～2011 年，公司总资产分别为 29183.76 万元、41495.06 万元和 43796.26 万元，增长率分别为 56.61%、42.19% 和 5.55%。公司大功率 LED 驱动电源和消费电子类电源产业链的完善和生产规模的扩张，对公司

的经营管理、项目组织、人力资源、资金筹措及运作能力等提出了更高的要求。公司也将会面临市场开拓、资源整合等方面的挑战，如果公司管理层素质及管理水平不能适应公司规模迅速扩张的需要，组织模式和管理制度未能随着公司规模的扩大而及时调整、完善，将在一定程度上影响本公司市场竞争力。

目前，公司正处于高速发展时期，对人才的需求越来越大。特别作为高新技术企业，拥有优秀的技术人员和营销、管理等专业人员队伍，是公司可持续发展的关键因素。为了尽最大限度地减少优秀人才的流失，公司一直重视人力资源的科学管理，建立了合理的绩效考核评估体系，实行包括薪酬、福利、股权等一系列完善的激励措施。虽然公司拥有一批精干的管理团队，并具有较为灵活的用人机制和完善的约束与激励机制。

8.3　RFGD 案例研究

8.3.1　RFGD 的发展现状

（1）RFGD 的基本情况

RFGD 早在 2000 年已经成立，经过十多年的发展，公司于 2011 年 7 月在深圳交易所创业板上市。RFGD 定位于给全球中高端客户提供高品质的 LED 光源。目前主要产品：片式发光二极管（Chip LED）、表面灌注型发光二极管（TOP LED）、高功率发光二极管（Power LED）、COB 模组、LED 光引擎（Light engine）等产品，目前综合产能 600KK/M。

（2）RFGD 年报分析

RFGD 2008～2014 年营业数据见表 8 - 7，2008 年营业收入为 1.048 亿元，到了 2011 年上市时，公司营业收入达到了 2.914 亿元，增加了近 3 倍。2011 年上市以后，获得了快速的发展，分别是 2012 年的 5.000 亿元、2013 年的 6.820 亿元和 2014 年的 9.068 亿元，较 2011 年的 2.914 亿元，每年的营业收入都有较大幅度的增长（见图 8 - 4）。

表 8 – 7 　　　　　　　　　　　　RFGD 营业数据 　　　　　　　　单位：万元

项目	2008 年	2009 年	2010 年	2011 年	2012 年	2013 年	2014 年
营业收入	10481.08	18666.37	26160.80	29137.82	50008.27	68198.42	90684.93
营业成本	7067.96	13699.71	18057.20	21225.57	38955.26	54093.58	75500.94
营业利润	1900.68	2490.10	5081.16	3504.77	5258.11	5499.26	1764.32
利润总额	1903.23	2527.81	5123.79	3808.11	5413.87	6567.54	2644.55
净利润	4399.31	2199.15	4399.31	3314.77	4686.48	5660.38	2383.38

注：原始数据来自其历年年报，作者对相关数据进行了适当的处理。

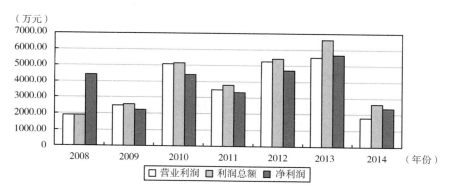

图 8 – 4　RFGD 营业数据趋势

在营业成本方面：2008 年的营业成本为 7067.96 万元，随着营业收入的快速增长，RFGD 每年的营业成本也在不断地增长，到 2011 年上市时为 2.123 亿元。在 2011 年以后，各年的营业成本分别为 2012 年的 3.896 亿元、2013 年的 5.409 亿元、2014 年的 7.550 亿元。

在营业利润上，公司在 2008～2011 年间，营业利润从 1900 万元增长到了 5081 万元，也就是说公司在 2008 年金融危机以后增长速度并不慢。在 2011 年公司上市以后，当年的营业利润有了一定幅度的下滑，降低到了 3504 万元。在之后的两年时间里，2012 年公司营业利润为 5258 万元、2013 年营业利润为 5499 万元。在 2014 年营业利润又出现了下滑，下滑到了 1764 万元。

8.3.2 RFGD 在产业链上的位势分析

（1）RFGD 的主营业务

RFGD 主营业务突出，主要从事 LED 封装技术的研发和 LED 封装产品制造、销售，提供从 LED 封装工艺结构设计、光学设计、驱动设计、散热设计、LED 器件封装、技术服务到标准光源模组集成的 LED 光源整体解决方案，是专业的 LED 封装商和 LED 光源的系统集成商。

RFGD 的产品主要为高端背光源 LED 器件及组件（中大尺寸液晶电视背光源、电脑背光源、手机背光源等）、照明用 LED 器件及组件、显示用 LED 器件及组件等，广泛应用于电视、电脑及手机的背光源、日用电子产品、城市亮化照明、室内照明、各类显示屏、工业应用和汽车等。从封装结构来分，RFGD 的产品全部为先进的 SMD LED。

从全国范围来讲，我国 LED 产业已经形成了四大片区（珠三角、长三角、福建江西地区、北方地区）、七大基地（大连、上海、深圳、南昌、厦门、扬州、石家庄）的产业格局，深圳市的 LED 企业数量占全国的 44.3%、产值规模占全国的 60% 以上。依据封装结构形式，可将 LED 划分为 Lamp LED 和 SMD LED，目前先进的、主流的封装形式是 SMD LED。RFGD 是国内前三大 SMD LED 制造商之一。

根据国家半导体照明工程研发及产业联盟（CSA）数据统计，在 SMD LED 细分市场，2009 年国内位列前三的企业为 GXGD、九洲光电和 RFGD。目前液晶电视背光源 LED 主要由日本、韩国、中国台湾地区的 LED 企业提供，国内企业中有能力生产电视背光源 LED 的企业极少，RFGD 是少数几家可批量提供电视背光源 LED 的国内企业之一，是国内中大尺寸背光源领域最大的 LED 封装企业，RFGD 已向康佳、创维、长虹等电视机厂家批量提供液晶电视背光源 LED，成为其合格供应商。

在照明 LED 方面，根据国家半导体照明工程研发及产业联盟（CSA）统计，GXGD、九洲光电、RFGD 居 2009 年照明 LED 市场占有率前三位。

在汽车应用 LED 方面，RFGD 是目前国内品牌汽车生产商的光电器件主流供应商，在汽车应用的耐高温材料开发、荧光粉配色技术、产品耐振动性能等方面居于国内领先水平。

（2）RFGD 的技术研发

RFGD 是在引进台湾封装技术的基础上，通过加大研发投入、进行创新形成了自主的核心技术。

2002 年年底至 2003 年，RFGD 建立 SMD LED 生产线并聘请台湾贴片式封装的行业专家作为顾问，引进台湾先进的 SMD LED 封装技术，积极学习台湾封装大厂的生产经验，掌握了先进的封装技术。随着生产的稳定运行，通过学习、消化吸收台湾厂商的先进经验，公司逐步掌握了 SMD LED 封装生产技术，培养了自己的生产技术骨干和研发人员。

2004～2005 年，在完全掌握引进技术的基础上，公司于 2004 年组建了自己的研发团队，并加大研发投入，学习国际最新的 SMD LED 产品，从基础材料特性开始研究，吸收、消化关键技术，并依据材料特性开发生产工艺。根据贴片式封装的技术特性和下游应用产品的特点，针对材料、工艺流程和封装结构进行重点研发，2004 年，RFGD 成功完成了"陶瓷封装发光二极管的封装方法"的研发，并于 2004 年 8 月申请发明专利，2007 年 10 月获得专利授权。

2006 年以来，以自主研发为基础，并积极与科研机构开展合作，形成了自主的核心技术。2006 年公司确立了自主研发的方向，建立了三级立体研发机制，全方位研究 LED 封装关键技术，并积极与外部科研机构如清华大学电子系等开展合作研究。RFGD 将研发的重点集中到封装材料以及相关的工艺流程、封装结构的开发，先后完成了"高导热固晶材料""导热基板材料""高折射率材料"等基础封装材料的开发，形成了"荧光粉分布控制""共晶""色域覆盖率控制""硅胶 molding""高显色指数""防潮等级 2 级以上控制""荧光粉配色"技术等核心工艺技术，并根据客户需求和市场发展趋势成功开发了"无光点面光源"LED 模组结构产品、"表面粗化"结构提升整体出光效率，2009 年公司成功研发了满足液晶电视用宽色域高亮度贴片式 LED，在国内同行业中率先进入液晶电视背光源市场，这些核心技术均是公司自主研发取得的，具有自主知识产权，部分核心技术已申请了专利保护。

公司的技术优势源于公司"立足于基础理论研究的封装技术与应用市场

紧密结合"的三级立体研发机制。公司自成立以来与清华大学集成光电子学国家重点实验室联合成立"半导体照明封装技术研发中心"、与深圳大学化学与化工学院成立联合实验室，进行封装材料改进、封装技术改善及批量化工艺、照明及液晶电视背光源 LED 专项材料等方面的研发，同时联合康佳集团等国内知名电视企业和深圳市赛迪欧照明科技有限公司等国内知名照明企业，针对以液晶电视为代表的大尺寸 LCD 背光源 LED 和通用照明 LED 等未来发展的重点领域进行包括材料合成、封装结构设计、光学匹配等关键技术的合作研发、实验，使公司能够始终把握 LED 封装行业的技术发展趋势和产品应用潮流，实现技术领先和产品领先。

（3）RFGD 的密集战略

密集型发展战略是指企业在原有业务范围内，充分利用在产品和市场方面的潜力来求得成长的战略。是将企业的营销目标集中到某一特定细分市场，这一特定的细分市场可以是特定的顾客群，可以是特定的地区，也可以是特定用途的产品等。由于企业目标更加聚焦，可以集中精力追求降低成本和差异化，使自己竞争优势更强。就是在原来的业务领域里，加强对原有的产品与市场的开发与渗透来寻求企业未来发展机会的一种发展战略。这种战略的重点是加强对原有市场的开发或对原有产品的开发。

2000 年年初至 2002 年末，RFGD 通过代理台湾国联光电（后与晶元合并）的蓝、黄、红、绿等各色 LED 芯片在国内的销售。在 2002 年年末至 2005 年年末，RFGD 通过 LED 芯片代理业务，RFGD 对 LED 行业有了深入的了解和认识、看好其未来发展，决定进入 LED 封装领域。当时国内封装技术还停留于直插式 LED 封装阶段，先进的贴片式封装尚未起步，而广泛应用于手机、液晶面板等领域的 LED 需要采用贴片式封装，才能实现更薄、体积更小、发光效率更高的目标，贴片式封装将是市场主流选择。鉴于贴片式 LED 封装广阔的应用前景和国内市场尚处于空白阶段，RFGD 决定引进先进的 SMD LED 封装线进入 LED 封装领域。

2002 年年底，RFGD 在龙华特发科技园建立 SMD LED 生产线，2003 年年初 RFGD 设立龙华分公司，招聘生产、技术及研发人员，正式投产贴片式 LED 封装，成为国内最早从事 SMD LED 封装的两家企业之一（另一家为

GXGD），奠定了 RFGD 的行业先入优势。当时主要产品为 Chip LED（片式 LED），主要用于手机背光源和工业应用领域。

2005 年 5 月注销从事 SMD LED 封装生产的龙华分公司，将其业务纳入公司本部，并决定不再从事 LED 芯片代理业务，自此 RFGD 主营业务为专业从事 LED 封装。

自 2006 年以来 LED 行业发展迅速，公司主营业务实现了快速增长。2009 年 9 月国家发改委、科技部、工业和信息化部、财政部、住房和城乡建设部、国家质检总局联合发布《半导体照明节能产业发展意见》（以下简称《意见》），《意见》将 LED 产业分为上、中、下游，上游产业是外延材料与芯片制造，属于技术和资金密集行业；中游产业是器件与模块封装，下游是显示与照明应用，属于技术和劳动密集行业。

LED 产业链从上游到下游行业的进入门槛逐步降低，上游产业外延材料与芯片制造的技术含量最高，资本投入密度大，目前 GaN 基外延片投资规模在 1 亿元以上，四元外延片投资规模在 6000 万元以上，而芯片的投资规模如红黄芯片也在 3000 万元以上，上游产业是国际竞争最激烈、经营风险最大领域；其次是中游产业器件与模块封装，各种 LED 灯头投资规模也要打 2000 万元以上；下游产业显示与照明应用进入容易，少至投资几十万或者百万元就可以生产。行业呈现出上游企业数量相对较少，而中下游企业众多的"金字塔"形态。

RFGD 管理团队在对封装技术外来发展的方向的研究发现，封装对于高亮度芯片的散热、发光提出了更高的要求，技术上的要求和重要性也越来越高。基于对行业发展的深刻认识，公司决定将中大尺寸 LCD 背光源 LED 和照明 LED 作为未来发展的重点方向，在 SMD LED 细分市场上公司是国内前三大封装商之一，是少数几家可批量提供电视背光源 LED 的国内企业之一，也是国内中大尺寸背光源领域最大的 LED 封装企业，公司已确立了在照明 LED 和中大尺寸 LCD 背光源 LED 领域的核心竞争优势。

8.3.3　RFGD 的国际竞争力

（1）设备和原材料的供应链

公司使用的生产设备主要来自国际设备大厂，如固晶机、焊线机来自

ASM，分光机、包装机来自单井工业股份有限公司，灌胶机来自日本武藏高科技公司等。公司通过与 ASM、日本武藏高科技公司在国内的代理商签订采购合同，确保公司能够获得高精密的 LED 封装设备，为公司提高产品品质和生产效率奠定了坚实的基础。

LED 封装器件的性能 50% 取决于 LED 芯片。公司作为高端 SMD LED 器件的主流供应商，对芯片的选择提出了更高的要求，公司主要原材料大部分采购自美国、日本、中国台湾地区等国际知名供应商。目前公司与 LED 知名芯片厂家广镓光电股份有限公司（台资）、晶元宝晨光电（深圳）有限公司（台资）、厦门市三安光电科技有限公司、杭州士兰明芯科技有限公司等签订了主要原材料的供应合同，保证了高品质 LED 芯片的供应。同时，LED 封装的辅助材料是 LED 器件综合性能表现的一个重要基础，目前公司与全球辅助材料大厂——诠精密工业股份有限公司（供应支架）、大连路明发光科技股份有限公司（供应荧光粉）签订了供应合同，保证了高品质 LED 封装辅助材料的供应。

（2）完善的营销体系

目前公司在江苏、浙江、福建、重庆、上海、天津、北京、武汉、西安等国内市场和美国、欧洲、日本、韩国等海外市场，建立了代理销售渠道。公司在代理渠道的建设方面，在增加渠道覆盖面的同时，不断地完善客户营销开发管理系统（CRDM），对代理商进行规划管理，主要包括代理商安全库存管理、代理商激励机制、产品售后服务保障等，加强公司在供应链管理、产品响应速度、售后服务等环节的领先优势，增加产品的市场占有率。

公司产品主要通过代理商销售至境外，并未在境外进行生产经营活动。目前，公司产品已出口至新加坡、美国、韩国、土耳其等数个国家和地区。

（3）稳固的国际知名厂商客户

目前，公司已具有相对稳定的国外市场的客户，公司作为 ABB、松下、西门子的指定供货商，已跻身国际知名电子厂商 LED 封装器件供应体系。在公司上市的 3 年时间里，公司建立了战略性营销的理念和体系，通过技术、研发、品质领先的优势和对大客户需求的快速反应机制，进一步增强服务大客户的能力。通过与特定的客户进行定向合作、共同开发、共同推广，与目标客户建立稳固的业务合作关系。

（4）自身的品牌

公司通过积极参与国内外 LED 照明展和积极开拓国际性大厂，国内外 LED 展会和通过与国际性大厂的合作从而提升和扩大公司在行业市场的知名度和影响力。

公司上市以后加大了在 LED 中大尺寸背光源和 LED 照明领域的市场开拓力度，充分利用和发挥直销渠道和代理商渠道两种销售模式各自的优势，通过与国际性大厂的合作，不断提升公司产品的品质和品牌影响力。

随着公司知名度的提升和凭借产品良好的市场口碑，公司已经跻身国际知名电子厂商 LED 封装器件供应体系。目前，公司作为 ABB、松下、西门子的指定供货商，并且为安华高（Avago）等国际知名 LED 企业提供产品配套，建立了良好的合作关系。2010 年公司授权全球前三大电子元器件代理商安富利（AVNET）和大联大作为公司产品在亚太地区的指定经销商，将有效扩大公司产品的销售半径和市场份额。上述优质客户对公司产品的认可，为募集资金投资项目新增产能的消化提供了销售保障，也为公司进一步的销售开拓建立了良好的客户基础和市场基础。

8.3.4　RFGD 的启示

（1）把握行业发展，建立细分市场优势

通过 LED 芯片代理业务，RFGD 对 LED 行业有了深入的了解和认识、看好其未来发展，2002 年年底 RFGD 建立 SMD LED 生产线，成为国内最早从事 SMD LED 封装的两家企业之一。自 2006 年以来 LED 行业发展迅速，基于对行业发展的深刻认识，公司做出了专注于中大尺寸 LCD 背光源 LED 和照明 LED 作为未来发展的重点方向。

经过 10 年的发展，公司在通用照明 LED、中大尺寸 LCD 背光源 LED 和汽车电子应用 LED 等封装细分领域形成了独特的技术优势和核心竞争力。领先的技术优势使公司在国内形成了通用照明 LED、中大尺寸 LCD 背光源 LED 和汽车电子应用 LED 的专业细分市场优势。

（2）通过中高层人员的持股和具有吸引力的激励措施，增强了管理层的稳定性

RFGD 拥有一支经验丰富的管理团队，公司的大部分中高层管理人员均有多年的从业经验，成为公司从研发到生产销售等关键部门的主要负责人。同时，通过中高层人员的持股和具有吸引力的激励措施，加强了管理层对本公司的归属感，增强了管理层的稳定性。稳定的管理团队确保本公司可落实长期发展计划，并维持稳定的工作环境，吸引更多优秀人才加入。

由于 LED 封装行业不仅是资金密集型而且是技术密集型行业，对封装技术的要求非常高，封装技术水平的高低直接决定着产品的技术指标，决定产品品质的高低，进而影响公司的市场地位。在多年的发展中，公司非常重视技术人才、管理人才等骨干人员的引进和培养，正是公司对技术研发的重视，才取得了多项专利和非专利技术，产品的技术含量在国内处于领先水平，公司也培养了一支管理先进、高效，技术研究开发能力强大的管理和研发团队，保证了公司的可持续发展。

8.4　GXGD 案例研究

8.4.1　GXGD 发展现状

（1）GXGD 基本情况

GXGD 是专业从事研发、生产、销售 LED 及 LED 应用产品的国家"火炬计划"重点高新技术企业。公司建于 1969 年，1976 年 LED 投产，是国内最早生产 LED 的企业之一，经过 40 多年的发展，GXGD 已完成上游芯片、中游封装、下游 LED 应用的 LED 全产业链，实现垂直一体化。公司主要从事 LED 器件及其组件的研发、生产与销售，产品广泛应用于消费类电子产品、家电产品、计算机、通信、平板显示及亮化工程领域，属于电子元器件行业的半导体光电器件制造业。此外，公司 20 多年来还一直为日本三洋电波工业株式会社提供调谐器和 LIB（锂电池）电源管理器的来料加工。

（2）GXGD 的年报分析

GXGD2010～2014 年营业数据见表 8－8，从 2010～2014 年，营业收入由 8.77 亿元增加到 15.43 亿元，增长了 1.8 倍。但是在 2012 年营业收入出现显著下滑，主要是由于 2012 年宏观经济不景气，导致家电类客户及显示屏类客户采购减少，加工业务订单减少，产品价格下跌；之后公司调整组织架构，提升经营效率，营业收入在 2013～2014 年出现较快回升。营业利润方面，由于竞争的加剧，公司主要传统产品的毛利率下降较快，营业利润由 2010 年 1.72 亿元下降到 2011 年的 1.32 亿元，到了 2012 年，营业利润出现巨大幅度下滑，除了行业竞争加剧外，也反映出公司经营中的一些问题，2013～2014 年，营业利润缓慢上升，到 2014 年达到 1.25 亿元，仍低于 2010 的 1.72 亿元。

表 8－8　　　　　　　　　　　GXGD 营业数据　　　　　　　　单位：万元

项目	2010 年	2011 年	2012 年	2013 年	2014 年
营业收入	87746.55	107563.89	94797.24	114237.63	154303.03
营业成本	60782.73	83163.20	71431.00	84916.85	115597.21
营业利润	17159.99	13193.32	3369.16	8778.21	12546.31
利润总额	17548.94	14787.29	5251.90	12707.70	16948.16

注：原始数据来自其历年年报，作者对相关数据进行了适当的处理。

LED 器件与 LED 组件都是公司的传统 LED 产品，2010～2014 年营业数据见表 8－9 与表 8－10，无论是在生产技术和生产规模，公司都具有很大的竞争优势，整体上来看，LED 器件及组件的营业收入和营业利润都是呈现整体上升趋势，属于公司比较成熟的产品系列。

表 8－9　　　　　　　　　　GXGDLED 器件营业数据　　　　　　单位：万元

LED 器件	2010 年	2011 年	2012 年	2013 年	2014 年
营业收入	56045.97	61269.24	56145.58	71056.60	95312.94
营业成本	40496.98	53875.25	45103.89	54551.14	70920.53
营业利润	15548.99	7393.99	11041.69	16505.46	24392.41

注：原始数据来自其历年年报，作者对相关数据进行了适当的处理。

表 8 – 10　　　　　　　　GXGDLED 组件营业数据　　　　　单位：万元

LED 组件	2010 年	2011 年	2012 年	2013 年	2014 年
营业收入	21082.60	22304.21	14864.56	19385.91	34508.33
营业成本	14485.84	14257.15	9605.80	13287.81	23881.71
营业利润	6596.76	8047.06	5258.76	6098.10	10626.62

注：原始数据来自其历年年报，作者对相关数据进行了适当的处理。

围绕企业"立足封装，做强做大，适时延伸产业链，实现垂直一体化"的企业战略，公司控股的子公司佛山市 GXGD 半导体技术有限公司在 2013 年下半年开始投产，所生产的芯片供公司的封装业务使用。由于外延芯片刚刚进入量产阶段，营业成本大于营业收入，毛利率呈现负值，但从 2013～2014年两年时间，营业收入的变化幅度大于营业成本的变化，毛利率增长较快。外延芯片的投产有助于公司垂直一体化目标的实现，为公司未来的发展打下了坚实基础。

8.4.2　GXGD 在产业链上的位势分析

GXGD 产业链分布见表 8 – 11，2010 年，公司在上市时期就制定了"立足封装，做大做强，适时延伸产业链，实现垂直一体化"的企业发展战略，密切跟踪市场，进一步提升产品开发与技术创新能力，抓住市场机遇，实现公司的跨越式发展。

表 8 – 11　　　　　　　　　　GXGD 产业链分布

上游（芯片）	中游（封装）	下游（照明应用）
佛山市 GXGD 半导体技术有限公司	佛山市 GXGD 电子制造有限公司（电子元器件）	新野县 GXGD 半导体照明有限公司
南阳宝里钒业股份有限公司（五氧化二钒产品）	佛山市 GXGD 股份有限公司	佛山市 GXGD 通用照明有限公司
旭瑞光电股份有限公司		GXGD（香港）实业发展有限公司

2010 年，我国 LED 产业政策逐步明朗、国家扶持力度逐步加大，科技部

2010 年 9 ~ 12 月陆续启动了"十二五"半导体照明科技支撑计划和"863"计划，对全产业链的技术研发和检测方法研究、测试平台建设进行了全面部署；各地政府也针对半导体照明产业的发展制定了相关规划并出台相关政策，极大促进了我国 LED 照明产业的健康有序发展。

LED 行业的技术从 2008 年开始，进入了快速发展阶段，同期，我国半导体照明技术也得到了迅速提升，关键技术与国际水平差距逐步缩小，已初步形成了上游外延材料与芯片制备，中游器件封装及下游集成。中国作为全球最重要 LED 生产、研发基地和最具有潜力的应用市场，LED 行业的技术进步会通过创新实现跨越式发展。各国政府政策的鼓励和 LED 照明市场的巨大潜力，吸引大量资金进入 LED 行业，供给端的快速发展必然加剧市场竞争。据中国国家半导体照明工程研发及产业联盟发布的数据，2011 年整个 LED 行业已经有约 3000 家企业，其中外延芯片企业不足 100 家，封装企业超过 600 家，LED 应用类企业超过 2000 家；偏低的市场集中度，导致企业间价格竞争非常激烈，毛利率也非常不稳定，将企业的精力过度地集中在成本和价格上，对行业和企业的发展是不利的。2010 年传统照明企业也开始逐步渗透 LED 照明行业，同时大型跨国公司正在加紧布局中国市场，更加剧了市场的竞争格局。

GXGD 作为以封装为主业的 LED 企业，在 2002 ~ 2011 年间销售收入保持了平均 25% 左右的增长，2011 年开始生产照明应用类产品，公司总销售额首次突破 10 亿元，连续多年在国内的 LED 封装企业中排名第一。但是也不得不面对市场集中度过低的市场结构问题。相对 LED 外延芯片而言，封装业务的技术复杂度较低，使得国内大量的资金涌入，出现众多参差不齐的封装企业，据国家半导体照明工程研发及产业联盟的数据，目前有超过 1000 家的封装企业。过度的市场竞争，导致 2011 年 LED 封装领域出现了一些亏损、破产企业，这样的现象将在 2012 年继续出现。

为进一步提升公司的封装业务水平，同时做好佛山市 GXGD 半导体技术有限公司的 MOCVD 设备安装、调试工作，保证外延、芯片产品的顺利投产，公司控股子公司佛山市 GXGD 半导体技术有限公司在 2013 年下半年开始投产。截至 2013 年年底，已安装调试完成并投入生产的 MOCVD 设备为

10 台，所生产的芯片已供应公司的封装业务使用。自此，公司垂直一体化目标实现。

8.4.3　GXGD 的国际竞争力

LED 产业已形成以亚洲、美国、欧洲三大区域为主导的三足鼎立的产业分布与竞争格局。从区域产值来看，全球 LED 封装行业正在形成"日本独大、中国台湾地区与欧洲齐进、美韩中平分秋色"的竞争格局。日本 Nichia、Toyoda Gosei，美国 Cree、Lumileds、德国 Osram 等国际厂商代表了 LED 的最高技术水平，引领着 LED 产业的发展。

日本和美国企业利用其在新产品和新技术领域中的创新优势，主要从事高附加值产品的生产，几乎垄断全球高端蓝、绿光 LED 市场，中国台湾地区 LED 产业近年来迅速崛起，其芯片产量及封装产量占据世界第一位（世界 60% 以上），产业上中下游分工明确，产业链供销稳定，特别是封装制造转至大陆后生产成本较具竞争优势。

近年来，GXGD 始终坚持"立足封装，做大做强，兼顾上下游垂直一体化发展"的发展战略，在坚持 LED 封装作为主营业务的同时向 LED 上游芯片与 LED 下游照明应用延伸，形成芯片、封装和照明一体化的全产业链发展模式。受益于 LED 照明终端市场需求增长以及消费者对 LED 产品认可程度提高等因素，公司依托在封装领域深厚的技术工艺积累，通过上游芯片、中游封装与下游照明应用在高品质、高性价比及对市场快速反应等方面的协同，全产业链发展的优势逐步显现，提升了公司器件、组件及照明产品在中高端市场的竞争力。

在高工 LED 产业研究所（GLII）对 2014 年中国 LED 行业 25 强企业的评选活动中，公司凭借上中下游产业链垂直一体化成功整合的品牌优势和规模优势，在 25 强排名中位列第三。

8.4.4　GXGD 的启示

（1）严把产品质量，打造优质品牌

面对持续大热的 LED 照明行业，厂家间的竞争在日益加剧，加上 LED 市场竞争机制还不健全，市场有些混乱。而拥有 39 年 LED 生产经验的 GXGD，将一切竞争压力转换到提高产品品质的工作上来。在封装领域，GXGD 占据了中高端产品的领先地位，始终坚持高发光效率、高可靠性、高散热能力的产品品质，同时进一步研发更齐全的产品系列来应对细分市场。在应用照明领域，GXGD 也一如既往地坚持中高端路线，拒绝低质低价。最终凭借创新的技术、优良的品质、顾客满意的服务体系取胜于市场。

（2）合理调整组织架构，加快市场反映速度

在公司实现垂直一体化之后，为适应公司新的发展需要，公司的内部管理机构设置进行了重大调整，由原来的直线职能制调整为按产品类别分的事业部制，划分为 RGB 器件事业部、白光器件事业部、组件事业部、照明事业部、电子制造事业部，每个事业部下设销售部、研发部、生产管理部、质量管理部，从而使得产品专业化程度更高，产品研发更具针对性，新产品更新速度、市场反应速度更快。同时，设立采购中心，为公司所有事业部的物料进行统一采购、统一安排物流，有利于企业成本控制，提高资源利用率。

（3）坚持工程与渠道双向发展

GXGD 的 LED 照明经过综合全面的市场调研分析，在 2014 年推行了颇具力度的招商政策，包括"门店装修零负担、广告投入零风险、促销费用零支出、展柜展架零费用、会议推广大支持、销售返利多回报、驻点经理全包办、售后服务快响应"八大政策，充分保障了经销商的利益。同时，为向市场表明坚定渠道建设的信心和决心，GXGD 推出了更加灵活、更具吸引力的加盟政策，进一步增强了商家对 GXGD 照明的市场信心。

2014 年 GXGDLED 照明不断完善工程帮扶政策，不仅为工程经销商提供方案设计、项目评估、技术参数支持、现场施工指导等全方位服务，还提出"工程渠道互通融合"的新型发展方式，由工程业务团队统一主导完成渠道方向和工程方向的项目。这些政策指导为 GXGDLED 照明在终端市场的开拓和工程网络的铺设指明了前进的方向。

8.5　MLS 案例研究

8.5.1　MLS 的发展现状

（1）MLS 的基本情况

MLS 公司一直专注于 LED 封装及应用系列产品的研发、生产与销售业务，是国内 LED 封装及应用产品的主要供应商，产品广泛应用于家用电子产品、灯饰、景观照明、交通信号、平板显示及亮化工程等领域。公司为国家高新技术企业，先后获得"广东省制造业百强企业""中山市民营科技企业""中山市装备制造业重点企业"等称号，先后承担了广东省重大科技专项计划项目、广东省产学研结合项目等科研项目。公司产品曾被评为"广东省名牌产品""最受欢迎品牌"。

（2）MLS 的年报分析

MLS 公司 2011～2014 年度财务数据见表 8－12，在营业收入上，公司从 2011 年的 12.74 亿元，之后的 3 年时间里面，公司不断的发展，到了 2014 年，已经达到了 40.02 亿元，增长了 3 倍多。从营业成本上看，公司 2011 年营业成本为 11.48 亿元，随着公司营业收入的增加，营业成本也在不断地增加，到 2014 年公司营业成本为 34.96 亿元，也增长了 3 倍多。

表 8－12　　　　　　　　　　MLS 年度财务数据　　　　　　　　单位：万元

项目	2011 年	2012 年	2013 年	2014 年
营业收入	127357.80	178559.17	287364.66	400166.79
营业成本	114790.36	161948.15	237443.27	349641.57
营业利润	12567.44	16611.02	49921.39	50559.18
利润总额	13062.41	20216.71	51215.25	51736.26
净利润	11100.43	16584.17	43614.39	43835.31

注：原始数据来自其招股说明书和年报，作者对相关数据进行了适当的处理。

公司的营业利润、利润总额和净利润三个利润指标的绝对值都在一定程度有了增长。从 2011～2014 年的数据看，营业利润分别是：1.26 亿元、1.66 亿元、4.99 亿元和 5.06 亿元；利润总额分别是 1.31 亿元、2.02 亿元、5.12 亿元和 5.17 亿元；净利润为 1.11 亿元、1.66 亿元、4.36 亿元和 4.38 亿元。

8.5.2 MLS 在产业链上的位势分析

（1）MLS 的技术研发

公司自成立以来，一直重视产品研发和技术创新，在 LED 封装及应用领域已取得一系列技术成果，具备了解决 LED 封装及应用产品一整套方案的能力。

公司在技术研发优势方面还体现在生产工艺流程的创新，在传统 LED 封装工艺的基础上，公司对产品的机器设备、原材料供应、生产流程工艺等方面进行了多项创新，例如，向全球著名 LED 封装设备供应商 ASM 定制全自动固晶机、焊线机及封胶机等设备；在原材料胶水供应中，自主研发的高阻燃抗紫外线环氧树脂制备技术，增强了 LED 封装产品的阻燃性能与抗紫外线功能，有效提高了产品的安全性，并使公司成为国内同行业首批获得美国 UL 行业协会认证资质的企业，提升了公司产品的国际竞争力；生产工艺流程中自主研发的"金线变铜线焊接技术"，由于铜的价格较金低且导电、导热性能更好，大幅度降低产品的成本。公司已经建立了运作高效、工艺领先的全自动化生产线，有效提高了设备利用率，实现公司生产资源的有效整合和利用。

（2）向 LED 应用产业链延伸，提高公司的核心竞争力

公司在扩大现有 Lamp LED 产品产能和市场占有率的基础上，在强化核心技术的研发的同时，不断地加大对 SMD LED 及功率型 LED 的投入，加强 LED 应用产品（显示屏、室内外照明灯及灯饰）的生产和销售力度，形成技术领先，产品系列多元化的生产体系，依托技术优势在提升产品品质的同时，进一步强化销售渠道的建设工作，打造辐射全国、高效、快捷的 LED 销售网络，巩固公司的市场地位，形成具有较强竞争实力的产品研发和技术创新体系、高效合理和低成本的制造体系以及广大的营销网络体系。为适应业务发展的需要，增强公司综合竞争实力，公司依托技术研发实力，在稳固 Lamp LED 市场地位的同时，加大了 SMD LED 的研发投入，并适度向 LED 应用产业链

延伸。

公司于 2010 年开始对 SMD LED 器件进行规模化生产，目前，SMD LED 器件产品已成为公司主要利润增长点之一。另外，公司在 2013 年起加大对 LED 照明灯具的投入产出，LED 照明灯具逐渐成为公司新的利润增长点。随着公司产品线的不断完善及产业链的适度延伸，公司的核心竞争力将不断强化。

8.5.3　MLS 的国际竞争力分析

（1）国际先进的设备

公司不断加大国际先进、全自动化机器设备的投入力度。目前，公司从全球最大的 LED 生产设备供应商 ASM 引进先进的全自动固晶机、焊线机等制造设备，大幅度提高了公司产品的产能。与传统的手工 LED 封装企业面临着技术水平低、封装设备落后、产业规模小、生产效率低且产品品质不稳定等诸多问题，公司引进国际先进的全自动化生产设备，从根本上解决了以上问题，且有利于吸收国外的先进工艺生产技术，为公司营业收入的增长奠定了坚实基础。公司产能的扩大、规模化以及标准化的生产条件，使得公司 LED 封装产品具有较强的市场竞争力。

（2）良好的产品生产工艺

公司通过向国外 LED 封装设备定制个性化、全自动化的机器设备，派出相应技术人员到设备供应商 ASM 学习实务操作技巧，不断优化公司产品生产流程工艺，有效降低生产各环节材料及能源消耗。同时，制定出标准化的生产工艺及生产出标准化的封装产品，不断降低公司产品单位成本，提升公司在行业中的市场地位。

（3）良好的国际客户合作关系

规模化生产带动公司对芯片实行规模化采购，能够从供应商处获得较低的芯片价格，并建立良好的长期合作关系，稳定了公司芯片供应渠道及有效的降低芯片采购成本，公司与台湾的芯片厂商晶元光电保持了多年的良好合作关系，随着国内芯片制造水平的提升，目前公司也与国内主要芯片厂商建立良好的合作关系。

（4）产品出口与研发投入

目前公司下游应用产品中的灯饰照明等主要以出口为主，产品销往北美、欧洲等地区。进一步加大公司的技术研发和产品创新的投入，始终保持产品品质和成本在国际市场的竞争优势，以巩固应用产品在国际市场份额的同时，增强公司产品在国际市场的竞争力。加强对国际市场动态发展的跟踪与研究，加强国际交流与合作，提升公司产品生产创新技术，增强公司在国际市场的知名度及美誉度。

8.5.4 MLS 的启示

（1）找准自己的定位，走适合自己发展的道路

和 LED 市场上其他企业的产品相比，MLS 的产品良品率更高，生产速度更快，单价成本更低，而这要得益于其始终坚持走属于自己的道路，做最符合中国市场的特色企业。当大大小小的企业如雨后春笋般出现在 LED 市场上时，MLS 并没有在不确定和迷茫的市场中丧失自我，而是迅速找准自己的定位。无法在单项技术上取得领先优势，MLS 便将重心从尖端技术的研发转向大规模的封装和制造上，走规模化和集中化的道路。同时，不跟国际大厂飞利浦、CREE 硬碰硬，而是走产品价格亲民的中低价路线，诉求人人都负担得起的 LED 照明产品。结果证明，这条道路最适合当时的 MLS。

（2）大胆尝试，敢做"减法"

在市场开拓和产品定位方面，MLS 有一套自己的"减法"法则，这就要求杜绝"一把抓"，而要有重点地选取。MLS 有着巨大的产能，但产品的种类并不多，目前以照明，装饰和户外显示屏为主。而在一开始进军 LED 市场时，MLS 涉及的产品种类繁多，以装饰类的圣诞灯为例，就有 100 多种。为了迅速占领市场，MLS 做了一个大胆的尝试，将圣诞灯的规格从 100 多种减至 10 种左右，同时加大自己的封装量，以"短、平、快"的突破方法成功"乱入"，最终以稳定的供应量和极具性价比的价格赢得了市场。

（3）远离教条主义，注重理论、情感以及实践之间的结合

在企业管理方面，MLS 认为公司的发展要远离教条主义，一本规章守则

不能解决所有的问题。企业的管理要更注重理论、情感以及实践之间的结合，只有几种思维不断地碰撞、摩擦，最终达到平衡的这条道路才是最适合企业发展的。此外，MLS 强调务实的价值观以及从老一辈传承下来的吃苦、团结的革命精神，并将其列入企业文化，指引一批又一批的 MLS 人。

8.6　XLT 案例研究

8.6.1　XLT 的发展现状

（1）基本介绍

XLT 公司总部位于广东佛山，并在四川遂宁设有制造基地。XLT 主要经营业务为研发、生产、制造健康 LED 照明、家居灯具、汽车照明、传统光源电器和环境净化系列产品。XLT 在 LED 照明灯、节能灯、HID 汽车氙气灯、空气净化、水处理、紫外线杀菌灯等领域达到国际先进水平，率先推出"健康 LED 产品"，同时将光的应用领域从照明拓展至杀菌消毒、空气净化与水处理等方面。

（2）XLT 的年报分析

XLT 公司 2009～2014 年营业数据见表 8 - 13，从 2009～2011 年，营业收入从 3.24 亿元增长到 4.69 亿元，营业收入在 3 年间增长了近 1.5 倍，整体增速较快，主要原因是 XLT 注重技术研发，加强品牌战略，抓住国家"十二五"规划的机遇，建立四川生产基地进一步扩大生产规模，连续中标国家高效照明推广项目，扩大了 XLT 的品牌影响力，也为公司带来了营业收入的增加；2012～2013 年由于宏观经济不景气导致市场节能灯销售减少，公司产能未能充分释放，营业收入由 4.22 亿元降至 3.92 亿元；2014 年营业收入显著回升。

营业成本方面，2009～2011 年，营业成本随着营业收入的增长也在不断增加，营业收入仍然大于营业成本，利润为正，说明公司运营良好；2012～2014 年，营业成本仍随着营业收入的增减而相应变化。

表 8 – 13 　　　　　　　　　　　XLT 营业数据 　　　　　　　　单位：万元

项目	2009 年	2010 年	2011 年	2012 年	2013 年	2014 年
营业收入	32444.46	35222.05	46867.06	42242.64	39204.94	44185.41
营业成本	21459.54	26326.93	34430.91	29652.95	28164.72	33204.75
营业利润	1483.05	721.50	2017.74	1327.61	1547.20	1070.64
利润总额	1457.47	1617.50	2502.82	1781.73	1897.39	2018.26

注：原始数据来自其历年年报，作者对相关数据进行了适当的处理。

营业利润方面，2009 年、2010 年的营业利润明显下降，主要是由于四川省生产基地正式投产，增加了运营费用，随着产量的增加公司的品牌投入费用也相应增加，同时从 2010 年起，公司加大了对 LED 绿色照明的投资和研发力度；2011 年公司的营业利润又有了大幅的增长，主要得益于公司的品牌和渠道建设效果初显同时国外销售增长，销售价格有所提升，大宗推广产品的利润有所提高；2011 年之后，随着市场竞争的加剧，营业利润呈下跌趋势。

XLT 从 2010 年开始投入 LED 的研发工作，2011 年正式涉足 LED 产品生产，但并未作为主要业务，2001～2012 年是开始生产的最初两年，营业收入与营业利润都较低；之后 LED 业务逐渐上升为公司的主营业务，营业收入和营业利润都在大幅攀升。LED 作为新兴绿色照明产业，生命力旺盛，从投产到现在，利润都在节节攀升；从毛利率可以看出，2011～2013 年间，LED 类产品的毛利率是逐渐上升的，这主要得益于新兴绿色产业优势，但是 2014 年毛利率有了明显下降，主要随着竞争的加剧，市场的逐渐饱和，受到 LED 大行业的影响毛利率随之下降（见表 8 – 14）。

表 8 – 14 　　　　　　　　　XLT 产品营业数据 　　　　　　　　单位：万元

LED 项目	2011 年	2012 年	2013 年	2014 年
营业收入	463.65	1304.66	5030.17	9774.25
营业成本	385.52	939.10	3548.76	7770.96
营业利润	78.13	365.56	1481.41	2003.29
毛利率	20.1%	28.02%	29.45%	20.50%

注：原始数据来自其历年年报，作者对相关数据进行了适当的处理。

8.6.2　XLT 在产业链上的位势分析

电光源产品的上游行业涉及钨钼材料、稀土材料、铜、铁等金属和有色金属材料行业，玻璃行业，以及煤气、电力等能源行业，上游行业发展状况对本行业有一定影响。中国矿产资源十分丰富，种类齐全，居世界领先地位，目前已探明有储量的矿产 155 种，其中能源矿产 8 种，金属矿产 54 种，非金属矿产 90 种。稀土、钨、锡、钼、锑等矿产居世界第 1、2 位（资料来源：北京矿产地质研究所）。中国作为世界重要的矿产资源大国和矿业大国，为中国电光源行业提供了得天独厚的发展条件，使中国电光源行业在 20 年左右的时间里发展成为全球电光源第一制造大国和出口大国。电光源产品下游面临的是各级经销商和最终用户，是生产生活的必需品，被人们誉为永远的朝阳产业。

8.6.3　XLT 的国际竞争力

自 20 世纪 90 年代初以来，世界三大光源公司飞利浦、欧司朗、通用电气来华合资，分别建立了南京飞东照明公司、上海飞亚公司、上海 GE 通用电气公司、佛山欧司朗公司 4 家企业。其后日本松下公司在北京建立北京松下照明光源公司，东芝公司在福州建立芝光照明公司，台湾照明企业在广东、福建设立独资企业。大批外国照明企业进驻国内，增加了市场竞争的压力。在竞争的同时，他们也与本土照明企业展开合作，选择少数优秀的本土照明企业作为其贴牌产品的合作商。我国照明企业唯有致力于科技创新、增加产品科技含量和附加值、树立自有品牌才能在市场竞争中生存、发展和壮大。

XLT 自创建以来坚持高品质高科技含量的产品经营理念，专注于融创新科技成果于优势产品，与世界一流照明企业竞争，目前公司的 LED 健康灯具、紧凑型节能灯、车用氙气金卤灯、紫外线杀菌灯的技术含量和质量水准已经达到国内领先、国际先进的水平。在同行业中的主要竞争对手是欧司朗、飞利浦、GE 照明等。

欧司朗将最先进的德国照明科技引入中国，于 1995 年 4 月在中国佛山市南海区投资成立欧司朗（中国）照明有限公司，欧司朗是 XLT 的合作品牌商，XLT 的节能灯产品与欧司朗存在既合作又竞争的关系。飞利浦是世界著名的电光源制造商，在很多发展中国家均设有工厂，其产品主要集中在中高端市场，供应的照明产品有各种普通灯泡、节能灯泡、石英灯泡以及各种适用于消费者和工商场合的灯具，品种齐备。飞利浦在节能灯的研发、生产上一度取得十分有利的技术和市场竞争优势，但随着中国照明企业在节能灯的研发技术和生产能力方面都取得了巨大进步，飞利浦停止了节能灯在本土的生产，而主要依赖中国企业进行贴牌生产。GE 公司是世界上最大的多元化服务性公司，同时也是高质量、高科技工业和消费产品的提供者。GE 照明是 XLT 的合作品牌商，XLT 的节能灯产品与 GE 照明存在既合作又竞争的关系。

XLT 在进入 LED 产业初期，抓住 LED 新缝隙市场，做细分专业第一，实现小市场大突破，全球拓展，建立全球分销网络（新兴市场、欧美），加快客户开发，迅速集成规模优势。2013 年，公司紧紧围绕为消费者提供"安全和健康产品"的经营理念，重点投入 LED 照明新产品研发设计并通过国内渠道重点开拓，快速提高三四线城市的销售网点覆盖面，并充分利用该类产品在当前海外市场上广受欢迎的机遇，在 2013 年加大国际市场需求的挖掘力度，扩大国际市场占有率。2014 年，针对 LED 照明业务，加快发展，加大新产品研发设计、营销推广的投入，在国内布局好品牌渠道，持续在全国举办各地招商会，扩增、扶持核心代理商、经销商；在国外聚焦营销工作重心，充分挖掘有增长潜力的市场。

8.6.4　XLT 的启示

（1）积极开展产学研合作，占据技术高地

XLT 积极引领电光源行业的发展趋势，潜心研究和开发新产品、新工艺，独立自主地开发出了多项达到国内领先、国际先进水平的核心技术。公司设有复旦大学电光源研究所南海实验基地，并设有深圳清华大学研究院纳米技术应用实验室；公司承担并完成了多项国家"863"计划、"火炬计划""星火计划"项目、广东省重点新产品项目等课题，多次获得国家有关部门的奖励和科研拨款支持。同时，在和国际一线大牌（如飞利浦）的合作中，XLT 不断学习、吸收他们的经验，并进一步改善自己的产品线，坚持做自主创新的品牌。

（2）建立全方位的人才培养体系，不断提升团队整体能力水平和稳定性

公司目前拥有一支精英研发队伍，拥有一批高级技术专家，主持前瞻性技术研究和新产品开发任务。为保障有力的人才供给，公司成立企业培训学校，建立起包括"一线技术骨干、大学毕业生、后备干部、管理团队"在内的全方位人才培养体系，配备了图书室、电子阅览室，营造了良好的学习型组织氛围。同时建立淘汰和接班人制度，不断提升团队整体能力水平和稳定性，驱动公司各方面的人力、物力和财力资源聚焦到控制经营成本、提高经营效率和增加经济效益。

（3）通过外延式并购，提升整体竞争力

2014 年 9 月 10 日，XLT 通过定向增发和支付现金相结合的方式以 4.95 亿元的价格并购了 FSGD 公司。9 月 15 日，又出资 1085.60 万元增资 YKGD 公司获得其 57.42% 的股权，重组完成后，双方通过技术人才交流、相互利用对方的专利及其他知识产权、共同研发等多种方式，实现技术人才、核心技术、业务知识等方面的全面融合，以发挥资源协同效应，将进一步巩固其在 LED 应用产品领域的整体竞争实力。同年，XLT 出资 500 万元自有资金参与广东投资猎头国猎投基金，总规模达 1 亿左右。该公司拥有着国际视野和规划，目的在于引进境内外有国际创新素材及资源的优质项目，整合国内外资源，为企业的发展搭建更高的平台。外延式并购的开启，为 XLT 的腾飞插上了一双翅膀。

第9章 广东省 LED 产业发展趋势研判

9.1 广东省 LED 产业发展的优势和劣势分析

9.1.1 产业发展优势分析

作为全国 LED 产业最集中的地区和全国 LED 的重要生产基地和贸易中心，广东省在发展 LED 产业方面，具有十分独特的优势：

（1）拥有良好的投资环境及独特的交通区位优势

省委、省政府对发展半导体产业给予了高度重视，把发展半导体产业作为全省发展战略性新兴产业的突破口来抓，建立了联席会议制度，制定了专项规划，通过系列扶持政策，为广东省产业快速发展营造了良好的环境。另外，广东具有国内最好的产业投资环境，是吸引 LED 产业投资与国际产业转移的最佳承载地，良好的配套服务设施、发展环境和较高的行政效率等得到了广大投资者的认同，吸引了包括美国 Cree、旭明、德国 Osram 和中国台湾的晶元光电、光宝电子、李洲电子等众多全球知名 LED 企业前来投资。深圳已成为港台 LED 企业在大陆的主要投资地，惠州、佛山、广州也成为海外 LED 领先公司重要的生产基地。

（2）产业上下游配套较为齐全，具备明显的产业优势

广东尤其是珠三角地区是我国半导体照明（LED）产业最为集中的区域，2013 年全省 LED 产业总产值为 2811.03 亿元，同比增长 29.52%，位居全国

首位。在全省八大战略性兴产业中，产值排名第二，增速第一。全省共有 LED 企业 4000 余家，带动相关就业近 300 万人。其中，LED 上市公司 25 家，占全国 LED 上市公司总数的 60%，总市值近 1000 亿元。广东已形成了从原材料到外延片生产、芯片制备、器件封装及产品应用较完整的产业链，具备一定的产业基础和研发基础，尤其是在 LED 下游封装领域，具有明显的产业集聚优势和比较优势，企业数量远远超过其他省市。同时，LED 产业配套环境基本形成，呈现出较强的产业配套优势，90% 以上的零部件和原材料能实现本地采购和周边地区采购，部分地区依托现代服务业，形成了具备综合功能的生产性服务供应链，为 LED 产业发展提供研发、设计、检测、物流、营销、采购、会展、金融、咨询、教育等系统化产业配套服务。

（3）拥有国内最好的照明市场体系，形成了较强的 LED 市场优势

广东作为我国对外开放的先行地区和传统照明产业集聚区，已成为国内最好的全球照明市场体系，在 LED 领域形成了较强的国际市场优势。广东已经成为世界汽车、消费类电子的生产、出口和消费大省，而这些产业对 LED 产品的潜在需求非常大。广州国际照明展览会是亚洲地区最大的照明专业展，立足广东的中国国际半导体照明论坛及展览是国内 LED 领域最高级别的产业盛会，为 LED 展示与交易提供了很好的市场平台。显著的国内外市场优势带动 LED 产业发展，也有利于产业链中的诸多环节实现规模经济效应。另外，汽车照明、背光源、显示屏、信号指示、景观装饰等细分市场的发展将带动市场规模持续大幅增长。

9.1.2　产业发展劣势分析

虽然广东省在发展 LED 产业方面一直都占据着得天独厚的优势，但是也仍旧面临产业链高端环节薄弱，高端人才缺乏、土地资源有限等问题。

（1）产业链高端环节比较薄弱，外延及芯片企业数量少，规模偏小

随着近年广东 LED 产业的迅猛发展，在公共技术平台、重点实验室、检验检测平台建设以及行业标准、产品认证、资本服务等创新环境方面明显滞后于产业发展，对企业的创新支撑不足，产业整体创新水平不高，大多集中

于产业链中技术能力不高的中下游环节，产品附加值偏低。广东 LED 产业在关键设备 MOCVD、衬底材料、外延片生长和芯片制备方面缺乏核心技术，技术研发水平与国际先进水平仍有较大的差距。

（2）LED 产业化专门人才缺乏，人才培养体系尚未建立

广东 LED 产业创新人才尤其是高端领军人才缺乏，已成为产业实现高端化的一大掣肘。在省内 100 多所高校中，设置 LED 相关专业的很少。在瞬息万变的市场竞争中，企业亟须可以即刻发挥效力的优秀人力资源，而目前这类人才的引进比较缓慢。多数企业和科研单位也尚未形成系统的 LED 高、中、初级各类人才培养体系。

（3）成本不断上涨，广东省 LED 产业逐步向内陆转移

由于近年来广东地区生产成本增长明显，而随着内地 LED 市场的兴起，及更为诱惑的地方招商政策，整体 LED 产业空间分布发展将上演一场场的沿海到内地梯度转移。例如，深圳地区可利用的空间资源相对缺乏，造成了厂房租金相对昂贵，约 95% 中小 LED 企业靠租赁厂房，一些较具规模的成长企业感觉在深圳"扎根"无望，已开始向江西、湖南等地聚集，其中重要的一项原因也是因为这些城市土地资源相对充裕，利于 LED 产业形成大规模的产业化集群。

9.2 广东省 LED 产业发展面临的机遇和挑战

9.2.1 产业发展面临的机遇分析

（1）全球 LED 产业处于高速增长阶段，并加速向中国地区转移

随着 LED 市场的不断发展，LED 企业数量快速增加，企业竞争压力不断加大。从国际上看，技术发展的步伐加快，LED 产业转移出现了新的趋势。处于产业链高端的美国、日本、欧洲和产业链中下游的台湾地区、韩国，逐步将相关产业链环节向中国地区转移，为广东省 LED 产业在局部领域实现跨越式发展提供了机遇。广东应该抓住世界生产性服务业转移机遇，依托香港

高端服务业，围绕本地产业生产配套，打造了综合功能的生产性服务链，为 LED 产业发展提供研发、设计、物流、营销、采购、会展、金融、咨询、教育等系统化配套服务。

（2）广东大力推进战略性新兴产业发展为 LED 产业发展提供了机遇

随着《珠江三角洲地区改革发展规划纲要（2008－2020 年）》全面贯彻实施，省政府对发展 LED 等战略性新兴产业高度重视，珠三角地区的改革发展将进一步加快。区域经济一体化必将带来产业发展资源和要素的整合，优化产业格局。广东有望通过区域统筹和协调，充分发挥自身优势，优化 LED 产业体系，提升产业创新水平，推进 LED 先进制造基地和现代产业集群建设。

（3）产业标准化工作取得积极进展，政府以标准战略推动产业创新驱动发展模式日趋成熟

标准是创新成果向规模化生产的桥梁，是新技术行业推广的工具。近年来，为规范 LED 市场健康发展和引领广东 LED 产业抢占国际市场竞争的制高点，广东省科技厅牵头实施围绕"标杆体系"和"标准光组件"的技术标准化战略，带动 LED 产业技术创新。省科技厅和省质监局联合成立"LED 照明标准化工作委员会"，LED 照明标准光组件加快组织实施，以引领 LED 照明标准光组件规范化应用的"LED 照明标准光组件研发及应用联盟"于 9 月 18 日正式成立并顺利运转，标准光组件体系透过"国家半导体照明工程研发及产业联盟"、"欧洲扎嘎联盟"、华南五省政府主管单位、粤港台官方和民间机构、南方电网、质检机构、金融机构、行业龙头企业加速由"事实标准"向"国家标准"平滑过渡。"标杆体系"和"标准光组件"两大标准体系的研制和快速推广标志着产业标准化工作取得阶段性成效，政府以技术标准化战略推动产业创新驱动发展模式日趋成熟。

9.2.2　产业发展面临的挑战分析

（1）产业发展缺乏示范作用的龙头企业，区域产业发展不平衡

广东半导体照明企业绝大多数为小型企业，具有较大规模或较高品牌知名度的骨干企业不多，产业集中度较低，现有 LED 产业集群也主要为大量中

小企业在空间上的集中，集中在环珠三角的深圳、东莞、广州、佛山、中山等九地市，粤东西北地区产业发展较为落后。同时，广东省 LED 产业尚未构成一个大中小企业共生互助、协调发展的现代产业集群，专业分工协作所带来的产业集群效应还未得到体现。

（2）国内企业受到专利壁垒的制约，亟须构建专利防御体系

大陆及台湾地区 LED 企业很容易遭遇专利挑战，尤其是出口受专利诉讼危险更大。世界上已有很多 LED 企业遭受"337 调查"，国内 LED 生产企业的发展也受到严重制约。广东 LED 企业主要位于产业链中、下游，以各种封装和各种 LED 应用为主，在 LED 衬底、外延、芯片环节比较薄弱，产品附加值偏低，而且绝大多数为中小型企业，普遍存在技术、资金、人员方面的较大局限，当国外实施新的技术要求时，这类企业首当其冲地成为遭受国外技术壁垒影响的"重灾区"。

LED 照明技术的核心专利基本都由日本、美国、德国的大公司控制，而这些公司利用各自核心专利，采取横向（同时进入多个国家）和纵向（不断完善设计，进行后续申请）扩展方式，在全世界范围内布置了严密的专利网。广东 LED 产业向高端发展，面临着专利和标准的极大挑战，广东 LED 企业也应尽早构建自己的专利防御体系。

（3）价格竞争压力大，同质化严重，缺乏技术和应用创新

目前广东省大量中小 LED 企业集中在中下游同质化产品里"厮杀"，大部分 LED 室内照明产品缺乏研究，只是按照传统的照明产品进行简单的模仿，缺乏技术和应用创新。一方面，由于小企业缺少先进的设备和核心技术，无法保证 LED 产品的质量，导致 LED 市场的产品质量得不到广大消费者的信赖，对 LED 的市场推广起到了很大的障碍。另一方面，在整体经济大环境不好的情况下，小企业为了求生存，利用价格战的方式竞标，加速了 LED 价格的下跌，导致 LED 市场恶性价格竞争加剧。

（4）人才、融资、标准困扰产业健康发展，公共服务平台建设滞后

在产业加快向理性增长阶段转变的过程中，人才、融资、标准对产业健康发展的瓶颈制约进一步凸显。2013 年，广东部分地区出现 LED"空头支票"盛行和中小企业的三角债问题，显示"融资难"已经成为当前我省众多

LED 中小企业面临的重大挑战。与此同时，广东 LED 产业在公共技术平台、重点实验室、检验检测平台以及行业标准、产品认证、资本服务等配套公共服务发展滞后，成为当前 LED 产业转型升级面临的重大掣肘。

9.3 未来广东省 LED 产业发展趋势的整体研判

2013 年，在宏观经济运行总体平稳、结构调整稳中有进、转型升级稳中提质的背景下和在政策、市场双重利好的推动下，广东省 LED 产业呈稳步向好态势发展的趋向。根据课题组调研，形成对广东省 LED 产业发展形势的如下研判：

（1）产业融合加速，带动传统照明产业转型升级

近几年广东省 LED 产业一直保持快速增长态势，但在经历近几年 LED 产业爆发式增长阶段之后，当前广东乃至全国的 LED 产业逐步向更加理性的增长阶段转变。2013 年国内 LED 产业由快速扩张期转入整合调整期，产业格局进行重新调整，企业优胜劣汰，部分在资本、市场、规模、技术和品牌等方面没有优势的企业被兼并整合甚至淘汰出局的局面。2013 年广东 LED 产业在这波调整中产业格局进一步得到优化，企业抗风险能力得到提升，行业发展进一步规范化。预计未来两年内 LED 室内照明以及 LED 显示屏领域将继续进行行业整合与优化。

（2）细分市场差异化，智能照明系统将成为照明产业新的增长点

细分市场差异化是广东 LED 应用企业发展的关键所在。从目前市场发展示的趋势来看，液晶背光、户外显示屏及通用照明是广东 LED 的主要应用领域。随着技术的提升和成本的下降，LED 产品与传统照明产品的价格差距进一步缩小，会争取到更多传统照明产品的市场份额。未来，广东部分封装企业将向下游延伸。封装转做照明的企业可以自己做封装，然后做产品，再用高性价比和规模化生产提高企业的竞争力，但市场渠道的弱势是这些封装厂面临的最大问题。广东众多的 LED 中小企业应该坚持差异化发展路线，关注细分市场和未来有发展潜力的市场，如农业照明、医疗照明等，注重品牌的

培育，拓宽渠道，完善商业模式。同时，LED 应用企业应该高度重视智能照明系统，它将是照明行业的一次真正革命，会在未来成为广东照明产业新的增长点。

（3）北美照明市场成为广东 LED 企业新的角逐赛场

随着北美经济的逐渐复苏和 2014 年元旦美国禁售 40 瓦和 60 瓦白炽灯禁令的公布，北美的 LED 市场迎来了蓬勃生机，市场蕴能非常巨大。广东照明企业纷纷将目光瞄准了北美的 LED 照明市场。北美地区是全球 LED 照明灯饰较大的单一进口地区，占比全球照明市场规模的比例约 21%。未来的北美市场将呈现高速增长态势，预计年复合增长率达 20%；预计 2020 年 LED 照明市场规模为 273 亿美元；未来两年，增长比较明显的是户外 LED 照明、LED 商业照明和工业 LED 照明，特种照明也将在未来 5 年内出现大规模增长。受 LED 产业链关键领域的技术提升，物料成本的大幅下降因素影响，将引发新的一轮照明灯具的跨界应用，在航空航天、轨道交通工具、汽车照明等特殊领域开启大规模应用，甚至可能带来照明灯具形态的彻底变化。

第 10 章 广东省 LED 产业发展的政策建议

10.1 未来广东 LED 产业发展的整体战略

深入贯彻落实科学发展观，根据《国家中长期科学和技术发展规划纲要（2006－2020 年）》《国家"十二五"科学和技术发展规划》确定的发展重点和《国务院关于加快培育和发展战略性新兴产业的决定》，把自主创新作为广东 LED 产业发展的核心战略，着力突破创新人才、MOCVD 等核心设备与关键配套材料两大制约"瓶颈"，以创新驱动实现由"LED 大省"向"LED 强省"转变；广泛聚集官、产、学、研、金、用、国际合作多方力量，重点拓展可见光通信、倒装芯片、智能照明等有巨大发展潜力的 LED 新兴技术领域，在全省乃至全国抢先布局一批具有技术革命创新意义、产业带动作用强、市场效应好的 LED 新型技术产业集群，提升我省半导体照明产业的国际竞争力。

10.2 未来推动广东 LED 产业发展的主导思路与政策建议

基于当前 LED 产业所处的发展阶段，伴随着第三代宽禁带半导体技术的兴起，LED 领域的新工艺、新技术、新材料和新兴商业模式，将再一次深刻影响 LED 产业发展的演进方向和发展进程。接下来我们继续实施创新驱动战略，紧扣自主创新和转型升级这条主线，整合现有资源优势，切实转变自身职能定位，坚持企业主体作用和政府引导作用相结合，坚持技术创新推动和市场需求拉动相结合，坚持基础创新和应用创新相融合，加快培育和发展LED 产业。

一是坚持以创新驱动为引领，加大核心技术攻关力度，抢占产业新高地。把核心技术的突破放在推动 LED 产业发展的首位，深化 LED 产业相关领域发展技术路线图。

首先，继续实施自主创新主导战略，强化以企业为主体的自主创新机制，引导创新要素向企业聚集、技术创新向产品聚集，为战略性新兴产业发展提供强大的科技支撑。

其次，高度重视和大力推进原始创新和源头创新，重点突破 LED 产业MOCVD 重大装备、关键材料等一批支撑战略性新兴产业发展的关键共性技术，真正掌握关键核心的、不可模仿、不可替代的技术。

最后，加大对基础研究方面的投入，以建设公共服务平台为主，加快科技创新的基础设施建设，建立一流的自主创新平台，加快重点实验室、企业技术研发中心等自主创新平台建设，充分利用现有的自主创新资源，提高科技资源自主创新支撑能力。前瞻性布局第三代半导体材料及器件技术。

二是坚持以市场化为导向，加快政府职能转变步伐，探索推动产业发展新模式。按照"政府引导、市场运作、企业为主、协同创新"理念，在培育和发展 LED 产业的过程，把职能重点转变到以市场主体服务和创造良好的发展环境上来，着重建设几个平台：

第一，协同创新平台，依托省联合创新中心及相关行业机构，强化"一协会、两中心"的作用，聚集产业资源和创新要素，组建若干具有国际先进水平的技术研发机构。激发高校、研究机构和企业的内在研发动机，强化对龙头企业自主创新能力的考核，提升企业研发能力。

第二，科技金融服务平台，发挥政府财政补偿激励杠杆及引导作用，立足粤科风投集团等融资平台，积极推广 LED 产业"深圳 LED 产业小微企业互助合作基金"成功模式，促进科技和金融的深度融合，构建良好的科技金融互动环境，针对不同成长阶段的科技型企业，提供全生命周期服务，带动社会和金融资本投入。

第三，政策综合服务平台。整合现有政策资源和资金渠道，改变目前政府以直接投资或补贴的形式激励企业的技术研发，采取以市场化方式进行资助，通过股权、产业基金等方式。但是核心技术还是采用科研项目的形式进行资助，并明确地对具体应该达到的目标进行规定，从而引导相关产业的发展方向。

第四，人才服务平台，建立广东省半导体照明产业人才标准，组建广东省半导体照明产业职教集团，加快推动产学研结合，加速人才研究成果产业化，加大省级创新科研团队和科技领军人才引进计划。

第五，统计服务平台，创新 LED 产业统计方法，加快建立 LED 产业运行监测指标体系，形成一套较为科学的产业统计制度，为将来产业政策提供基础数据支持。

三是坚持以推广应用为抓手，加快公共照明领域示范工程普及，探索产业发展新思路。按照"以示范促应用，以应用促发展"的思路，全力以赴抓好公共照明领域室外照明推广工作，加快 LED 照明产品由公共照明向社会照明全渗透，实现产业核心技术与推广应用"两端突破"、创新链与产业链"双链融合"，推动我省 LED 产业由要素驱动向创新驱动转变、产品竞争向品牌竞争转变、产业链价值链低端向中高端转变，实现我省产业从要素增长转变为创新驱动增长模式。

四是坚持以"标杆体系"和"标准光组件"为突破口，加快产业和技术标准化建设，构筑产业发展新优势。以"半导体照明综合标准化示范区"为契机，继续强化对标准化的组织引导和支持，加快广东 LED 产品标杆体系和标准光组件在兄弟省份的应用推广步伐，尽快确立广东省行业标准和重要产品技术标准体系，推动标准光组件上升为地方标准乃至国家标准，通过标准化战略快速确立话语权和影响力，重塑全球 LED 产业价值链的分配格局。

五是坚持体制机制创新，激发产业发展活力，营造发展新环境。

首先，加强统筹协调，深化 LED 产业发展的组织机制与利益协调机制，建立高效、协调的管理体制和强有力的统筹协调机制，促进资源的高效配置与综合集成。

其次，坚持政府推动和企业主导相结合，整合社会各方资源，形成合力，促进新技术的应用推广和战略性新产业的发展壮大。加强制度创新，重塑产业发展空间，积极推动新商业模式和新业态的构建与发展。构建战略性新兴产业自主创新的文化环境，特别是创业环境、政策环境等软环境，建立鼓励创新的氛围和体制，营造具有创新、宽容失败特点的社会文化氛围。

六是加大粤东西北地区 LED 产业扶持力度，促进全省 LED 产业区域协调发展。区域经济发展不平衡是广东省的一个严峻问题，县域（特别是山区县）经济薄弱是最致命的弱点，事关全省的和谐社会发展、共同富裕目标的实现。广东粤东西北部地区 LED 规模较小，产值占全省的仅为 2.01%。因此，建议在 LED 产业核心技术攻关、产业基地建设、产业重大项目、创新服务平台、应用示范工程等方面适度向粤东西北地区倾斜，以加快全省 LED 产业的区域协调发展。

参 考 文 献

［1］陈爱贞，刘志彪，吴福象．下游动态技术引进对装备制造业升级的市场约束——基于我国纺织缝制装备制造业的实证研究［J］．管理世界，2008（2）：72－81．

［2］蔡芳，王德文，曲悦．中国产业升级的大国雁阵模型分析［J］．经济研究，2009（9）：4－1

［3］蔡锐．高端装备制造业产业链治理模式研究［J］．中国物流与采购，2015，（6）：68－39．

［4］陈海华、陈松．从产业集群到创新集群的演化过程及机制研究［J］．中国软科学，2010（10）：227－232．

［5］陈阳．全球价值链下上海半导体照明产业升级研究［D］．华东师范大学，2007．

［6］崔功豪，魏清泉．区域分析与区域规划［M］．北京：高等教育出版社，2007．

［7］陈艳莹，鲍宗客．干中学与中国制造业的市场结构：内生性沉没成本的视角［J］．中国工业经济，2012（8）：43－55．

［8］大谷义彦，夏晨．LED 照明现状与未来展望［J］．中国照明电器，2007（6）：20－24．

［9］杜龙政，汪延明，李石．产业链治理架构及其基本模式研究［J］．中国工业经济，2010（3）：108－117．

［10］方金城，朱斌，张岐山．我国 LED 产业自主创新困境成因及解决路径探析［J］．商业研究，2014（4）：136－141．

［11］郭永辉．利益相关者视角下我国生态产业链治理困境与治理模式研

究［J］. 工业技术经济，2013（6）：150 - 158.

［12］郭永辉. 中国生态产业链治理模式及演变路径分析［J］. 中国科技论坛，2013（10）：138 - 145.

［13］洪银兴. 科技创新中的企业家及其创新行为——兼论企业为主体的技术创新体系［J］. 中国工业经济，2012（6）：83 - 93.

［14］金碚，李钢，陈志. 加入 WTO 以来中国制造业国际竞争力的实证分析［J］. 中国工业经济，2006（10）：5 - 14.

［15］贺新峰. 产业集群区域品牌建设及其实证研究［D］. 中国地质大学，2007.

［16］何光军. 广东 LED 产业发展战略及对策研究［J］. 广东经济，2012，（2）：37 - 42.

［17］胡海蕾. LED 照明光学系统的设计及其阵列光照度分布研究［D］. 福建师范大学，2005.

［18］胡仁杰，张光宇，刘贻新. 高新技术企业技术生态位测度与评价［J］. 辽宁工程技术大学学报（自然科学版），2013，32（6）：861 - 864.

［19］胡仁杰，张光宇. 模糊社会网络分析：关系描述、研究述评及拓展建议［J］. 工业工程，2014，17（3）：148 - 152.

［20］黄可，刘清. 各国半导体照明研究计划及我国的对策［J］. 中国科技论坛，2008（6）：136 - 139.

［21］黄琳. 基于产业集群的上海 LED 产业发展研究［J］. 世界地理研究，2011（1）：142 - 150.

［22］姜红，陆晓芳. 基于产业技术创新视角的产业分类与选择模型研究［J］. 中国工业经济，2010（9）：47 - 56.

［23］李晋闽，范玉钵，吴玲. 加快发展我国半导体照明新兴战略性产业［J］. 新材料产业，2009（10）：110 - 113.

［24］李青. 知识溢出：对研究脉络的基本回顾［J］. 数量经济技术经济研究，2007（6）：153 - 161.

［25］廖丽平，胡仁杰，张光宇. 模糊社会网络的结构洞分析方法［J］.

东南大学学报：自然科学版，2013（4）：900－904．

　　［26］李新春，李胜文，张书军．高技术与非高技术产业创新的单要素效率［J］．中国工业经济，2011（5）：68－77．

　　［27］李新春，宋宇，蒋年云．高科技创业的地区差异［J］．中国社会科学，2004（3）：17－30．

　　［28］李春成，杨晓敏．产业集群协同创新模式比较研究——基于三个LED产业基地的案例［J］．科技进步与对策，2015（5）：59－63．

　　［29］路秋生．LED照明与应用［J］．电源技术应用，2010（3）：1－6．

　　［30］刘志彪，于明超．从GVC走向NVC：长三角一体化与产业升级［J］．学海，2009（5）：59－67．

　　［31］刘志彪，张杰．全球代工体系下发展中国家俘获式网络的形成、突破与对策［J］．中国工业经济，2007（5）：39－47．

　　［32］刘志彪，张杰．从融入全球价值链到构建国家价值链：中国产业升级的战略思考［J］．学术月刊，2009（9）：59－68．

　　［33］刘志彪，张少军．中国地区差距及其纠偏：全球价值链和国内价值链的视角［J］．学术月刊，2008（5）：49－55．

　　［34］毛蕴诗，姜岳新，莫伟杰．制度环境、企业能力与OEM企业升级战略——东菱凯琴与佳士科技的比较案例研究［J］．管理世界，2009（6）：135－145．

　　［35］裴长洪，王镭．试论国际竞争力的理论概念与分析方法［J］．中国工业经济，2002（4）：41－45．

　　［36］丘海雄，李敢．我国LED产业发展的制约因素与对策分析——基于产业集群网络范式的解读［J］．经济地理，2010（10）：1675－1680．

　　［37］祁顺生，廖鹏涛．企业品牌内涵的探讨［J］．湖南大学学报（社会科学版），2006，20（2）：77－78．

　　［38］任若恩．关于中国制造业国际竞争力的进一步研究［J］．经济研究，1998，2（9）：3－13．

　　［39］孙文远．产品内价值链分工视角下的产业升级［J］．管理世界，

2006（10）：56 - 60.

[40] 孙晓园，张家骅，张霞等．新一代白光 LED 照明用一种适于近紫外光激发的单一白光荧光粉 [J]．发光学报，2005（3）：404 - 406.

[41] 史清琪．国外产业国际竞争力评价理论与方法 [J]．宏观经济研究，2001（2）：27 - 31.

[42] 谭力文，马海燕．竞争范畴的变迁与价值链理论的拓展 [J]．社会科学辑刊，2008（4）：106 - 109.

[43] 唐海燕，张会清．中国崛起与东亚生产网络重构 [J]．中国工业经济，2008（12）：60 - 70.

[44] 田文，张亚青，余珉．全球价值链重构与中国出口贸易的结构调整 [J]．国际贸易问题，2015（3）：3 - 13.

[45] 王发明，毛荐其．基于技术进步的产业技术协同演化机制研究 [J]．科研管理，2010（6）：41 - 48.

[46] 王玉燕，林汉川，吕臣．全球价值链嵌入的技术进步效应——来自中国工业面板数据的经验研究 [J]．中国工业经济，2014（9）：65 - 77.

[47] 王勤．当代国际竞争力理论与评价体系综述 [J]．国外社会科学，2006（6）：32 - 38.

[48] 汪延明．基于技术董事协同能力的产业链治理研究 [D]．南开大学，2012.

[49] 汪延明，林英泽．产业链治理：技术董事协同能力的影响因素 [J]．中国流通经济，2012（26）：116 - 121.

[50] 熊曦．区域产业品牌形成机理及其培育策略研究 [D]．中南大学，2013.

[51] 易安．半导体照明 21 世纪的节能新光源 [J]．中国科技投资，2004（8）：28 - 30.

[52] 王仁曾．产业国际竞争力决定因素的实证研究——进展、困难、模型及对中国制造业截面数据的估计与检验 [J]．统计研究，2002（4）：20 - 24.

［53］许林峰，严北战. 基于经济网络与社会网络的集群式产业链治理机制［J］. 经济问题探索，2011（7）：169 – 172.

［54］张晟剑，胡仁杰. 企业技术创新合作网络中心度分析［J］. 科技管理研究，2013（11）：14 – 19.

［55］张晟剑，胡仁杰，谢卫红. 社会网络理论视角下的产学研联盟生态位及其治理机制研究［J］. 南昌航空大学学报：社会科学版，2013，15（2）：48 – 52.

［56］张小蒂，曾可昕. 基于产业链治理的集群外部经济增进研究——以浙江绍兴纺织集群为例［J］. 中国工业经济，2012（10）：148 – 160.

［57］张弛. 基于产业链治理的集群国际竞争力提升研究［D］. 浙江大学，2011.

［58］张金昌. 国际竞争力评价的理论和方法研究［D］. 中国社会科学院研究生院，2001.

［59］张于喆. 什么原因导致战略性新兴产业陷入困局——以 LED 产业大起大落面临的问题为例［J］. 中国中小企业，2013（1）：50 – 55.

［60］周绍东. 新国际分工体系中的产业链治理模式选择［J］. 财经科学，2011（1）：75 – 81.

［61］周星，付英. 产业国际竞争力评价指标体系探究［J］. 科研管理，2000（21）：29 – 34.

［62］周晓唯，李莉. 企业品牌的开发和保护［J］. 西安邮电学院学报，2005，10（4）：82 – 86.

［63］周志敏. LED 照明技术与应用电路［M］. 电子工业出版社，2009.

［64］Bair, J. Global Capitalism and Commodity Chains: Looking Back, Going Forward［J］. *Competition and Change*, 2005, 9（2）：153 – 180.

［65］Bhattacharya C. B., S. Sen. Consumer-Company Identification: A Framework for Understanding Consumers' Relationships with Companies［J］. Journal of Marketing, 2003, 67（2）：76 – 88.

［66］Chin, T. and Liu, R. An Exploratory Study on Workforce Development

Strategies by Taiwan-invested OEMs in China [J]. *Asian Social Science*, 2014, 10 (4): 233 – 240.

[67] Dolan, C. and Humphrey, J. Governance and Trade in Fresh Vegetables: The Impact of UK Supermarkets on the African Horticulture Industry [J]. *Journal of Development Studies*, 37 (2): 147 – 176.

[68] Gereffi, G. International Trade and Industrial Upgrading in the Apparel Commodity Chain [J]. *Journal of International Economics*, 1999 (48): 37 – 70.

[69] Gereffi G., Humphrey J., Sturgeon T. The Governance of Global Value Chains [J]. *Review of International Political Economy*, 2005, 12 (1): 78 – 104.

[70] Gereffi, G. and Lee, J. Why the World Suddenly Cares about Global Supply Chains [J]. *Journal of Supply Chain Management*, 2012, 48 (3): 24 – 32.

[71] Henderson, J., Dicken, P., Hess, M., Coe, N., Yeung, H. W. C. Global Production Networks and the Analysis of Economic Development [J]. *Review of International Political Economy*, 2002, 9 (3): 436 – 464.

[72] Hu R J, Li Q, Zhang G Y, et al. Centrality Measures in Directed Fuzzy Social Networks [J]. Fuzzy Information & Engineering, 2015, 7 (1): 115 – 128.

[73] Liao Li-ping, Hu Ren-jie, Zhang Guang-yu. The Position Analysis of the Fuzzy Technology Innovation Network [J]. *The Journal of High Technology Management Research*, 2012 (23): 83 – 89.

[74] Li, Q. Development, Evolution and Apocalypse of Institutional Investors in China. *Economics Study*, 2011 (6): 68 – 72.

[75] Mackenzie S. B, R. A. Spreng. How Does Motivation Moderate the Impact of Central and Peripheral Processing on Brand Attitudes and Intentions? [J]. *Journal of Consumer Research*, 1992, 18 (4): 519 – 529.

[76] Ren-jie Hu, Guang-yu Zhang. Structural Holes in Directed Fuzzy Social Networks [J]. *Journal of Applied Mathematics*, 2014: 1 – 8.

[77] Ren-jie Hu, Guang-yu Zhang, Li-ping Liao. The Closeness Centrality

Analysis of Fuzzy Social Network Based on Inversely Attenuation Factor [J]. *Fuzzy Information & Engineering and Operations Research & Management*, 2014（211）: 457 - 465.

[78] Sun, S. L., Chen, H. and Pleggenkuhle-Miles, E. G. Moving Upward in Global Value Chains: The innovations of mobile phone developers in China [J]. *Chinese Management Studies*, 2010, 4（4）: 305 - 321.

[79] Schmitz, H., Knorringa, P. Learning from Global Buyers. *Journal of Development Studies*, 2000, 37（2）: 177 - 205.

[80] Lotte Thomsen. Accessing Global Value Chains? The Role of Business-state Relations in the Private Clothing Industry in Vietnam [J]. *Journal of Economic Geography*, 2007（7）: 753 - 776.